땀샘 최진수의
초등 수업 백과

이 책에 나와 있는 아이들 이름은 모두 가명임을 밝힙니다.

땀샘 최진수의
초등 수업 백과

호기심과 궁금증이 좋은 공부 습관을 만나 즐거워지는 수업

최진수 지음

맘에드림

교사는 아동의 발달을 기다리는 사람이 아니라,
아동의 발달을 가속화시키는 사람이다.
- Lev S. Vygotsky -

"날마다 수업 일기를 써보겠습니다."

어느 해, 글쓰기 공부 모임에서 각자 한 해 동안 실천할 거리를 발표한 때가 있었습니다. 그때 던진 말에 책임을 지기 위해 쓴 수업 일기가 삼 년이 넘어가고 있습니다. 날마다 쓰다가 일주일에 한 번씩 쓰고, 과목별로 하루에 서너 번 쓰기도 했습니다. 그렇게 해서 700회를 다가가고 있습니다.

나 스스로에게 던진 약속을 지켜가면서 많은 것을 배웠습니다. 아니, 더 반성하는 시간이 많았습니다. 수업 일기를 쓰면서 공부 시간에는 떠오르지 않던 생각이 솟기도 하고 그때는 몰랐던 실수와 오해가 발견되기도 했습니다. 나에게는 복습이면서 스스로를 다듬어가는 성장의 시간이었습니다. 내가 몰랐던 지식보다 아이들 생각과 마음, 감정의 상태를 느끼며 찾고 알았다는 것이 큰 기쁨이었습니다. 일기를 단지 기억의 재생을 넘어 새로운 발견을 경험하고 냉철하게 자신을 객관화시키는 도전이기도 했습니다.

남의 삶과 이야기에서도 배우지만 나 스스로에게서도 배움이 일어납니다. 내가 도전해서 아이들과 함께 겪은 과정이 아이들과 나, 모두에게 성장의 씨앗이 되었습니다. 배움의 즐거움을 불러일으키는 공부, 학습동기가 탄탄한 마음과 관계에서 도전과 성취감이 이어

집니다.

행복했습니다. 갖가지 교구와 교재를 만들며 아이들과 주고받았던 말, 그림, 소리, 반응들……. 모으고 담고 올리면서 남겨진 아이들 작품들이 이제는 추억으로 짙어지고 있습니다.

우리 식구들이 고맙습니다.

늘 곁에서 지켜봐주고 챙기며 충고를 아끼지 않은 아내 조은영 선생님, 자기 꿈을 향해 오늘도 즐겨 도전하는 큰딸 연우와 막내 윤화가 참 고맙습니다. 따뜻한 우리 식구의 '정'이 학급의 '정'이 되고, 우리나라를 데우는 따뜻한 '정'이 될 것입니다. 믿습니다.

'땀 흘려 일하고 샘처럼 맑게 살자'는 말은 우리 학급과 우리 집의 교훈입니다.

줄여서 "땀샘"! 오늘도 자신의 꿈을 믿고 꾸준히 이어갈 우리 반 아이들에게 큰 믿음과 따뜻한 마음을 보냅니다. 꿈은 믿고 실천하는 사람에게 몰래 가까이 다가옵니다.

꿈을 잡읍시다.

땀흘려 '일하고 샘처럼 맑게 살자

춤드리 최진수

'공책레시피'라는 책을 내면서 구조화된 공책 정리에 대해 강조했지만, 최진수 선생님만큼 구조화된 칠판 정리에서 공책 지도까지 구슬 꿰듯 지도하시는 분을 뵙지 못했다.

학급경영이나 학급 문집으로 처음 알게 되었는데, 수학교육과 출신일 줄이야~ 자신 없는 수학 수업은 진도 살짝 느리게 선생님 수업을 보며 따라 하기도 했다.

지난 겨울, 경북교육연수원 강의하다 만나 뵈었을 때 꼭 이 수업 기록을 책으로 펴달라고 부탁드렸다. 그리고 가슴 벅차게도 누구보다 먼저 책을 읽을 기회를 얻어 기뻤다. 책을 통해 가장 부러웠던 점은 선생님의 '과정을 제대로 밟아 아이들이 고민해보는 경험을 가지게 하는 진득한 태도'였다. 글쓰기나 모둠 활동도 한 번으로 끝내지 않고, 꼭 2차 발표로 고치는 과정을 거치며 전체를 보는 눈을 깊게 만드신다.

'주의 깊게 관찰하고 대상에 대해 이야기하고 감정을 지니다 보면 무엇인가 삶의 원리를 찾는다. 새롭게 아는 것이 생긴다. 남이 말하거나 책에서 본 것이 아닌 스스로 우러나는 새로움이다. 비판과 희망, 다짐, 용기로 드러나기도 한다. 감동이 일어나 읽는 이의 마음을

따뜻하게 데우기도 한다.'

선생님의 지나치는 짧은 권고 덕분에 올해는 아이들 밴드와 별도로 학부모 밴드를 만들었는데, 진작 이렇게 할 걸! 가슴이 뻥 뚫리는 기분이다.

내게 그렇듯, 많은 선생님께도 화려한 멀티미디어 자료보다 가르치는 기본을 깊게 되새기게 하는 멋진 책이 될 것이라 믿는다.

서울난우초등학교 허승환

(〈토닥토닥 심성놀이〉, 〈공부가 좋아지는 허쌤의 공책레시피〉 저자)

차   례

생각 지도를 이어가는 칠판 쓰기

생생한 기억을 위한 공책 쓰기

차　례

탐구와 발표

내용 심화를 위한 활동

1장
아이들 마음을 북돋기 위해서
알아야 할 것

학급 아이들과 교사는 하루에 가장 많은 시간을 서로 어울려 지낸다. 늘 그래 왔고 앞으로도 그럴 것이다. 공부하는 삶에서는 고민, 걱정, 실망, 포기, 만족, 성취, 도전 등이 일어난다. 홀로 또는 다른 사람과 주고받으면서 이러한 일이 다양한 방식으로 발생한다. 아이들의 공부 방식은 저마다 다르다. 벗어나려는 아이, 피하려는 아이, 버티고 참는 아이, 도전하고 노력하는 아이, 즐기며 참여하는 아이가 있다. 똑같은 시간과 공간인데도 받아들이는 마음이 다 다르다. 해마다 아이들과 살면서 서로 다른 마음을 일치시키거나 비슷하게 맞출 방법을 고민하고 노력해왔다. 같은 양을 공부하는 데에도 쫓기는 아이와 느긋한 아이가 나타난다. 교사는 이런 차이의 원인이 무엇인지 관찰, 상담, 분석하면서 아이들 마음을 살피는 공부를 하게 된다.

새 학년이 되면 새로운 사람과 사물을 만난다. 마음도 새롭다. 한 학년 오른 아이와 다시 시작하는 교사에게는 지난해보다 한 걸음 더 나아졌는지 되돌아보게 한다. 몸뚱이가 큰 만큼 마음도 커서 발전과 도전, 배우는 즐거움으로 가득 차면 좋겠다. 아이들 마

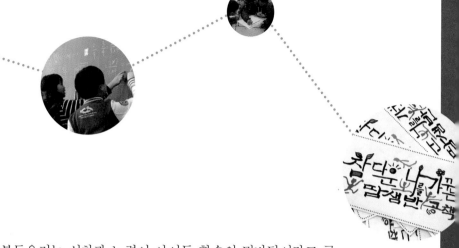

음을 북돋우려는 성찰과 노력이 아이들 학습의 밑바탕이라고 굳게 믿는다. 힘과 억압, 위협, 조건 통제와 같은 자극으로 몸을 잠시 끌어올 수는 있어도 마음까지는 움직일 수 없다. 오래가지 못한다. 안에서 깨고 나와야 나아가고 성장한다. 자율성이 씨앗이 된다. 외적 동기보다 내적 동기가 필요하다. 그러려면 아이들과의 관계가 믿음으로 똘똘 뭉쳐져야 한다. 뭉쳐지기 위해 서로 알아야 하고, 서로 알아야 할 것이 마음이다.

그런데 아이 마음을 제대로 알기가 생각만큼 쉽지 않다. 책으로 공부한다고 금방 알 수 있는 것도 아니다. 교사는 학교 수업과 생활에서 아이들 삶과 마음을 읽을 수 있다. 믿음에서 나오는 진실한 이야기를 주고받으며 아이들이 힘들어하고 고민한 것들을 찾을 수 있다. 현재 지닌 엉킨 마음의 실타래를 풀어야 희망과 도전이 일어난다. 아이 마음을 먼저 알아야 그 마음을 북돋을 수 있다. 아이와 교사가 함께 걷는 기분과 감정, 공감대가 아이로 하여금 삶의 목표를 뚜렷이 마음에 그리게 한다. 아이들은 마음에 꿈과 목표를 그리고, 실천하고 노력하며 성취감을 맛본다.

1. 아이들은 어떻게 배우려는 마음을 갖게 될까?

'왜 공부를 하는 것일까?'

"얘들아, 너희는 공부 왜 하지?"

학기 초 처음 만난 아이들과 서로 소개를 마치고 그 아이들에게 가장 먼저 건네는 질문이다. 이런 질문, 우리 어른들은 언제쯤 받아 보았을까? 어른이어도 이런 질문을 한 번도 못 받았을 수도 있다. 혼자 한 번쯤 잠깐 스치는 의문으로 생각해보았을 수도 있다. 누구에게는 진지한 고민이었을 수 있겠다. 여전히 공부만 떠올리면 한숨부터 내쉬기도 한다.

"왜 공부하는지, 자기만의 답을 찾은 분 계신가요?"

교사 연수에서 강의할 때 자주 하는 질문이다. 한 강의실에서 왜 공부하는지 고민해본 적이 있다고 답하는 사람이 1/3 가량이면, 그중에서 자기만의 답을 찾았다고 답하는 경우는 서너 사람뿐이다. 다른 때도 거의 비슷하다. 공부하는 까닭을 못 찾았다는 말은 공부하는 목표가 없거나 뚜렷하지 않다는 말이다. 학교 교육과정에서도 이런 질문의 고민과 답을 찾도록 하는 내용이 나온다. 꿈, 목표, 진로탐색 같은 내용이 교과에 담겨 있다. 한 단원으로 나오는 것이 아니더라도 영역의 한 줄기로 나타나기도 한다.

새내기 교사 시절에는 아이들을 관리와 통솔이 필요한 생활지도의 대상으로 여겼다. 그러나 아이들을 가르치는 햇수가 늘어날수록 학습의 필요

나는 공부를 해야하는데 그게 잘 안된다. 책상에만 앉으면 딴 생각이 자꾸 머릿속에 떠오르고 자꾸 손은 스마트폰에 간다. 하지만 나는 공부를 싫어 하는 것은 아니다. 내가 4학년 까지는 성적이 항상 90점 이상 이였는데 5학년 때부터 성적이 70점으로 떨어져서 많이 힘들어하고 있다. 그럴때는 가끔 공부를 하기 싫어질때가 많다. 하지만 나중에는 상황이 어떻게 바뀔지는 모르니깐 적어도 공부를 미리미리 대비해서 잘 해야 겠다.

'왜 나는 공부를 해야 하는가?'

성, 목표, 의지, 감정, 동기와 같은 것들이 중요함을 알아갔다. 아이들 일기장에 '왜 공부해야 해요?', '시험이 왜 있어요?', '어른이 되어서 빨리 벗어나면 좋겠어요.' 하는 글을 보면 마음이 아팠다. 특히 아이들의 그런 마음을 알고도 풀 능력이 없고, 그럴 노력도 해보지 않았던 것이 마음에 걸렸다. 해마다 풀지 못한 고민에 빠지도록 버려둔 것 같아 죄책감이 들기도 했다.

'먼저, 왜 공부를 하는지 고민하는 공부부터 하자. 배우려는 마음이 없다면 아무리 가르쳐도 밑 빠진 독에 물 붓기다. 새 독을 만들거나, 밑 빠진 독을 막거나 고쳐 보자.'

이런 마음으로 수업의 중심을 잡아가기 시작했다. 고민해서 얻은 답은 학습동기였다. 동기가 있어야 사람은 스스로 움직인다. 아이들도 마찬가지다. 어떤 동기를 가지고 있고, 그것을 스스로 명확히 깨닫고 있을 때 아이들은 공부한다. 이런 동기가 없으면, 공부하려는 마음도 없게 된다.

"그냥, 공부가 싫어요!"

왜 공부를 하느냐는 질문에 아이들은 공부하기 싫다고 답하면서 그 까닭을 적어냈는데, 공부 스트레스가 먼저 튀어나오는 아이들이 대부분이다. 왜 그러냐는 질문에 늘 "그냥요."라는 아이들, 생각 자체가 귀찮고, 그것이 굳어져 '싫다'는 말이 나오는 아이들은 모두 아무 동기가 없는 상태다.

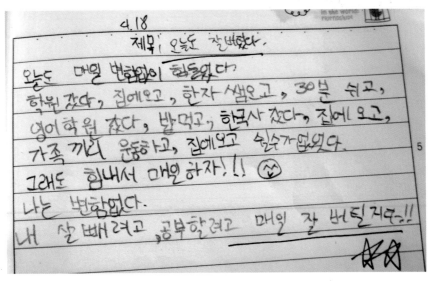

공부 스트레스를 받는 아이들은 아무런 학습동기가 없다.

깊은 고민이 없었으니 나름의 답도 구하지 못했을 것이다. 이런 상태가 해마다 되풀이되어 쌓이면서 무기력해진다. 아침에 일어나 학교, 학원, 학습지, 게임으로 이어지는 리듬이 바뀌지 않는다. 스스로 선택 가능한 시간과 기회가 없다. 자율성을 키울 기회와 시간을 갖지 못한 아이들이다. 그러

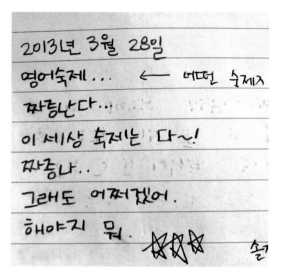

2013년 3월 28일

영어숙제... ← 어떤 숙제지

짜증난다...

이 세상 숙제는 다~!

짜증나..

그래도 어쩌겠어.

해야지 뭐.

학습동기가 없는 아이들에게 시험 공부는 '지겹다.'

다 보니 정말 선택 가능한 시간에는 다른 것들, 예를 들면 컴퓨터나 스마트폰 오락, 게임, 채팅, 문자로 욕망을 채우는 데 급급하게 된다. 단지 할 수 있는 것이 '버티기'와 '미쳐서' 공부하기라는 말은 가슴을 아프게 한다. 그러나 무기력 상태에서 버티기는 오래 못 간다.

나중에는 결국, 스스로 선택할 기회가 오면 벗어 던져 버린다. 즐겁게 배우지 못한 경험, 억지 배움은 하나씩 포기하는 쪽으로 흐른다. 나이가 들수록 노력할 거리가 줄어드는 현상, 자신을 고립시키는 생활 습관은 사람을 더 힘들게 한다.

공부는 그래서는 안 된다. 많은 아이가 공부를 문제집, 학습지 풀이, 성적 올리기 연습 같은 것으로만 여긴다. 공부 범위가 좁다. 이런 아이들이 한 반에 1/3 정도는 있는 듯하다. 늘 쫓겨서 하는 문제 풀이 공부, 어른이 고정해 놓은 생활 리듬에 묶여 있다. 틈틈이 쉴 '자유 시간'은 어김없이 휴대전화, 게임, 오락이 차지한다. 그것을 쉬는 것으로 여기고 의식하지 못하는 것도 문제일 것이다. 잠시라도 진지하게 생각할 기회조차 스스로 버리고 있는 것이 안타깝다.

"집에서 혼나요.", "뭐 주실 건데요?"

"이거 못하면, 집에서 맞아 죽어요."

"이거 안 하면, 휴대폰 압수해요."

"학원에서 때려요. 집에 전화해서 일러요."

어른들은 아이들을 공부시키기 위해, 정확히 말하면 아이들이 공부하는 '모습'을 보려고 겁이나 위협을 주기도 한다. 이것은 처벌이나 위협으로 학습동기를 일으키려는 마음에서 나온 것으로 아이들에게는 외적 동기이기도 하다.

위협적인 외적 동기를 아이들이 느끼게 되면 어느 순간까지는 따르는 듯 보이지만 오래가지 못한다. 어른들이 더 큰 자극을 또 준비해야 하는 것이다. 이것은 외적 자극의 치명적인 단점이다. 외적 강도가 높아질수록 아이들은 눈치만 늘어난다. 처벌을 피하려는 목적을 지닌 아이는 공부하는 척, 공부하는 모습을 보이는 데 노력한다. 책상에 앉아 있는 시간을 공부 시간으로 계산한다. 그런 공부는 오래가지 못하고, 공부한 것도 머릿속에서 쉽게 사라진다. 단기기억 의존 학습이 되는 것이다. 처벌만 피하면 목표 달성이 되었으니 기억에 담아둘 필요가 없어진다. 시험 기간에 벼락공부하는 경우가 많아지게 된다.

보상으로 아이들을 꼬드기기도 한다. 한 번씩 학원에서 학용품을 주거나 과자 파티를 열어서 아이들 욕구를 자극하기도 한다.

"선생님, 그것 하면 뭘 주실래요?"

모둠 활동을 하다 보면 한 번씩 이런 말도 듣는다. 잦은 보상에 길든 아이들의 말버릇이다. 무의식적으로 튀어나온다. 아이들이 학용품을 잃어버려

공부... 난공부를 안한다. 이유는 바로 내가 어릴 땐 받아쓰기를 70점 받아도 ^아욜 85점 받았다고 이유 어떻게공부를 잘할까?' 라며 칭찬 받았는데 요즘영어는 국어시험을 '85점 받았어★ 잘란지이야?' 하며 혼낸다 어른들은 왜 어릴 때와 클때☆를 차별하는걸까? 지금은왜 칭찬 받지 못할까? 하며 궁금증이 많다 어른들이 지금도 공부할때 칭찬 해 주셨으면 좋겠다 어쨌든 나는 어릴때처럼 칭찬 받겠다

처벌과 칭찬으로 학습동기를 유지시키려면 점점 더 큰 위협과 칭찬이 필요해지게 된다.

도 찾지 않거나, 제멋대로 다루는 습관은 이러한 보상의 역효과가 아닌가 싶다.

잘한 모둠에 스티커, 사탕, 학용품 등을 주는 보상이 학습목표에 이르는 유인책으로 쓰일 수도 있겠지만, 아이들에게는 보상이 목표가 되어 수단 방법 가리지 않고 답만 맞히려는 성향을 갖게 한다. 깊은 생각 없이 아무 말이나 많이 던져서 우연히 맞히기도 한다. 경쟁이 지나치면 욕구 충족의 목적만 달성되고 학습목표는 잃고 만다. 목적을 잃은 경쟁이 아이들 사이에 심리적인 다툼과 소외, 따돌림을 더 부추기기도 한다.

동기가 아예 없는 무기력한 아이들에게는 보상과 같은 외적 동기가 어느 정도 필요할 것이다. 하지만 어디까지나 '어느 정도'까지다. 오랫동안 꾸준히 이어갈 수 있는 자극은 아니다. 외적 동기가 높을수록 자율성이 떨어진다. 시키지 않으면 해보려고 도전하지 않는 습관이 붙는다. 조심해야 할 부분이다. 잘해 보려고 던진 미끼가 오히려 본질인 마음을 흔들어 버리는 꼴이 되는 셈이다.

외적 동기에 길들어져 더 이상 자기 충족 자극이 없는 아이는 틈만 나면 게임, 오락 등의 유혹에 빠질 가능성이 크다. 스스로 선택 가능한 시간에 그

런 것을 욕구 충족 기회로 삼는 것이다.

욕구 충족 시간, 당연히 있어야 한다. 다만 그 욕구도 다양할 필요가 있다. 아무런 생각 없이 중독된 욕구를 가치와 의미 있는 욕구로 바꾸고 가꿀 기회도 있어야 한다. 공부는 바로 그런 가치와 의미가 바탕이 되어야 한다.

이런 공부는 현재 어른들도 거의 경험하지 못한 것이기 때문에 아이들과 함께 배우고 익힐 필요가 있다. 학습에 대한 보상과 자극은 많이 있어도, 다양한 욕구에 대한 정보, 가치 있는 본보기는 잘 보이지 않는다. 아이와 함께 생활환경, 분위기를 갖춰나가야 한다.

"선생님, 이것 어때요? 잘했죠!"

"선생님, 이것 어때요? 이것 잘했죠!"

여자애들이 가끔 찾아와 건네는 말이다. 인정받고 싶은 마음이다. 무엇인가 확인받고 싶은 마음에서 다른 사람의 눈과 귀에 민감해진다. 다른 사람의 말, 반응에 따라 자신의 감성과 동기가 움직이게 된다. 감정이 동기에 영향을 미친다.

특히, 아이들은 가까운 사람으로부터 인정받고 싶어 한다. 좋아하는 선생님의 과목까지 좋아해서 성적이 올랐다는 말이 있듯이 좋은 감정, 인정받는 마음이 좋은 결과로 이어진 경우가 있다.

하지만 안 좋은 감정, 무시, 무관심을 받으면 한 걸음 나은 도전과 시도를 포기하고 만다. 쉽게 인정받는 것만 확인받으려고 한다.

엄마

이문규

엄마가 오셨다

엄마가 오시는 순간

나의 자유는 끝났다

비밀번호 누르는 소리가 들리면

TV를 끄고 휴대폰을 숨기고

재빨리 방에 들어가서 책을 펴고

공부하는 척 한다

엄마가 공부 한다며 칭찬 해주신다

휴, 살았다

아무 것도 모르고 칭찬을 해주셨다

마음 한 구석이 찔러 댔다

이런 아이들에게는 현재 자신을 정확히 알고 노력하는 것이 중요하다고 말해준다. 무엇무엇을 어떻게 했는지 자세히 물어봐 주면서 격려하고 어려운 과제에 도전하도록 이끌어준다.

이렇게 가족이나 선생님, 친구 등으로부터 인정받고자 하는 마음이 장래 희망을 이루고 성공하고자 하는 마음으로 이어지기도 한다. 아이들은 "미래에 가고 싶은 대학, 직장, 장래 희망이나 나만의 목표를 이루려면 공부를 해야한다"고 생각한다.

미래에 여러 분야로 쉽게 진출하려고 공부한다고 생각한다. 공부를 잘하게 되면 미래에 대학 입학부터 회사 입사까지 영향이 끼쳐 쉽게 사회에 진출할 수 있다. 우리 엄마도 모든 것의 기초는 공부라고 하셨다. 공부를 잘해야 이 사회에서 살아갈 수 있다고도 하셨다. 하지만 공부하는 게 많이 힘들어서 사람들은 쉽게 포기한다. 다른 사람들이 시켜서 하는 공부는 공부가 아니기 때문이다. 나중에 내가 공부하는 까닭이 내가 하고 싶어서가 되어 있었으면 좋겠다.

박상범

처음에는 왜 공부를 하는지 몰라 누군가 다른 사람이 시켜서 하다가 그 가치를 확인, 인정하여 목표로 삼는다. 하다 보니 필요성을 찾은 경우다. 공부하다 보면 필요성을 찾기도 한다.

몇 년 후, 꿈을 이룰 시기가 되어 그제야 공부를 하면 너무 늦을 것 같습니다. 후회하기 전에 지금부터 차차 공부를 하며 꿈을 성공시켜야 합니다. 현실적으로 말하자면, 요즘엔 공부를 잘하지 못하면 내가 가고 싶은 대학, 직장에 다니기 어렵습니다.

조승제

먹고살기 위해서? 그 뒤에는?

아이들이 공부하는 까닭을 쓴 글을 읽으면 많은 것을 느끼게 된다. 우리 사회가 아이들에게 비교육적인 생각을 잠재 학습시키고 있는 것이 아닌가 되돌아보게 된다. 적은 돈을 버는 직업을 천하게 여기고, 노력 없이 세습되는 자리를 꿈꾸기도 한다. 먹고살기 어렵다는 뉴스와 어른들 대화는, 아이나는 초등학교 2학년때 까지는 공부가 좋았다.
공부만 하면 무조건 100점이 되는 착각을 하고 있었기 때문이다.
하지만 3학년때는.. 공부를 해도 성적이 70~80 점대여서 엄마가 크게
실망하는 걸 본 뒤 부터 공부를 싫어하기 시작했다. 다행히로 4학년때
엄마와 공부를 열심히 해서 성적이 점점 올랐고 드디어 5학년때 `반에
서 1등`이라는 걸 해보았다. 그때는 공부가 좋았었다. 다음 시험을 친
순간 공부가 확 싫어졌긴 했지만.. 아무튼 나는 미래를 위해서도.
공부가 필요하다고 생각한다. 나중에 내가 커서 취직을 할 때 공부를 못
하거나 학벌, 스펙이 좋지 않으면 분명히 취직에서 한 걸음 떨어질 것
이다. 그렇게 점점 공부를 안하게 되면 편의점 알바보다 못한 인간이 될
것이다. 즉, 공부는 돈을 벌기 위해

많은 아이들이 돈을 벌기 위해서 공부를 해야 한다고 학습동기를 가지고 있다.

들의 꿈과 학습동기 형성에 많은 영향을 주고 있다.

공부는 우리가 대한민국에서 살아가는 데 꼭 필요하다. 공부를 잘하면
고등학교도 좋은 데에 가고 또 고등학교에서 성적을 잘 받으면 좋은 명
문대에 들어가 '인서울'은 물론 해외로 진출할 가능성도 있다. 덧붙이자
면, 만약 내가 다른 나라에 살거나 내 가족 중 한 명이 대기업 회장이면
나는 공부를 할 필요가 없다. 다른 나라는 우리나라처럼 학생들 공부를
이렇게 빡세게 시키지는 않기 때문이고, 가족 중 한 명이 회장이면 얼
마든지 낙하산으로 들어갈 수도 있다. 하지만 이런 경우는 매우 드물기
때문에 그냥 공부를 열심히 해야 되겠다.

나지연

먹고살기 위해서 꿈꾸는 사람은 딱 먹고살기까지만 도달하면 끝이다. 그 뒤 뭘 해야 할까? 먹고살기 위한 수단으로만 존재하는 배움, 그래서 먹고살기까지만 버티는 것은 아닐까?

> 공부는 사회에서 인정받기 위한 수단이다. 공부는 대학 입학이나 회사에 취직할 때 쌓은 경력이다. 과거가 잘 되어 있지 않으면 입학이나 취직을 실패하는 경우가 많다. 그래서 공부를 대학이나 취직을 위해 하는 것이라고 생각한다.
>
> 민규민

꿈과 목표를 이루려고, 대학 가기 위해, 좋은 직업을 얻기 위해 공부한다는 아이들이 있다면 일단 대견스럽고 믿음직해 보인다. 초등학생이 이런 정도 목표를 지닌다면 공부를 오랫동안 할 것으로 보인다.

그러나 여기에도 한계 시점(임계점)이 있다. 아이들에게는 멀게 느껴지겠지만, 이 또한 한계점에 이른다. 그럼 이런 한계 시점은 언제 오게 될까? 원하던 대학 입학에 성공하든 실패해서 포기하든, 또는 좋은 직업을 얻거나 얻지 못하든 두 가지 경우 모두 다 한계점에 이른다. 성공하지 못해서 포기하거나 이룰 수 없는 상황이 되면, 그것은 목표를 잃은 것이 되고, 성공한 경우에는 목표에 도달했으니 더 이상 목표가 사라지는 셈이다. 그 뒤, 뭘 해야 할까? 자포자기하거나 현실에 안주하며 지낼까? 물론 대부분 사람은 또 다른 목표를 찾아 도전할 것이다. 다시 외적 동기나 내적 동기에서 시작할 것이다.

그래서 목표는 더 길게, 크게, 깊게 잡을 필요가 있다. 대학, 직장, 직업을 갖고 무엇을 할 것인가 하는 '무엇'에 초점을 두어야 하지 않을까. 그것을 이루는 중간 단계 실천 목표는 달성 가능한 것이 좋다. 지위와 자리보다는 가치와 의미 중심의 목표가 되어야 한다.

호기심-내적 동기의 발견

공부 고민과 필요성을 이야기하고 있으면 아이들이 무엇인가 깨달음을 얻는 순간을 찾을 때가 보이기도 한다. 이런 발견은 교사에게 큰 기쁨과 행복감을 준다. 교사 효능감을 높여준다. 애써 머리로 이해해도 실천하지 않으면 의미가 없다. 실천하면서 마음의 깨우침이 생긴다. 깨우침에서 흥미와 즐거움, 재미라는 감성으로 발전한다.

이런 상태는 누구나 꿈을 꾸는 내재화로 가는 동기, 내적 동기를 갖게 되는 순간이다. 공부 자체가 즐겁고, 새로운 지식을 배우는 것 자체가 기뻐서 하는 단계이다. 누구나 공감하고 바라는 마음일 것이다.

아이들에게서 내적 동기가 일어나도록 우리 어른들은 생활 습관과 본보기 환경을 갖추려 하고 있다. 그러다 보면 어른도 함께 바뀐다. 서로의 삶을 바꾸고, 가꾸는 일이다. 알면서도 잘되지 않고 쉬우면서 쉽지 않은 일이기도 하다.

> 知之者不如好之者, 好之者不如樂之者.
> 아는 것은 좋아하는 것만 못하고, 좋아하는 것은 즐기는 것만 못하다.
>
> 〈논어, 옹야(雍也)편〉

제목: 수학시간.   날씨: 더움

(p.31) 저번 수학시간에는 비례식의 성질 두 가지를 배웠다. 그리고 오늘은
세번째 성질을 배웠다. 세번째는 내항의 곱과 외항의 곱이 똑같다는 것이다.
그래도 나는 첫번째 성질인 두 수에 0이 아닌 수를 곱해도 같다. 는 성질로
하는것이 제일 수월한것 같다. 그래도 조금 신기하기도 했다. 어떻게 곱이 똑같은
지 계속 신기해 했다. 수학은 조금 마술같다. 오늘은 수학시간이 싫지는 않다.

나는 찍기와 불기 2개를 사용했다. 주제는 동백꽃이다.
나는 먼저 카네이션을 하다가 원모양이 점점 목련이 되어 가고 있
어서 어쩔수 없이 주제를 바꾸게 되었다. 다행히 성공 작이 있
다. 나는 그림을 자랑스럽게 계속쳐다보 니까 절려 버렸다.
그래도 3교시 마스를 끝내고 돌아와 보니 진짜 꽃 같았
다. 환상적이었다. 나에게 불기와 찍기 이런 신기한
재능이 있는 줄 꿈에도 몰랐다.

내용도 그날 배운 내용이 다 기억에 남는다. 공부란 혹시
지루하고 따분한 것이 내가 그렇다고 생각해서
그럴까? 정말 공부란 알다가도 모르겠다. 공부가 어떻게
해야 흥미롭고지, 공부가 뭔지 제대로 알고싶다. (선
생님 좀 가르쳐 주세요.)

호기심과 배움의 즐거운 감정을 깨닫게 될 때 평생 공부하는 학습동기를 갖게 된다.

여러 번 곱씹어 봐도 공자님 말씀이 참 맞다. 즐겨야 오래간다. 평생 할
일이라 여기고 배움의 즐거움과 감정, 깨달음을 지속 가능하게 만드는 방법
과 노력을 우리는 공부한다.

주기적으로 자신의 동기를 공책에 기록하면, 그것을 통해 자신의 생각을 들여다보고, 바꾸고, 덧붙이게 된다.

학습동기를 동기 없는 상태, 외적 동기, 인정받으려 가치를 받아들인 상태, 내적 동기로 알아봤다. 한 학급 아이들에게는 서로 살아온 삶이 다르니 당연히 여러 동기가 섞여 있다.

우리의 최종 목표가 내적 동기 활성화라는 것에 다 공감할 것이다. 아직 아이들에게는 기회가 많다. 늦지 않았다. 적어도 동기 없는 아이에게는 외적 동기만이라도, 외적 동기를 가진 아이는 가치 인정 단계까지만이라도 한 단계 오르려는 도전이 중요하겠다. 희망과 도전을 키우는 씨앗을 함께 심어가는 것이다.

아이들에게 처음 만나 선물하는 공책 한 권이 있다. 동기 이야기를 해주고, 자기는 어떤 동기로 살고 있는지도 확인한다. 한 시간만으로는 이런 마음을 오래 지킬 수 없다. 주기적으로 생각과 마음을 다시 불러일으켜야 한다. 아이들에게 동기를 다시 불러일으킬 이야기, 동영상, 기사 등을 준비해서 들려준다. 복사해서 주기도 한다. 아이들은 듣고 보고 붙이면서 느낌, 소감, 다짐을 적는다. 자기 생각도 쓰면서 기록을 남긴다. 사라져가는 기억과

2014년 7/8일

제목 = 학교에서...
오늘 학교에서 선생님이 컴퓨터교실에 가서 우리반 누리집에
가서 댓글을 올리라고했는데 난 다 올린줄 알고 반에 있
는데, 댓글을 안올린 사람이 있다고해서 선생님이 이름을
불렀는데 나하고, 승비 이였다. 그래서 다시가서 컴퓨터
켜서하고, 반에 다시왔는데, 내가 다른데다 올렸다고
선생님한데 말하니까 선생님 자리에서 하라고 했다. 우리반
선생님이 참 좋다. 끝까지 못한 일을 시키고, 나도 선생님
처럼 살아야겠다

마음을 붙잡아 두려고 일주일에 한 번은 자기가 쓴 것을 보고 또 보고 되풀
이한다. 이렇게 읽다 보면 자기 생각을 바꾸고 덧붙여 쓰기도 한다.

　마음을 다지는 기회를 준 다음에는 기다림만 남는다. 하루아침에 습관이
붙지 않는다. 지금까지 대충, 그냥, 아무거나 해오던 일에 목표를 세우고 끝
까지 도전해 이루는 습관으로 바꾸는 데는 시간이 걸린다. 아이마다 차이
는 당연히 있다. 수업, 과제도 마찬가지다. 마음을 다지는 정보, 자료, 기회,
시간을 아이들에게 주고나면, 참여와 숙성은 이제 아이들 몫이다. 아이마
다 속도의 차이도 난다. 평소 습관이 드러난다. 차이를 인정하면 기다릴 수
있는 마음도 생긴다. 교사는 아이들이 끝까지 하도록 지원하고 챙기며 기
다린다. 끝까지 이루려는 노력에 칭찬을 아끼지 않는다. 아이들의 학습과
동기는 이런 숙성과 노력, 도전 과정에서 성숙 발전한다고 믿는다.

2. 아이들의 꿈과 도전

꿈에 닿으려는 노력으로서 삶

"너, 꿈이 뭐야?"라고 물으면 대부분 직업을 댄다. 요리사, 기술사, 박사, 발명가와 같은 사람이다.

"그럼, 그런 사람이 되고 나면 무엇을 할 건데?"

"요리하지요."

"발명하지요."

"돈 벌지요."

당연하다는 듯 말을 잇는다. 각각의 직업에서 하는 당연한 일들이다.

"왜 그런 일을 하는데?"

이 질문부터 아이들은 말문이 막히고 고민하기 시작한다. 마땅한 말이 나오지 않아 객관식 문제처럼 칠판에 써서 손을 들게 했다.

① 없다

② 먹고살려고

③ 내 만족을 위해

④ 남을 위해

⑤ 사회를 위해

⑥ 나라를 위해

⑦ 세계를 위해

대부분 자기만족을 뛰어넘지 못했다. 깊게 생각해본 적이 없기 때문이

먹고살려고 공부하는 것이라면, 성공하거나 실패한 이후에는 공부할 까닭이 없어지지 않을까?

다. 그냥 먹고살려고 그런다는 답은 처음에는 전체의 반 가까이 되었다. 이순신, 세종대왕, 간디, 에디슨 같은 사람들 삶에 대해서 이야기했다.

"각각 나라를 위해, 사회를 위해, 세계 전체를 위해 사셨습니다. 나라와 백성을 위해 살았지만, 뒷날 세계를 위한 일이 되기도 했습니다. 돈 때문에 안 좋은 사건이 일어난 기사도 한 번씩 봅니다. 그런 사람들은 어떻게 산 것일까요?"

"그냥 먹고살려고……."

"그래, 자기만족을 위해 살려고 해서……."

여기까지 이야기하고 다시 손들게 했다. 조금은 더 사회적으로, 나라를 위해 살려는 의견으로 아이들 생각이 바뀌었다.

이 수업은 자기 꿈과 목표를 정하고 그 폭을 넓히는 공부였다.

목표를 세우는 일이 중요하다. 좋은 직업을 얻고 돈을 벌어 나만 만족하고 살기에는 너무도 아깝다. 최소한 어느 정도라도 다른 사람들을 위해 살아야 우리 '인류' 문화를 지킬 수 있다. 세계를 향한 꿈을 열어보자. 그러다 보면 세계적인 목표에 도달하지 못하더라도 우리나라 또는 적어도 누군가 다른 사람을 위한 목표는 이룰 것이다.

행상으로 모은 평생의 재산을 대학 장학금으로 기부한 할머니 사연을 신문으로 한 번씩 보게 된다. 이런 분들은 이 사회를 위해 행동, 실천하신 분이다. 직업이 꼭 목표일 필요는 없다. 무엇을 위해 살 것인가, 어떻게 살 것인가가 중요하다. 이렇게 마음을 세우는 시간은 소중하다. 아무 생각 없던 아이가 자신에게 목표가 생겼다는 것은 큰 발전이다.

꿈은 커야 한다. 꿈에 닿으려고 노력하는 과정이 삶이다. 실천 가능한 작은 목표로 쪼개서 하도록 계획을 세운다. 그래서 몇 시간, 몇 주, 몇 개월, 몇 년의 목표를 만들어간다. 작은 목표를 하나씩 이루면서 세상 보는 눈도 넓어진다. 다른 사람들, 나라와 사회, 인류를 위한 철학과 신념이 생긴다.

아이들의 경험과 성취감

사소한 것 하나라도 이루는 느낌, 감정이 성취감이다. 아이들 경험에서 성취감이 자주 일어나면 사는 맛과 즐거움이 더해진다. 대회 상이나 자격증, 시험 합격에도 새로운 성취감을 얻는다.

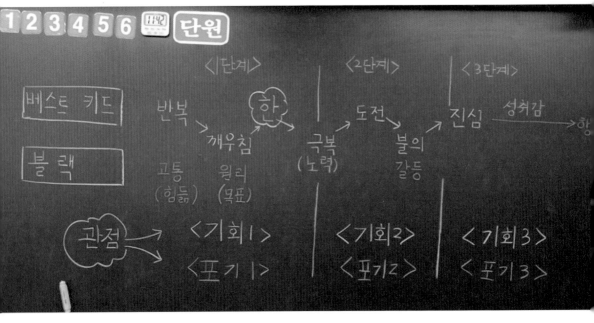

인생도 영화처럼 계속되는 기회와 도전의 반복으로 채워져 있다.

수업 시간에 의견 모으기나 과제 해결을 통해서도 작은 성취감을 맛볼 수 있다. 자주 맛보면 설렘과 기대감이 솟는다. 한 손만 뻗으면 닿을 듯, 잡힐 듯하면서 기대 목표를 이루는 기쁨이 성취감에서 행복으로 이어진다.

아이들이 자신의 경험에서 이런 감정을 자주 느낄 수 있는 생각과 활동 기회를 줄 필요가 있다. 기회 있을 때마다 삶의 흐름 어디에 서 있는지 자신을 살펴본다면 어려움을 이겨내는 힘도 생길 것이다.

우리 학급에서는 자투리 시간이 생기면 한 번씩 영화를 본다. 교과 주제나 삶의 원칙이 담긴 영화다. 한 해 동안 볼 영화를 미리 준비해 두기도 한다. 영화 《베스트 키드》(The Karate Kid, 2010)와 《블랙》(Black, 2005)을 보고 수업한 적이 있다. 《베스트 키드》는 주인공이 쿵후를 배워 대회에 나가 우승하는 이야기다. 몇 번의 힘든 과정과 반칙과 불의를 정직하게 예의를 지켜 이겨내며 우승한다. 《블랙》은 시각·청각 장애를 가진 여자아이가 대학 졸업을 하기까지 교사와 학생의 감동적인 삶을 그려낸다. 마치 헬렌 켈러 이야기 같다. 영화 두 편 다 보고 난 어느 날 따로 한 시간 수업을 했다. 칠판에 이야기 전개 과정별 중심 낱말을 써놓고 다시 영화를 떠올리는 이야기를 했다.

보통 영화는 중요한 몇 고개(시점), 고비, 전환기를 넘는다. 세 번의 갈등, 기회가 온다. 첫 고개는 반복된 고통과 어려움을 겪지만 깊은 의미를 깨닫고 이겨낸다. 두 번째는 주인공이 주변 인물과 갈등하면서 포기할 듯하면서 다시 일어나 도전한다. 이 과정에서 반칙, 불의, 방해 요소와 인물이 나와서 괴롭힌다. 괴롭힐수록 더 관객은 몰입하고 격분한다. 이 고비까지 넘기면 최종 승리자가 된다. 성취감, 승리, 행복으로 이어진다. 관객도 감동과 쾌감을 느낀다. 고비 때마다 포기하고 싶은 상황이 생기지만 주인공은 끝까지 도전한다. 오히려 기회로 삼는다.

우리 삶도 그렇다. 어려움이 당연히 먼저 찾아온다. 고비가 기회다. '이겨내느냐, 포기냐' 하는 결단과 실천에 따라 인생길이 바뀐다. 어려워도 다시 일어나는 용기와 도전에서 지혜가 생긴다. 아이들에게 포기하지 않고 기회로 삼는 마음을 심고 싶다.

한 편의 영화에서는 시련, 고난, 극복, 성취 과정을 한 사람의 일대기처럼 끝까지 볼 수 있다. 아직 우리 삶은 많은 과정이 남아 있다. 영화에는 다른 사람의 삶이 녹아 있다. 그 속에서 우리는 희망을 본다. 볼 줄 알아야 한다. 보게 해야 한다. 몇 번의 고비가 긴장감, 반전, 감동을 일으킨다. 그래서 재

친지와 이웃으로부터 들은 인생 이야기는 아이들의 동기 형성에 중요한 역할을 한다.

미있다. 알고 넘어질 때와 모르고 넘어졌을 때 아픔은 다르다. 벌떡 다시 일어날 수 있는 용기는 어느 쪽일까? 알면 덜 아프다. 알아가는 노력이 배움이다. 알려고 애를 쓰고 즐겨야 할 까닭이 여기에 있다.

학교 수업에서도 영화처럼 몇 번의 고비를 넘겨서 풀어야 할 과제가 많다. 서너 번 도전해서 현재 수준보다 한 단계 발전해서 통과하는 경험이 아이들에게 성취감을 갖게 만든다. 긴 방학이나 긴 휴가, 명절이면 아이들에게 특별 과제를 낼 때가 있다. 평소 쉽게 만날 수 없는 친지나 이웃과 어울려지낸 이야기나 주제를 조사해 오는 것이다. 이런 과제를 대충 여기면 학습지 칸 채우기만으로 끝나버리기도 한다. 대충 지어내거나 친구 것을 보

통과할 때까지 계속되는 노력은 통과했을 때 커다란 성취감을 준다.

고 베끼기도 한다. 대충 검사하면 대충 하고 만다. 잘못된 습관과 행동을 학습하는 셈이다.

우리 반에서는 이런 과제를 아이들이 직접 발표하게 함으로써 꼼꼼히 확인한다. 발표 시간은 철저히 지켜지고, 내용은 진지하게 다루어지며, 이에 대한 평가는 청중(아이들)이 한다. 준비 안 된 사람은 다 될 때까지 하루씩 미룬다. 밀린 사람은 아침이나 점심시간과 같은 자투리 시간을 활용해서 발표한다. 처음 발표와 같이 여럿이 보는 앞에서 한다. 포기하지 않고 끝까지 한다. 보통 사흘 안으로 다 해낸다. 시청각실로 옮겨 실제 마이크와 조명을 활용하면 더 좋다. 실제와 같은 긴장감을 준다.

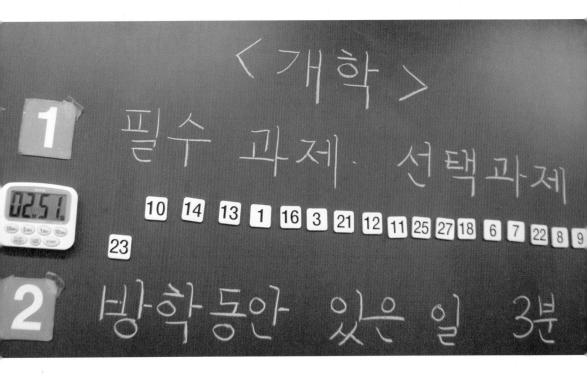

청중은 내용, 말 빠르기, 시선을 듣고 보면서 평점을 매긴다. 손가락으로 표시해서 평균 3점 이하이면 다시 발표해야 한다. 보통 1차에 통과하는 경우는 서너 명이고, 대부분 3차나 4차에서 통과하지만, 6차나 7차까지 가는 아이도 있다. 아이들을 평가에 참여시키면 집중도도 높고, 자율성과 책임감도 생긴다. 무엇보다 평가 기준을 되새기면서 학습목표가 자연스럽게 생각나게 된다.

이런 과정을 통과한 아이들은 기쁨과 보람, 성취감을 맛본다. 시간이 아무리 오래 걸리더라도 한 사람도 빠지지 않게 끝까지 한다. 안 하거나 못해도 혼내지 않고 끝까지 기다리며 챙긴다. '안 하면 안 되겠구나', '빠져나올 방법이 없구나' 하는 마음이 들도록 꿋꿋하게 발표 수업을 진행해간다. 포

발표자와 평가단. 발표자는 평가단의 심사를 통과해야 하기 때문에, 평가단에 있는 아이들은 자신의 발표를 개선하는 데 참고하게 된다.

기하지 않으면 결국 도달한다. 큰 성취감을 얻는다. 한 번 이런 과정을 다 밟고 나면 다른 교과 활동에서도 포기하지 않는 열정이 불붙는다.

다음 연설문 발표 수업도 이런 방법으로 했다. 발표 과정 사진을 보여주

문제와 해결의 짜임으로 연설하기 평가표 1

6학년 반 번 이름: _____.

번호	이름	제목	평가관점	평점(5)	합계
1			● 관심을 끄는 말이 있나?		
			● 이해하기 쉽게 문장이나 낱말을 반복?		
			● 설득력 있나?(자료, 통계)		
			● 높임말을 썼나?		
			● 희망적인 마무리?		
2			● 관심을 끄는 말이 있나?		
			● 이해하기 쉽게 문장이나 낱말을 반복나?		
			● 설득력 있나?(자료, 통계)		
			● 높임말을 썼나?		
			● 희망적인 마무리?		
3			● 관심을 끄는 말이 있나?		
			● 이해하기 쉽게 문장이나 낱말을 반복?		
			● 설득력 있나?(자료, 통계)		
			● 높임말을 썼나?		
			● 희망적인 마무리?		
4			● 관심을 끄는 말이 있나?		
			● 이해하기 쉽게 문장이나 낱말을 반복?		
			● 설득력 있나?(자료, 통계)		
			● 높임말을 썼나?		
			● 희망적인 마무리?		
⋮					
27			● 관심을 끄는 말이 있나?		
			● 이해하기 쉽게 문장이나 낱말을 반복?		
			● 설득력 있나?(자료, 통계)		
			● 높임말을 썼나?		
			● 희망적인 마무리?		

면서 설명했다. 발표 시간은 2분에서 3분 사이였고, 영상 촬영도 했다. 평가 관점도 항목에 따라 기준을 세워서 목록으로 만들었고, 이것을 복사해 아이들에게 나눠주었다. 아이들은 그에 따라 평가를 했다. 연설문 특징을 파악하고 평가를 했다. 한 사람 발표가 끝날 때마다 평가 기준을 보고 평점을 매겨야 한다. 늦은 발표자나 재도전 발표자는 이러한 관점과 기준을 자꾸 되새기게 된다. 이 기준에 따라 자신의 발표 내용과 형식을 고쳐야 한다.

시청각실 무대와 마이크, 조명도 갖추어 준비했다. 긴장감도 돈다. 시간, 속도, 평가자의 기준 점수를 넘어야 통과한다. 다시 할 사람은 다른 친구 발표를 잘 보고 들으면서 자기가 고칠 부분을 참고해 나간다. 시간에 맞춰 말하기가 한 고개요, 주제에 맞게 말하듯이 연설하기가 두 번째 고개이다. 두 고개를 넘어서 평가단 평가를 통과하면 마음이 뿌듯해진다. 한 가지 이룬 느낌, 성취감이다. 재미있다. 긴장감과 성취감이 재미를 만든다. 프레젠테이션 발표, UCC 제작 발표 같은 활동에서도 이런 과정을 거치면 아이들의 흥미와 관심도는 높아진다.

아이들에 대한 칭찬

평소 아이들에게 자주 칭찬을 건넨다. 칭찬은 고래도 춤추게 한다는 말이 있듯 칭찬이 좋다는 말은 잘 안다.

"아이들에게 하는 칭찬 말, 스무 가지 정도 써보세요."

최고야, 잘한다, 착하다, 똑똑하다, 대단하다……

어른들도 네다섯 개 정도 쓰고 나면 머뭇거린다. 열 개도 쉽지 않다. 또 어떤 말이 있을까? 최고다, 잘한다, 착하다, 똑똑하다는 말이 아닌 다른 말을 더 찾아보자. 재미있는 칭찬 실험[1]이 하나 있다.

초등학교 2학년 아이들에게 3분 동안 카드 단어를 외우고 기억나는 만큼 칠판에 쓰게 합니다. 3분 뒤 칠판에 단어를 쓸 때 교사가 칭찬합니다.

"똑똑하다."

"대단한데"

"머리 좋은데"

"진짜 짱이다."

칭찬하려면 쉽게 나오는 말입니다. 얼마 뒤 교사에게 전화가 옵니다. 전화를 받으려고 시험 도중 답안지를 책상 위에 놓고 나갑니다. 칭찬 실험이 이때 시작됩니다. 책상 위에서 선생님이 놓고 간 답안지를 보고 아이들은 무슨 생각을 할까요? 앞에 놓인 답안지와 참 똑똑하고 대단하다고 칭찬해주던 선생님 얼굴……

우리는 칭찬이 자신감을 불어넣어 줄 것으로 생각했지만 정작 아이들은 깊은 고뇌에 빠진 것 같습니다. 외웠던 단어가 기억나지 않아 걱정되기 시작합니다. 나는 사실 그리 똑똑하지 않은데 과분한 칭찬을 받았으니 어쩌면 좋을까요? 다행히 훔쳐보지 않는 학생들도 있습니다. 그러나 70%의 아이들은 몹시 불안해 떨며 괴로워하며 답안지를 훔쳐보았습니다. 교사가 칭찬해준 것처럼 똑똑한 애, 대단한 아이가 되기 위해서 말입니다.

---

1. EBS 《2010 교육 대기획 10부작, 학교란 무엇인가》 '6부 칭찬의 역효과'

아이들에게 무엇인가 꼭 말하고 싶은 것이 있다면,

"잠깐인데도 노력 많이 했구나."

"그 짧은 시간인데도 노력 많이 했구나."

유혹을 떨치고 자신의 힘으로 답을 기억해 내려는 아이들, 칭찬 대신 노력한다는 말을 들은 아이들은 부정행위를 거의 하지 않았습니다.

"'어떤 것을 잘했니'라는 것보다는 '굉장히 어려운 일이 있었는데 그것을 네가 어떻게 극복했는지'를 자세히 물어보고 탐색하는 것이 중요합니다. ……심지어 실패했을지라도 아이들은 부모를 두려워하지 않고, 내가 오늘 이런 문제가 있었는데 구체적으로 어떻게 했고 어떤 건 잘했고 못 했고 이런 것에 대하여 함께 의논하고 이후에 더 잘할 수 있는 계기가 될 수 있는 거죠."

'최고다', '똑똑하다', '잘한다'는 말은 평가목표이고 '노력한다', '무슨 내용을 하고 있다'는 말은 학습목표이다. 평가에 기준을 두면 인간은 수단과 방법을 가리지 않고 도달하려는 성향을 보인다고 한다. 물론 다 그렇지는 않다. 대체로 70% 아이들이 그렇다고 나온다. 학습목표는 과정과 상태에 대한 기준이다. 말에 따라 아이들 행동이 달라지는 놀라운 실험이다. 이 또한 교육 환경의 한 면일 것이다. 까닭 없이 너무 부담스런 칭찬을 하면, 오히려 역효과가 일어난다.

평가 목표보다 학습목표에 중심을 두고 칭찬하는 말이 더 성취감을 높인다. 성취감에는 자기 인정과 자기만족이 밑바탕에 깔려있다. 칭찬의 목적은 노력, 자신감을 더 불러일으키는 마음, 다시 도전하려는 '회복 탄력성[2]'을 키워주는

2. 릭 뉴먼, 『리바운더스-성공의 법칙을 새롭게 쓴 사람들』, 위선주 옮김, 알에이치케이코리아, 2012

것이다.

아침, 교실로 들어오는 아이들이 인사를 나눈다.

"선생님, 안녕하세요!"

하나같이 똑같은 인사말이지만 이렇게 답인사를 해준다.

"그래, 안녕, 오늘 아침밥 일찍 먹었네."

"오늘은 두꺼운 옷을 입었네. 추웠니?"

"아, 머리 손질했네! 머리핀도 꽂았고, 고양이 모양이 마음에 든다."

"이야, 영수는 오늘 문을 씩씩하게 여네. 무슨 좋은 일이라도 있니?"

아이마다 다르게, 어제와 다른 말로 인사를 해주려고 애를 쓴다. 며칠 하다 보면 말도 는다. 아이를 한 번 더 보고, 자세히 관찰하고 목소리를 새겨 듣는다. 그뿐 아니다. 수업 시간에도 학습목표 중심 말을 의식적으로 찾아쓰게 된다. 책 읽을 때, 칠판에 답 쓸 때, 모둠 발표할 때와 같이 아이들의 수업 참여 과정에서 자세히 말해준다.

"민지는 또박또박 읽었네. 여기 이 부분은 마음속으로 '하나', '둘', '셋'으로 세 박자를 쉬고 읽으면 훨씬 듣기 좋아."

"칠판이 높은데도 큼지막하게 써주었네."

"이 모둠은 힘찬 목소리로 웃으며 해주니까 듣는 사람도 기분이 좋아지겠네."

칭찬하는 말을 자세하게 해주면 칭찬받는 아이의 기분도 좋지만, 듣는 다른 아이들에게도 잠재적 학습이 된다. 닮아 보려는 눈치가 보인다.

수업과 학습 과정에서 수없이 많은 말이 오간다. 꾸지람과 격려, 충고와 칭찬이 번갈아 나타난다.

꾸지람도 화내지 않고 과정의 객관적 사실을 말해서 도전하는 마음이 일어나도록 하면 오히려 격려로 바뀐다. 충고도 실수를 찾아 비난하는 것이 아니라 아이에게 '그럴 수 있다.' 하고 말해주면서 오히려 아이가 노력한 부분을 되살려 이야기해주면, 칭찬할 때와 같은 효과가 나타난다.

3. 아이들을 둘러싼 환경

아이들은 하루에 여러 가지 상황을 겪는다. 이런 상황이 일기 글감이나 주제가 되기도 한다. 하루 동안 겪은 일들을 정리해 네 가지 상황별로 묶었다.

아이들이 겪는 하루 네 가지 상황

〈상황1〉	〈상황2〉
일어나서 씻고 밥 먹고, 잠자기 혼자 또는 식구들과 텔레비전 보기 저녁에 엄마, 아빠와 만남 식구들과 함께 운동, 여가 즐기기 가족 여행, 가족 행사, 친지 모임 동네 사람들, 아는 분들과 모임	학교 오가는 길에 준비물 챙기기 수업 시간 교과 공부, 방과 후 공부 시험 준비, 시험 치고 점수 매기기 쉬는 시간, 점심시간 놀기 학교 마치고 친구들과 어울리기 모둠 과제 함께 해결하기
〈상황3〉	〈상황4〉
현장 학습, 수학여행 학교 학급 동아리 활동 학급 잔치, 생일잔치 아나바다 행사와 같은 학급 행사 학예회 준비와 참여	수업 시간 몰래 학원 숙제하기 학원 과제 검사받기 시간 맞춰 학원 수업 듣기 시험 공부와 문제집 풀기 과제 못해 꾸중 들은 일

〈상황1〉은 집에서 일어나는 일이다. 일어나 헤어졌다 다시 만나고 가끔 친지들과 다른 식구들과 함께 지내기도 한다. 식구들과 주고받는 말, 함께 하는 시간도 따져보면 한두 시간밖에 되지 않는다. 〈상황2〉는 학급에서 공부 시간이다. 저학년은 4시간, 고학년 6시간 남짓하다. 〈상황3〉은 학교 행

	(월)	(화)	(수)	(목)	(금)	(토)	(일)
7시	기상, 세면	기상, 세면	기상, 세면	기상, 세면	기상, 세면	기상, 세면	기상, 세면
8시						아침먹기	아침먹기
9시	학교수업	학교수업	학교수업	학교수업	학교수업	컴퓨터하기	교회
10시	학교수업	"	"	"	"	TV시청	"
11시	학교수업	"	점심시간	점심시간	점심시간	점심먹기	점심먹기
12시	점심시간	점심시간			학교수업	잠깐의 휴식	교회
1시	학교수업	학교수업	학교수업	학교수업		셀파문제집풀기	
2시						독서시간	
3시	"	"	애들이랑 놀기	"	"		"
4시	도서관가기/운제	보충시간	도서관가기	보충시간	도서관가기	피아노치기	
5시	피아노치기	문제집풀기	피아노치기	운제집풀기	피아노치기		현냥앤 시청
6시						저녁먹기	K-POPSTAR
7시	학원	학원	학원	학원	학원	TV시청	저녁먹기
8시							씻기, 휴식반
9시							컴퓨터하기
10시	드림하이2 시청	드림하이2 시청	해품달 시청	해품달 시청	컴퓨터하기	씻기	
11시	오답노트,일기쓰기	오답노트,일기쓰기	오답노트,일기쓰기	오답노트,일기쓰기	보충,일기쓰기	보충,일기쓰기	보충,일기쓰기
12시	잠	잠	잠	잠	잠	잠	잠

5.우체진 풀이일 경우 차례에 하루동안 몰 날짜 적기 6.오답노트 쓰고 복습 시간 7.보충시간 두기(오늘 다 못한 것을 보충, 심화 8.일기 쓰기 되도록 저녁먹고 바로

아이들의 주간 실행 시간표. 학교와 학원을 오가며 공부하는 시간이 많아보이지만 자기가 주도할 수 있는 시간에는 TV 시청, 게임이 대부분을 차지한다.

사 활동 시간이다. 주기적인 상황은 아니지만, 아이들은 즐거워한다. 아이들 감정이 샘솟는 활동들이다. 〈상황4〉는 학원 준비와 학원 공부 시간이다. 한두 시간에서 서너 시간까지 잡힌다. 큰 틀에서 아이들이 겪는 상황과 환경은 이 범위 안에 있다. 몇몇 예외적인 경우를 빼고는 〈상황2〉, 〈상황4〉, 〈상황1〉, 〈상황3〉 차례로 하루에서 차지하는 시간이 길다.

아이들에게 계획표 형식의 주간 실행표를 짜보게 했다. 학교, 학원, 텔레비전, 휴대전화기로 이어지는 전체 흐름이 많았다. 학교 마친 뒤 스스로 공부거리를 찾는 아이도 있기는 있다. 실행표를 먼저 짜보면 자기 생활을 되돌아보고 정확한 자기 시간을 계산할 수 있다. 그다음에 계획표를 짜면서 빼거나 넣으면 된다. 계획표를 봐도 쉬는 시간, 텔레비전, 휴대전화, 게임

시간을 따로 잡아넣는 아이도 보인다.

학부모와 교사의 생활도 알아보았다.

학생, 학부모, 교사의 하루 일과

시각	아이들	직장 부모	주부	선생님
6시		일어남	일어남	
7시	일어남		아침준비	아침 준비
8시	학교출발	직장출발	청소	아침활동, 회의
오전9시			여가 활동	
오후1시	저학년 마침			저학년 수업 끝
2시				
3시	고학년 마침			고학년 수업 끝
4시	학원			업무 처리
5시				퇴근(또는 업무)
6시	집 도착	퇴근길	저녁준비	모임 또는 가정
7시	저녁	저녁	설거지 청소	
8시	텔레비전, 휴대전화	운동, 신문, TV	텔레비전	텔레비전
9시	과제, 일기, 드라마	뉴스, 드라마	뉴스, 드라마	
10시	잠자기			
11시		잠자기	잠자기	잠자기

별로 다르지 않다. 아이나 학부모, 교사 모두 비슷한 시간대에 일어나고, 저녁 이후부터도 비슷한 시간과 활동을 공유한다. 가장 많은 공유 활동은 TV 시청일 것이다. 물론 TV 대신 다시 학원에 가거나 책을 보거나 운동하는 사람도 있다.

이런 하루 일정을 짜는 주체는 누구일까? 어른들은 직장 일 빼고는 스스로 선택한다. 아이들은 어떨까? 아이들도 자기가 시간을 선택, 조정하는 계획을 할까? 한번은 자기 주도 시간과 자기주도학습 시간을 알아본 적이 있다.

공부 스트레스에 빠진 아이들은 '자기 주도 시간'을 '자기주도학습'으로 만들지 못한다.

학교, 학원 공부 시간을 빼고 스스로 선택 가능한 시간을 알아보았다. 1시간과 3시간이 가장 많았다. 자기 주도 시간이다. 그 시간에 무엇을 하느냐가 중요하다. 학교, 학원 공부를 했으니 쉴 계획으로 TV, 휴대전화, 게임이 대부분 자리 잡는다. 이때 스스로 선택한 학습, 즉 자기주도학습 시간에는 1시간을 할애하는 경우가 가장 많았다. 이러한 현상은 2014학년도 아이들에 대한 조사에서 나타난 것이었고, 2012학년도 아이들 조사에서는 30분밖에 되지 않았다.

자기주도학습 시간은 학교, 지역 환경, 가정에 따라서 차이가 난다. 학원에 많이 다니는 아이일수록 자기 주도 시간에 오히려 오락, 웹툰, 게임을 하는 습관이 붙는다. 학원에 다니지 않는 아이는 공부, 놀이, 운동할 기회가 생겨서 하루에 2시간 정도 자기주도학습 시간을 갖는다.

실행표와 계획표는 자기 시간을 찾아 효율적으로 바꾸는 데 목적이 있다.

습관이 바뀌지 않는다면, 표를 짜고 실천할 필요가 없다. 습관을 바꾸기 위해서는 자기 주도 시간을 정확히 알아야 한다. 자신의 환경을 객관적으로 알아야 습관을 바꿀 수 있는 용기도 생긴다.

6학년 실과 시간에 생활 계획표 짜기와 실천해보는 과정이 나오지만 공부하는 그때뿐이다. 추상적인 지식만 남고 실천이 몸에 붙는 것은 아니다. 배울 '학(學)'을 했다고 다 배웠다고 여기기 쉽다. 배울 '학'은 했으나 익힐 '습(習)'은 하지 않았다면, 머리에 넣었지만 실천이 없었으니 오래가지 못한다. 시험 치고 나면 다 잊는다. 머리에 담았다가 잊어버리기를 되풀이하는 학습은 학습이 아니다.

아이들에게 가장 많은 시간은 교실 수업 시간이다. 앞에 제시된 상황 넷은 다 연결되어 있다. 따로따로 해결하려면 하루가 벅차다. 〈상황3〉 활동은 아이들에게 호응도와 관심, 참여율이 가장 높다. 교과 시간을 〈상황3〉 활동 형식으로 재구성해서 꾸리면 시간도 줄이고, 아이들 흥미와 동기도 높아진다. 〈상황1〉 이야기를 교과 시간에 자주 끌어들이면 아이들이 겪은 일들이니 실감 나서 이해가 쉽다. 행복했거나 정겨웠거나 힘들고 어려웠던 경험들이 아이들에게 공감을 불러일으킨다. 〈상황4〉도 무시할 수 없는 환경이다. 자기 힘으로 어찌 조절하지 못하는 힘겨운 환경이 대부분일 것이다. 어른과 함께 고민하고 풀어갈 부분이기도 하다. 학부모 교육과 상담도 필요할 때가 있다. 되도록 스스로 계획해서 실천했으면 하는 바람이다.

실행표나 계획표에서 봤듯이 TV, 휴대전화, 게임과 같은 매체의 유혹을 벗어나지 못하고 매여 버리는 현상을 보기도 한다. 오히려 이런 매체의 소비가 또 하나의 보상 개념이 되어 버리기도 한다. 곁에서 어른이 봐주지 않는다면 가치 있는 자기 주도 시간 운영이 쉽지 않다. 자기 주도 시간을 늘려

자기가 책임지는 기회를 갖는 것이 중요하다. 어쩔 수 없는 것들에 늘 빠져 있을 수는 없다. 삶과 습관을 바꿀 기회를 가져야 한다. 어릴수록 어른과 함께 바꿔나가는 노력과 경험이 필요하다.

중독의 유혹을 쉽게 끊지 못하기 때문에 시간 줄이는 노력부터 한다. 줄인 시간만큼 가치 있고 생산적인 활동(운동, 책, 악기, 언어)으로 전환할 수 있다. 유해 환경을 유익 환경으로 바꾸는 본보기가 눈앞에 꾸준히 펼쳐져야 아이들은 조금씩 따를 것이다.

깨진 유리창의 법칙[3]이란 것이 있다.

버려진 차 한 대가 있는데 군데군데 찌그러져 있고, 차 앞 유리도 깨지고, 옆 창문도 열린 상태, 운전석 핸들 위로 지갑이 하나 놓여 있다. 누가 봐도 주인 없는 버려진 차다. 지나가는 사람들은 이런 차를 보고, 슬그머니 다른 눈을 피해 그 지갑에 손을 댄다. '웬 횡재냐!'는 눈치다. 결국 버려진 차는 더욱 버려진 차로 취급받아 차에 있던 물건들이 모두 다 없어진다.

이런 현상은 우리 주변에서도 목격된다. 동네 전봇대 앞에 밤마다 몰래 쓰레기를 버리는 사람이 있었다. 한두 사람이 따라서 버리고 다른 사람들도 또 버리고 나중에는 당당하게 버리기까지 한다. 쓰레기 버리는 곳으로 생각해서 버린다. 아침마다 쓰레기가 가득, 청소부가 치워도 자꾸 쌓이니까 '쓰레기 투기 금지', '벌금', '고발'과 같은 안내 팻말을 세운다. 그래도 여전히 쓰레기봉투가 가득 쌓였다. 이번에는 다른 방법을 세웠다. 쓰레기가 쌓였던 전봇대 둘레로 예쁜 꽃밭을 만들었다. 꽃밭을

3. EBS 《인간의 두 얼굴》

만든다고 쓰레기가 사라질까? 밤마다 몰래 쓰레기를 버리는 한 사람이 또 나타나서 버리고 간다. 그런데 몇 걸음 가다가 다시 돌아온다. 꽃밭을 본 것이다. 잠시 머뭇거리더니 쓰레기봉투를 되가져 간다. 다음 날 아침 쌓인 쓰레기는 없다.

아이들을 둘러싼 환경은 '깨진 유리창', '쓰레기 더미', '작은 꽃밭' 가운데 어느 것일까? 아이들의 소비 유혹의 노출과 중독된 습관이 '깨진 유리창'이라 여긴다면 치워야 한다. 치우는 것만으로 쉽게 해결 안 된다. 또 누군가 쓰레기를 버리거나 잘못된 습관으로 다시 더럽혀질지 모른다. 그 자리에 꽃밭, '좋은 습관'이 필요하다. 우리 학급과 가정에서 그런 분위기, 정서, 환경을 갖추어야 한다. 좋은 말과 칭찬, 습관, 좋은 본보기가 좋은 꽃밭이 될 것이다.

4. 선행 학습의 문제

"선생님, 이것 답이 뭐예요?"

틈틈이 학습지나 문제집을 들고 와 물어보는 아이가 있다. 대부분 영어나 수학 문제다. 수학은 벌써 중학교 과정을 풀고 있기도 하다.

"너, 이것 이해하니?"

"조금요. 모르겠어요. 그냥 하라니까 하는 거예요."

푸는 걸 가만히 보니 공식 외우기 식이다. 영어 문제 풀이도 문법 공식에 대입하여 푼다. 답지가 없으니까 같은 학원 친구 것을 보고 베껴 쓰는 모습도 자주 보인다.

"베낄 거면 왜 하니? 그냥 안 했다 하고 차라리 꾸중을 듣지?"

"오늘까지 학원 숙제예요. 안 하면 맞아요. 집에 전화해요!"

아이들이 학원 과제에 공부 흔적을 내느라 많은 시간을 빼앗기거나 스트레스를 받고 있다. 심지어 수업 시간에도 가끔 몰래 교과서 밑으로 학원 문제집을 숨겨서 푸는 걸 본다. 화도 나지만 가슴이 먼저 답답하다. 마음이 온통 학원 과제에 있으니 당연히 본시 수업에는 집중력이 떨어진다. 학습 방법 또한 문제풀이에 초점을 두고 외우거나 보고 베끼기를 되풀이한다.

이런 공부 방법이 결국 학습동기를 떨어뜨려 나중에는 외부 자극 없이는 스스로 하지 못하는 습관이 붙는다. 암기 위주 학습 방법 고착화와 학습동기 저하가 선행 학습의 문제점으로 나타난다. 본시 수업 집중력이 떨어진다. 또 하나 덧붙인다면, 공부가 정답 찾기 문제 풀이로 전락하는 것이다. 주로 수학 시간에 이런 현상이 두드러지게 나타난다.

궁금증도 없고, 따지지도 않는 학습

"단위 분수와 진분수의 나눗셈 모르는 사람?"

"헷갈리는 사람은?"

수학 분수의 나눗셈은 이미 선행 학습한 아이가 많다. 선행 학습했다고 다 아는 것은 아니다. 아이들은 답을 찾은 것을 풀었다고 생각한다. 실제로 과정을 이야기하라면 머뭇거린다.

왜 분모와 분자의 위치를 바꾸어 곱하는지 스스로 따져보아야 하지만, 선행 학습은 이런 생각 습관을 없애버린다.

분모가 다른 분수의 나눗셈을 곱셈식으로 나타내려면 분모와 분자를 바꾸어서 곱한다는 사실을 '찾는' 공부를 하는 수업이었다. 왜 분모와 분자의 자리를 바꿔 곱하는지 증명해야 한다.

선행 학습한 아이들 특징은 이런 까닭을 궁금해하거나 따져보지 않는다는 것이다. 외웠다는 사실에 만족하고, 물으면 공식이니까 그렇다는 논리만 내세우기도 한다. 공식을 암기학습하는 습관이 쉽게 고쳐지지 않는다. 앞으로 증명과 설명이 필요한 상황이 더 늘어날 것인데 무조건 암기식이라

짝이 함께 나와서 칠판에 문제를 풀어간다. 이 과정에서 서로 묻고 따져가며 도움을 주고받는다.

면 더 외울 것이 많아질 것이다. 지치고 지루한 공부가 되면 학습동기가 자꾸 떨어진다. 과정과 논리가 사라지는 암기식 선행 학습의 문제점이다. 교과서에도 과정이 잘 나와 있다. 빨리 공식으로만 외울 것인지, 늦더라도 과정을 밟아 논리적 근거를 익혀서 공식으로 이해할 것인지 그 갈림길에 아이들이 서 있는 것이다.

선행 학습한 아이들에게 먼저 풀게 했다. 풀다가 막히면 자기 모둠에 한 사람이 나와 도와준다. 앉아서 준비하는 아이들도 긴장한다. 한번 문제를 다뤄본 아이들도 막상 풀어보면 공식에 이르는 과정에서 다시 새롭게 깨치기도 한다. 이 과정에서 몰입과 집중, 앎의 성취감도 생긴다.

관찰과 생각이 없는 학습

'원의 넓이 어림해보기' 수업에서 교과서 그림을 두꺼운 종이로 원, 원에

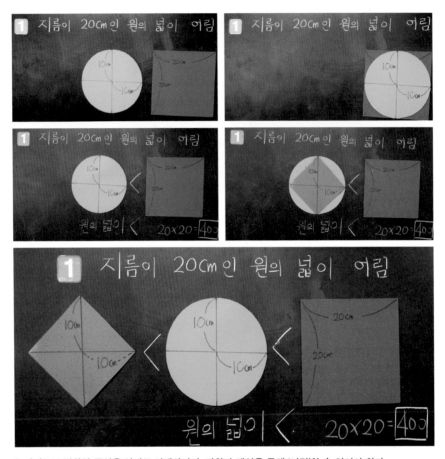

논리적으로 정확한 공식을 실제로 이해하려면, 관찰과 해석을 통해 '어림'할 수 있어야 한다.

외접한 정사각형, 원에 내접하는 마름모 모양 자료로 만들어 떼었다 붙였다 하면서 풀어갔다. 이 수업에서 선행 학습의 부작용을 또 한 번 느꼈다.

사각형, 원, 마름도 모양을 서로 겹쳐서 비교하고 떼어내어 크기를 어림 한다. '어림'을 한다고 넓이를 대충 짐작해서 측정하는 것은 아니다. 이러한 어림을 통해서 논리적인 과정으로 정확한 계산 값이 나온다. 원의 넓이는

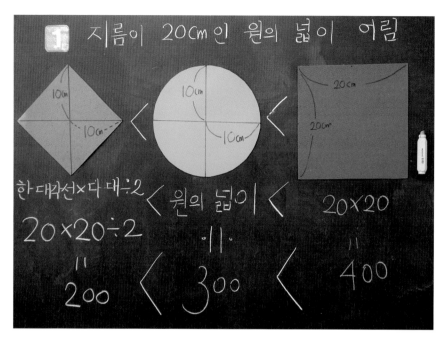

어림은 논리적으로 정확한 값을 구하는 과정이다.

사다리꼴보다 넓고, 사각형보다 작다는 의미를 알아야 한다. 직감으로 안다는 뜻은 아니다.

결국 원의 넓이를 구하기 위해서는 그 이전에 공부한 마름모와 사각형 넓이를 떠올려야 한다. 다시 공부하는 셈이다. 그런데 '반지름×반지름×3.14'이란 공식을 미리 알고, 공식으로 풀려고 덤비는 애들이 보이기도 한다. 그 공식은 다음 수업 시간에 나오는 것이다.

'어림'으로 풀지 않고, '공식'으로 대입하려는 습관이 또 드러난다. 공식으로 다 되는데 왜 이런 과정이 필요하냐는 마음도 있을지 모른다. 학습목표는 어림으로 원의 넓이를 알아보는 일이다. 수천 년 동안 옛사람들이 연구해서 알아낸 과정이기도 하다.

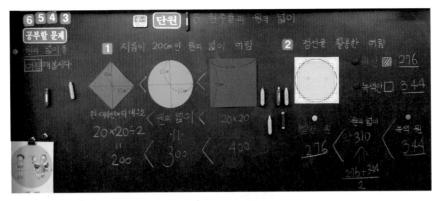

어떻게 공식이 나오게 된 것인지 찾아 밟아가는 시간은 소중하다.

교과서 단순 문제는 공식 대입만으로도 거의 답을 구할 수 있다. 이것이 수학 공부의 함정이기도 하다. 공식 대입법이라는 한 가지 학습 방법만 고집해서 결국 다른 방법과 논리 과정을 눈뜨고도 배우지 못하게 된다.

선행 학습한 것은 대부분 공식 정도 안다는 것뿐이다. 학습한 그 단원을 수업할 때쯤이면 잊어버렸거나 설명하지 못하는 풀이로 답만 찾는 수준일 것이다. 선행 학습이라도 궁금하거나 이해가 어려운 부분에 질문할 준비 정도라면 본학습에 집중력을 높이는 데 큰 효과가 있다.

논리는 없고 정답만 찾는 학습

분수와 소수의 혼합 계산은 아이들이 조금은 쉬운 듯 여기기도 한다. 답을 잘 찾는다는 말이 어울린다. 혼합 계산에서는 계산 과정의 체계성도 중요하다. 선행 학습을 해서 답을 잘 찾는 아이들의 실수가 자주 보이는 부분이기도 하다.

"이 문제를 읽고 식만 세워주세요. 식입니다."

분수와 소수의 혼합 계산

현지네 학교에서 폐휴지를 모았습니다. 5학년이 $1\frac{1}{4}$t, 6학년은 0.85t을 모았습니다. 이 폐휴지를 트럭 3대에 똑같이 실으려고 합니다. 트럭 한 대에 폐휴지를 몇 t씩 실어야 하는지 알아봅시다.

$1\frac{1}{4} + (0.85 \div 3)$	$(1\frac{1}{4} + 0.85) \div 3$	$1\frac{1}{4} + 0.85 \div 3$

두 아이가 먼저 빨리 쓰고 돌아오려다가, 누군가

"괄호는?"

하는 말에 돌아가서 괄호를 쳐 놓고 들어갔다. 한 아이는 괄호 없이 썼다. 셋이 다 다르다. 식을 무시하고 답만 찾으라고 했다면 아마 모두 찾았을지 모른다.

선행 학습 여부와 상관없이 아이들은 식으로 표현하는 부분에 약하다. 귀찮거나 생각하기 싫다고 한다. '나만 알면 되지 그렇게까지 할 필요가 있을까?' 하는 마음이 살짝 보인다. 결국, 식과 푸는 과정도 다른 사람이 이해하기 쉽도록 논리적인 과정을 잘 드러내야 한다. 선행 학습이어도 이런 과정을 차근차근 밟는 내용을 배우는 것이라면 권장하고 싶다.

사례로 제시한 수학 수업에서뿐만 아니라 다른 교과에서도 선행 학습으로 정답만 먼저 말해서 다른 사람 사고력을 방해하는 경우도 있다. 그런 발표는 자신의 기억을 확인하는 정도밖에 되지 않는다. 새로운 지식을 아는 기쁨과 탐구, 추측, 모둠 의견을 정리하고 조절할 기회도 잃는다.

답을 지니고 수업을 들으면 답을 빨리 찾는 효과를 볼지 몰라도 오랜 시간 동안 습관을 들여야 익힐 수 있는 경청·응용·조정·종합하는 능력을 기르는 기회는 놓치게 된다.

과정을 제대로 밟아 고민해보는 경험은 필요한 것을 장기기억으로 보존하는 데 소중한 기회이다. 답은 조금 늦게 맞혀도 된다.

5. 잠재적으로 학습된 고정관념

수업, 행사, 학생 자료를 챙기다 보면 가르치지 않아도 늘 드러나는 현상, 어떤 개념이나 관념이 있다. 잠재적으로 학습된 결과이다. 부모의 가르침이나 수업 자료에서도 무의식적으로 전이된다. 고정화된 읽기 말투, 본보기 자료, 행동 등도 있다.

'토끼는 □□□□ 뛰어요.'
"위 문장을 읽어 보세요."
"토끼는 깡충깡충 뛰어요."

가끔 연수에서 강의를 할 때 이렇게 물으면 십중팔구, '깡충깡충 뛰어요.'라고 말한다. 좀 다르게 말해보라면 '껑충껑충'으로 바뀌기도 한다.

"토끼는 네모 네모 네모 네모 뛰어요."

그냥 웃음이 나온다. 질문에 답하라는 뜻으로 여겨 읽었을 것이다. 난 보이는 그대로 읽었고.

"텔레비전이나 영상이 아니라 실제로 토끼가 깡충깡충 뛰는 모습을 본 사람이 있습니까?"

여러 사람에게 물었지만, 실제 봤다는 사람은 딱 한 사람 보았다. 우리는 대부분 토끼를 사육장이나 동물원에서 본다. '깡충깡충'보다는 '어기적어기적' 걷는 모습을 눈으로 자주 보았을 것이다. 그런데도 여전히 토끼 하면 '깡충깡충'이라는 표현이 튀어나온다. 이런 종류의 말이 모두 다 아는 의태

어에도 있다.

'거북이는 □□□□ 기어요.'

'엉금엉금'이 바로 나올 것이다. '빨리빨리'를 넣으면 안 될까?

다른 소리를 표현하는 것에서도 이런 현상을 우리는 익히 알고 있다.

'시계는?', '기차는?', '시냇물은?'

'똑딱똑딱', '칙칙폭폭', '졸졸졸'

아마 현재 학부모 세대에게는 자연스럽게 따라 나오는 소리일 것이다. 동요로도 그렇게 부르면서 컸으니까 궁합이 맞는 한 쌍으로 여긴다.

요즘 시계 소리는 어떻게 날까? 재깍재깍? 아마 소리가 나지 않을 것이다. 물론 아직도 소리 나는 시계가 많다. '칙칙폭폭' 하는 기차는 한국전쟁 시절쯤에나 있었지 요즘은 모두 전동차다. '뿌우웅' 하고 지나간다. 한여름 소나기가 내리고 나서 시냇물은 쏴아아 하고 흐른다. 이런 시냇물을 사진이나 실제로 보고도 시냇물이란 말에 '졸졸졸'이 먼저 튀어 나온다.

현재 상황과 현상을 있는 그대로 보고 듣지 못하고, 머리 지식으로 읽는다. 말을 배울 때 자주 듣거나 노래로 부른 표현이 그대로 정보로 굳어져 버린 것이다. 이것이 잠재적으로 학습된 고정 관념이다.

'토끼는 _____ 뛰어요.'

"이 문장을 읽어 보세요?"

이번 문장부터는 잠시 생각이 든다.

'친구랑 뛰어요' '집으로 뛰어요', '당근을 먹으며 뛰어요', '신 나게 뛰어요'…….

참 다양하게 말이 나온다.

'토끼는 _____.'

이번에는 서술어를 뺐다. 어떻게 답을 해야 할까?

'토끼는 집에 가고 싶어요'. '토끼는 거북이랑 놀아요', '토끼는 배가 고파요'…….

서술어가 있는 문장보다 더 풍부한 표현이 된다. 이쯤 되면 말하는 문장에서 무의식이 드러난다. 자기 성격, 성향도 넌지시 짐작되기도 한다.

'토끼는   '

이제 마지막으로 아예 서술어도 밑줄도 없다. 어떻게 할까?

글로는 쓰지 못한다. 그림으로 그리면 된다. 이미지로 하면 된다. 생각이 폭넓어진다.

- 토끼는 □□□□ 뛰어요.
- 토끼는 _____ 뛰어요.
- 토끼는 _____ .
- 토끼는

지금까지 토끼가 나온 문장을 차례대로 모았다.

어느 것이 창의적일까, 어떻게 가르쳐야 할까?

맨 마지막 문장만 창의적인 것이 아니다.

단계적으로 가르칠 필요가 있다. 가장 먼저 네모 칸 채우기는 이제는 버려야 할 형식이다. '깡충깡충', '똑딱똑딱', '칙칙폭폭', '졸졸졸' 말고 자기 눈과 귀로 보고 들리는 대로 표현할 줄 알아야 한다. 서술어에 맞는 여러 가지 낱말도 넣어 보고, 서술어 없이 그림으로도 그려 본다. 단계별로 확장시켜 나간다. 없앨 것(□), 지킬 것(서술어, 밑줄), 새롭게 덧붙일 것(그림)으로 뻗으면 창의적이지 않을까?

우리 삶, 마음에도 잠재적으로 학습된 고정관념이 있다. 수업에도 있다. 공부가 재미없다는 것도 잠재적으로 학습된 대표적인 고정관념이 아닐까. 재미있다는 사람보다 재미없다는 사람들 말이 더 크게 자주 들리고, 스트레스 받는 사람들 말을 먼저 듣게 된다. 남들이 다 그렇게 말하니까 공부는 재미없어야 한다는 생각일지 모른다. 정말 재미있는 사람은 별로 말이 없고 그렇게 크게 떠벌리지 않는 것 같다. 그동안 잠재적으로 학습한 고정관념을 배움이 즐겁다는 관념으로 바꾸어야 한다. 기본 습관, 목표, 실천이 따라야 한다. 이 두 가지가 이루어지면 새롭게 생각하여 실천할 부분이 드러날 것이다. 없앨 것(고정관념), 지킬 것, 새롭게 할 것으로 차근차근 펼쳐나가면 성장하게 될 것이다.

6. 수업 약속과 학급 규칙 만들기

학기 초 수업 전에 학급의 여러 규칙을 정한다. 그동안 학급 규칙은 교사 위주로 정해질 때가 많았다. 골마루 다니는 것, 인사하는 것, 급식 줄 서고, 함께 먹고 함께 일어나는 것 등 기본 생활 습관 위주 규칙이었다. 이런 규칙을 아이들이 스스로 결정하는 기회와 시간을 주면 어떨까? 기회에서 자율성이, 참여에서 즐거움과 책임감이 생긴다. '땀샘반' 수업 약속은 '스스로, 함께, 모두'이다. 스스로 정했으니 함께 지키고 모두 따라야 한다. 환경 구성도 아이들 손으로 한다. 책임지는 기회이다. 조금 서툴고 어색하고 깔끔하지 않아도 좋다. 모두가 참여해서 함께한 것이 중요하고 아름답다.

모둠에서 규칙 만들기

이 방법은 2013학년도에 사용했던 것이다. 협동학습에서 익힌 창문 구조 학습지를 이용해서 모둠끼리 반 규칙을 정한다. 개인별로 쓰고 가운데 네모에 같은 모둠 아이들 의견을 조정, 종합, 정리해서 새로운 문장을 만든다.

칠판에 모둠 의견란과 점 스티커도 준비한다. 모둠 의견을 칠판에 쓰고, 보고 쓴 종이는 뒤집어 붙인다. 여섯 의견이 나왔지만 모두 규칙으로 삼을 것인지, 몇 개를 뺄 것인지 다시 의견을 물어 스티커 투표로 정한다. 아이들에게 각각 9개의 점 스티커를 주고 규칙으로 정하고 싶은 의견에 자신의 스티커를 붙이게 한다. 다만 이때 한곳에 다섯 개 이상은 붙이지 않기로 한다.

학급 규칙은 모두 함께 만들어야 아이들이 '책임'을 느낄 수 있다.

칠판에 표시된 모둠별 의견란

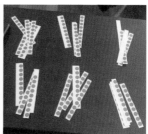

아이들 각자 좋다고 생각하는 의견에 평점을 주는 '점 스티커'

학급 규칙을 제안하는 내용을 모둠별로 칠판에 적는다.

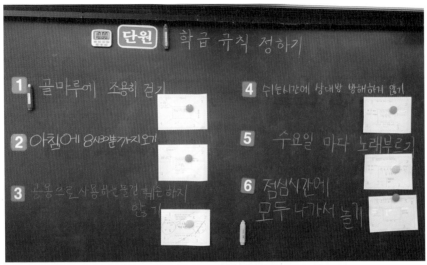

모둠별로 칠판에 학급 규칙 의견을 모두 적으면, 아이들이 모두 나와서 각자 자신이 지지하는 의견에
점 스티커를 붙인다.

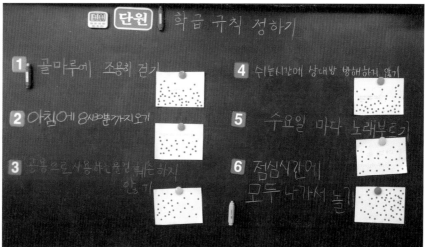

점 스티커가 붙은 개수에 따라 학급 규칙을 정한다.

학급 규칙에 선생님 규칙도

2014년도 규칙 만들기에는 선생님이 지켜야 할 규칙도 새로 들어갔다.

먼저 모둠별로 학급 규칙과 선생님 규칙을 두 가지씩 정한다. 모둠에서 각자 의견을 내고 그 가운데 두 가지 의견으로 추린다. 우리 반 아이들이 추린 것을 살펴보니 규칙이라 하기보다는 이랬으면 좋겠다는 희망이나 바라는 점이 많아 보였다.

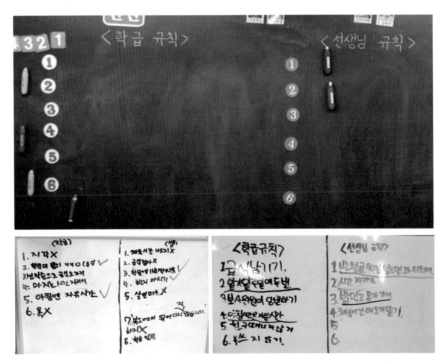

모둠에서 나온 여러 의견 가운데 대표할 만한 두 가지를 뽑는다.

모둠별 대표 규칙을 칠판에 쓰고 이 가운데 중복된 의견을 지우며 추려간다.

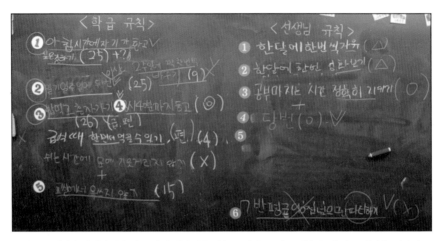

규칙으로 제안된 하나하나에 서로 깊게 이야기를 나누고, 손을 들어 표결을 통해 최종 결정을 내린다.

모둠 의견 두 가지를 정해서 칠판에 쓴다. 모두 열두 가지가 나왔다. 같은 의견은 지우고 하나하나 질문하고 답하면서 의미를 뚜렷하게 밝힌다. 정확한 문장으로 정리하고 의견마다 찬성 수를 쓴다. 전체 아이의 반을 넘은 의견을 채택한다.

우리 스스로 지킬 것을 만드는 과정이었다. 좋은 말, 예절 바른 말로 꾸미기는 교사 혼자 해도 된다. 정한 규칙보다는 함께하는 과정이 더 소중하다. 의견 충돌도 있었지만 그것이 배움이라 여기고 기다려 주었다. 선생님 규칙 만들기도 작은 설렘을 일으켰다. 처음에는 주제에 안 맞아 다시 하게 해서 시간이 더 걸렸지만 기다릴 만한 가치가 있었다. 결정된 규칙은 컬러 인쇄해서 칠판 옆 게시판에 붙였다. 늘 보고 또 보아야 할 규칙이다.

결정한 규칙 자체보다 그것을 함께 만든 과정에서 얻은 경험이 더 중요하다.

봉사위원 규칙 정하기

  학급 봉사위원을 뽑았다. 학급 봉사위원이 할 일도 많다. '봉사위원이 할 일'도 모둠 토의를 해보았다.

  모둠 칠판에 각자 봉사위원이 하면 좋겠다는 활동을 모둠에서 두 가지 정도 간추려 낸다. 우리 반에서는 내가 짐작한 활동이 많이 보였다. 지금까지 주로 봉사위원이 하던 내용이었다. 주로 교사 보조 역할을 하는 일과 청소였다.

  의견을 칠판에 붙여 놓고 중복 의견을 빼면서 줄여나간다.

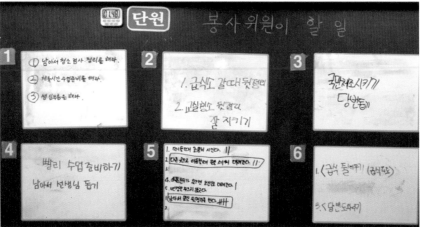

봉사위원이 할 일도 함께 결정하면서 학급 공동체로서 책임감을 함께 느낀다.

체육 시간 수업 준비, 교실 청소 뒷정리, 빨리 수업 준비하기, 남아서 선생님 돕기, 다른 수업 이동할 때 줄 세우기, 급식 줄 세우기, 당번 도와주기. 하나하나 보면서 뚜렷한 행동을 나타내는 말로 풀어간다. 검사하고 관리하는 일을 되도록 줄인다. 그러나 봉사위원이 검사나 관리를 맡는 것에 아이들이 동의한다면, 그대로 살린다. 빨간색으로 명확히 해나간다. 봉사위원이 할 일을 정리한다.

2장
수업의
세 가지 원리

수업 일기를 써오면서 자연스럽게 나만의 수업 원칙이 생겼다. 원칙을 먼저 정해 놓기보다는 수업에 집중하다 보니 되풀이되는 원리가 생긴 셈이다.

수업 시간은 되도록 아이들을 많이 움직이게 한다. 보기, 듣기, 말하기, 가르치기, 의논하기 토론하기, 발표하기, 쪽지 쓰기, 알려주기 등 여러 가지다. 읽은 것은 10%, 들은 것은 20%, 본 것은 30%, 듣고 본 것은 50%, 말한 것은 70%, 말하고 행동한 것은 90%를 기억한다고 한다.

수업 준비에서 첫 번째로 고민하는 것은 반 아이 모두 말하고 행동하도록 하는 것이다. 아이들이 수업에 개인별로, 짝이나 모둠을 이루어서, 학급 전체 형식으로 하루에 꼭 한 번은 참여하도록 애를 썼다.

두 번째로 고민하는 것은 수업 진행 과정에 아이들의 참여를 꾸준히 이어가는 것이다. 설명을 듣거나 활동적으로 움직인다고 '생각하는 것'은 아니다. 자주 아이들 생각을 확인, 진단해서 잘못된

개념이나 놓치는 부분을 찾아서 고쳐가야 한다. 아이들은 그런 부분을 '어떻게 찾을까?', '다른 친구들 생각을 읽을 방법은 뭘까?', '친구들은 지금 어디 얼마큼 나아갔을까?' 궁금해한다. 교사라면 아이들 곁을 둘러보면서 알겠지만, 아이들은 알기가 쉽지 않다.

바로 이런 것들을 '공유'해야 한다. 말과 생각을 공유하고, 글과 그림도 서로 살펴볼 기회를 주자. 아이들 스스로 확인할 기회를 잡으면 더 효과적으로 이해할 수 있다. 오히려 교사의 설명보다 더 기억에 오래 남기도 한다. 아이들끼리 관계를 잘 이어주기만 해도 학습의 재미와 동기가 따라붙는다.

참여하고 공유한 결과로 생각, 말, 글, 그림 등이 남는다. 생각과 말은 기록으로 붙잡을 수 있다. 생생한 감정이나 생각들을 기록해두면 다시 기억을 되살릴 단서가 된다. 잠자기 전 이런 단서만 한 번 훑어봐도 기억에 오래 머물 것이다. 기억할 가치가 있는 내용은 글, 그림, 사진, 영상으로도 남겨 다시 공유하는 선순환 구조를 만든다.

1. 모든 아이가 수업에 '참여'할 수 있도록

아이들은 알고 싶은 것을 잘 배운다

사회 수업에서 교과서를 읽고 궁금한 점을 쓰게 하고 공감하는 질문에 표시하라고 한 적 있었다. 아이들에게 동그라미 자석을 한 개씩 나눠 주고 칠판에 나와서 붙이도록 했다.

짧은 시간이지만 아이들이 궁금해하는 것이 눈에 드러났다. 이렇게 하면 어떤 문제를 더 자세히 설명해줄지 교사도 보다 정확히 알게 된다. 시간도 조절할 수 있다. 이미 아는 내용은 짧게 설명해도 되고, 궁금한 부분에 시간

아이들에게 교과서를 읽고 궁금한 점을 칠판에 쓰게 한 후에 모든 아이에게 각자 공감하는 의문점에 표시하도록 하면, 자세히 설명해주어야 할 부분을 찾을 수 있다.

과 설명을 더 집중한다.

국어 시간, 정보를 알리는 매체를 찾는 공부를 할 때다.

"뉴스를 접할 수 있는 매체가 무엇이 있을까? 아는 수만큼 손가락으로 표시해 주세요."

"잠깐, 쉿! 말하지 말고 손가락으로만 표시해 주세요."

"자기가 아는 매체를 한 가지라도 있는 사람은 다 일어나세요."

말하지 않고 일어나게만 했다. 대부분 일어났다. 아마 '인터넷'이라고 말할 것이라고 생각했다.

"이제 한 사람씩 말을 하는데 자기 생각과 같으면 앉고 다른 것이 더 있으면 그대로 서 있으세요."

협동학습 구조의 수업에서 사용되는 방법 가운데 하나이다. 다양한 의견을 모을 때 유용하다. 같은 의견은 자연스럽게 걸러진다. 이렇게 일어서서 말하는 것은 손들어 발표하는 것보다 부담이 덜하다. 아이들은 눈치 보지 않고 자연스럽게 일어난다. 일어난 아이들은 발표 내용을 칠판에 쓰고, 다른 아이들은 공책에 기록하면 된다. 공책 쓰기가 칠판 쓰기를 따라가게 된다.

아이들이 서로에게 하는 질문은 집중도를 높인다

토의나 토론을 하면 모둠 활동이 잦아진다. 마주 보는 짝, 나란히 앉은 짝끼리 의견을 하나로 모아서 모둠 의견을 만들어간다. 둘에서 넷, 넷에서 여덟 명까지 넓어지게 된다. 의논 결과를 칠판에 써서 전체 의견을 한눈에 보이게 한다. 개인 의견 내기(모두 참여), 친구 의견 평가(경청, 읽기), 모둠 의견 정하기로 이어진다. 의견을 모으려는 과정에서 생각하는 참여가 이루

말하지 않고 하나라도 자신이 아는 것이 있으면 일어났다가 한 명씩 확인할 때 같은 생각을 말하는 경우에는 앉는다. 부담없이 생각을 공유할 수 있다.

어진다. 설명과 발표, 분석, 평가로 이어간다.

모둠에서 토의한 결과를 발표할 때도 칠판에 붙이게 해서 공유한다. 똑같은 주제를 가지고 토의한 결과를 모았지만 모둠마다 다른 의견을 확인할 수 있다. 이처럼 다른 모둠의 의견을 보고 다시 고칠 수 있는 기회를 준다면, 아이들은 다른 모둠의 의견을 더욱 자세히 살펴보게 된다.

참여하면서 공유가 되고, 결과를 기록한다. 참여와 공유, 기록은 늘 한꺼번에 이루어진다. 이것은 정답을 찾는 것이 아니라 서로 의견을 알아보는 과정이다. 이런 과정이 호기심을 자극하고 궁금증을 일으킨다. 다양한 지능 검사, 성격 검사와 같은 간단한 설문으로 반 아이들끼리 정보를 교환함으로써 수업 집중도를 높이기도 한다.

모둠 의견을 발표할 때마다 모둠에서는 한 사람씩 돌아가며 모두 나오게 한다. 다음 발표에서는 다른 사람이 나와야 하는 것이다. 그리고 발표 뒤에는 반드시 질의응답 시간을 갖도록 한다. 아이들이 자기 모둠 발표만 신경 쓰다 보면 정작 다른 모둠 발표는 들어도 들리지 않게 된다. 이러면 소비적이고 일방적인 참여밖에 되지 않는다. 주고받는 소통이 없는 것이다.

그래서 발표할 때는 질문도 받게 한다. 대부분 답하기 까다로운 질문이지만, 추측을 해서라도 최대한 답변하도록 지도해야 한다. 답변이 틀려도 좋다. 이러면 듣는 사람도 재미있다. 아이들이 가진 생각의 수준을 볼 수 있다. 제대로 답하지 못한 질문은 기록했다가 교사가 나중에 설명하면 된다. 묻고 답하는 과정이 중요해지면, 아이들은 다음번 발표를 준비할 때 더욱 신경 쓰게 된다. 처음에는 형식에 맞춰 질문하는 것이 주를 이루겠지만, 점점 내용에 대한 관심이 높아지게 된다. 아이들은 발표하는 것보다 오히려 잘 듣고 의문점을 찾아서 좋은 질문을 하기 위해 힘을 쏟는다.

학습 결과물을 벽신문 형식으로 게시판에 붙이기도 한다. 각종 계획서를 붙여두면 다른 모둠에 참고 자료가 된다. 주제와 맞지 않는 내용을 쓴 모둠에게는 자신들의 것과 견줘보고 고칠 기회도 된다. 잘된 것만 붙여 놓는 것이 아니다. 한 과정을 거칠 때마다 참여한 내용을 공개함으로써 두 번째 참여로 이어지는 셈이다. 안 볼 것 같아도 곁눈으로 본다. 다른 모둠 것을 보

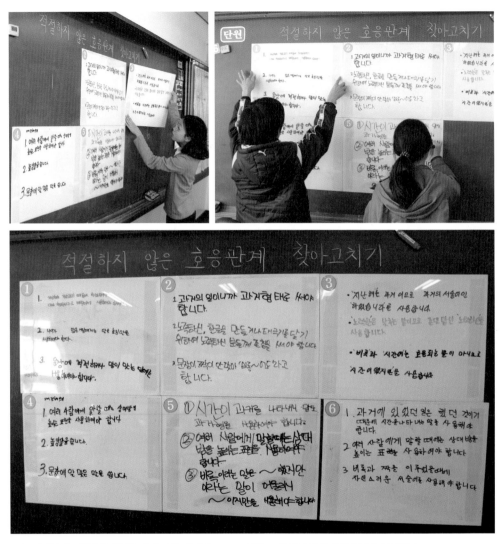

모든 아이들이 모둠별로 의견을 모아 모둠 칠판에 쓰고, 그것을 교실 칠판에 붙여서 의견을 공유한다.

모둠별로 한 명씩 나와서 자기 모둠 의견을 설명하고 질의응답도 진행한다.

며 평가한다.

　모둠 의견을 개인이 평가하기도 한다. 모둠 의견이라도 주제나 의미를 제대로 파악하지 못할 때가 있다. 그럴 때 한 사람씩 나와 이상하다고 생각되는 부분에 밑줄을 긋거나 동그라미를 그려 표시하게 한다. 개인이 아닌 모둠끼리 짝을 지어 서로 평가해보거나 고치게 하는 방법도 있다. 이런 단계를 거치면서 아이들이 집중하는 시간을 늘려간다.

　대부분 두 단계를 거치면, 잘못된 부분을 찾는다. 못 찾는다면 그 부분은 아이들이 힘겨워하는 곳이다. 어려운 부분을 찾는 맛이 또 다른 수업의 재미다. 교사가 집중해서 설명할 부분이기도 하다. 간지러운 곳을 긁어주는 셈이 된다. 간지러운 부분을 찾는 과정이 중요하다. 짝과 모둠이 참여해서 공동으로 사고하는 과정이 문제해결 학습 능력을 높여준다.

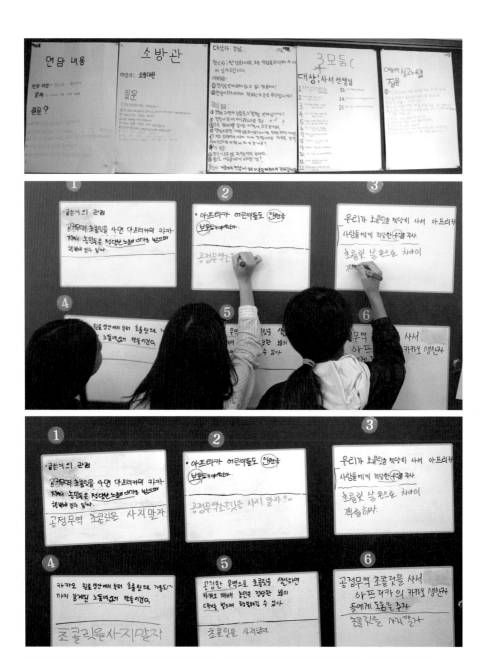

같은 모둠이라도 모둠 의견 중에 의문이 있으면, 그곳에 밑줄을 긋거나 동그라미를 그려서 표시한다.

교사는 언제, 어떻게 개입해야 하는가?

발표와 질문 쪽지를 활용한 적이 있었다. 아침에 오면 자기 번호표를 두 장씩 가져간다. 하루에 한번은 꼭 발표와 질문을 하고 쪽지를 다시 원래 자리에 꽂아둔다. 수업 마칠 때까지 쪽지를 다 써야 한다. 쪽지가 남은 사람은 일부러라도 질문과 발표를 하도록 기다려 준다.

이런 방법은 아이들에게 강제성이 있다. 아이들은 빨리 쪽지를 없애려고 학습목표의 본질에서 벗어나기 쉽다. 사소하고 엉뚱한 질문과 발표로 시간을 빼앗는 현상도 일어난다. 질문과 발표를 하지 않아서 자극(외적 동기)을 주려고 했는데 한 달 정도 해보고 그만두었다.

아이들을 수업에 참여시키는 여러 가지 방법이 있다. 그 가운데 자주, 오래 쓰는 방법도 있지만 한두 번 하다 끝난 것도 있다. 주로 외적 동기 부여를 위해 시작한 방법이다. 처음에는 장점이 돋보이다가 점점 단점이 더 커져 나중에는 단점만 남아서 끝내 버리기도 했다. 이런 것은 아이들이 잘 안다. 아이들에게 물어보면 효과가 있는지, 어디쯤에서 끝내야 할지 알게 된다. 믿음을 갖고 의논해보자. 제대로 참여하는지, 언제 효과를 보는지, 어느 정도 집중하고 몰입하는지 아이들한테 물어가면서 배운다.

교과서 예문을 읽고 내용 간추리기를 자주 한다. 이러한 학습의 목적은 간추리기 자체보다는 책을 읽고 간추리면서 내용, 의미를 파악하는 데 있다. 소리 내어 책 읽는 것은 소리만 내고 생각하면서 읽지 못하는 단점이 있다. 입만 뻥긋할 수 있다. 한 수업에서 칠판에 글을 남기고, 쓴 글을 확인하고 설명해주면서 모든 아이가 이러한 과정에 한 번씩 참여할 수 있게 된다.

처음부터 마음껏 발표할 분위기를 만들기가 쉽지 않으니까 몇몇 아이를

하루 한 번 이상은 발표와 질문을 하도록 만든 질문 쪽지와 발표 쪽지. 아이들에게 강제성이 있는 외적 동기 부여 방법은 학습의 본질에서 벗어나기 쉽다.

먼저 시킬 때가 있다. 제비뽑기 방식도 쓰지만, 발표의 기본 차례는 미리 정해두는 것이 좋다. 아이들은 공평하게 시키는지 늘 눈여겨본다.

아이들에게 발표 기회를 골고루 배정하기 위해서 학기 초 사진을 찍어 얼굴 사진 자석 카드를 만들어 쓰고 있다. 아이들 얼굴 사진 뒤에 자석을 붙인 것인데, 읽기, 쓰기, 발표 차례를 정할 때 쓰인다.

짝 활동은 가장 작은 모둠 단위이기도 하다. 수업 참여에서 두 사람이 협력하면 서로 부담을 줄일 수 있고 의견을 모으기도 편하다. 특히 수학 시간

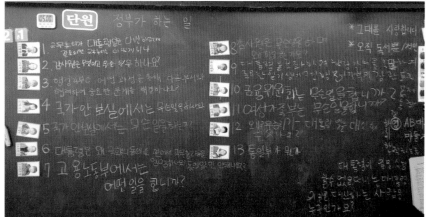

글 간추리기는 한 문장으로 쓰기, 질문 만들기 등 칠판에 써서 모두 공유한다.

짝끼리 서로 설명하는 방법은 한 쪽은 발표, 다른 쪽은 듣는 사람이 되어 서로 생각을 공유하고 평가할 수 있어서 학습에 효과적이다. 한꺼번에 말을 해서 시끄럽기는 해도 집중도가 높다.

아이들 실력과 수준 차로 학습 효과가 의심 되지만 학습하려는 마음, 감

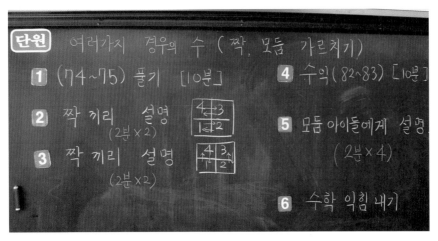

수업에 아이들의 참여도와 집중도를 높이기 위해서는 아이들이 틀린 설명을 해도 끝까지 다 들어주려는 교사의 자세가 필요하다.

정, 분위기가 더 중요하다. 설명이 틀려도 끝까지 들어주어야 한다. 아이들은 자신이 설명하다가 말문이 막히면 친구에게 어떻게 해야 하는지 도움을 요청한다. 처음부터 무조건 모른다면서 도움을 요청하거나 설명을 못하고 있는 상태를 그대로 두면 안 된다. 문제만 읽더라도 자기가 아는 정도까지는 말을 해야 한다. 발표가 끝나고 나서 잘못된 부분을 찾아주면 된다.

모르거나 설명하지 못한다고 화내거나 짜증을 부려서는 안 된다. 이것은 수업 약속이다. 평온하게 그대로 받아들이는 마음 다지기 공부도 함께해야 한다. 모두 그런 마음이어야 모르는 것을 모른다고 말할 수 있는 분위기가 된다. 틀린 것을 말하는 것도 참여다. 짝이기 때문에 덜 부담스럽고 편안하게 참여할 수 있다.

읽기 시간에는 눈으로 읽기도 하지만 큰 소리로 읽어야 할 때도 있다. 교사가 먼저 읽고 따라 하기, 짝끼리 함께 읽기, 남자만 읽기, 여자만 읽기, 한 줄씩 읽기, 번갈아 읽기 등 여러 가지 방법이 있다.

"휴대전화 만지는 ○○, 다리 꼬아 앉은 ○○○, 뒷사람하고 이야기하는 ○○○! 셋이서 다음 부분 읽어보세요."

집중 못 하는 아이들은 이렇게 시키기도 한다. 그러면 어디 읽는지 몰라서 몇 분 헤맨다. 찾을 때까지 기다려준다. 너무 헤매면 짝이나 둘레 아이들이 답답해서 가르쳐 준다. 읽는다. 이렇게 시키면 긴장을 한다. 조용해진다. 화내지 않고, 아이가 읽을 때까지 아무 말 없이 기다려주면, 그 아이는 읽어야 할 부분을 어떻게 해서든 찾는다.

일어서서 읽기도 있다. 처음부터 다 같이 읽기를 하면 입만 벙긋거리거나 책도 펴지 않고 보는 척 고개만 숙인 아이도 보인다.

"조금 전에 책만 보고, 읽지 않은 사람 일어나보세요. 그 사람들만 다시 읽겠습니다."

말하지 않으면 다시 시킨다. 여럿이 함께하는 일에 묻혀 가는 일이 없도록 한다. 입만 대충 뻥긋거리며 흉내 내서는 안 되도록 한다. 학기 초에는 이런 상황이 자주 생긴다. 이런 분위기를 만들면 아이들이 긴장을 한다. 화낼 필요 없이 지그시 기다려준다. 꾸준히 끝까지 읽게 하면서 적응해나간다. 차분히 다시 읽는다. 몸에 익을 시간이 필요하다. 조용히 하라고 큰소리칠 필요 없다. 가만히 서 있는 인내심이 중요하다. 요즘은 여기에서 살짝 웃어준다. 우리 반 아이들 가장 무섭다는 '살인 미소'다.

집중해야 할 시점에 집중 분위기를 만들어가는 것도 공부다. 분위기 만들기 공부다. 그것이 무슨 공부냐고 묻는 아이들도 있는데 공부 개념을 이런 기회에 넓혀준다. 공부 환경과 마음 다지기가 필요할 때가 자주 생긴다. 전체 참여를 위해 분위기와 환경도 함께 갖추는 노력이 필요하다. 그렇다고 돈을 훔치지 말자.
받아먹지 말자.
혼자서 밤길을 다니지 말자!
욕을 하지 말자.
공부시간에 떠들지 말자.
집에 오자마자 손과 발을 씻자.
물건을 조금만 늘어놓자.
형제, 자매와 싸우지 말자!
컴퓨터 게임을 많이 하지말자.
욕심을 참자.
왕따 시키지 말자.
가방 정리를 하자.
1층에서 자지말자.
친구랑 싸우지 말자.
식구들과 싸우지 말자.
돈을 아껴 쓰자!
동생이 까불어도 참자.
혼자서 밤길을 다니지 말자.
천 필통을 씁시다.
공부시간에 연필을 깍지말자.
지우개를 잘라서 장난을 치지 말자!
컴퓨터를 오래하지 말자!
친구의 별명으로 놀리지 말자.
책 읽을 때 내용을 말하면서 읽자!
불량식품을 사 먹지 말자.
우리나라 순우리말을 사용하자 .
거짓말을 하지 말자.
게임기필통 사지 말고 천 필통을 사자.
저축을 많이 하자.

그릇은 물에 담가 놓자.
자투리 시간을 잘 활용하자.
청소시간에 도망가지 말자.
양치질을 했다고 속이지 맙시다.
남의 말을 귀 기울여 듣자.
책상에 올라가지 말자.
친구들과 편지를 주고받자.
자기가 맡은 청소를 잘 하자.
나가 놀고 들어와서 꼭 씻자.
공부 시간에 화장실에 가지 말자.
교과서를 잘 챙겨 오자.
칠판에 낙서하지 말자.
다음 시간 공부 준비를 제대로 하자.
분리수거를 하자.
남의 것을 베끼지 말자.
남의 작품을 함부로 만지지 말자.
간단한 운동을 하자.
지우개를 자르지 말자.
당번 활동을 잘 하자.
장난전화를 하지 말자.
수학공부를 열심히 하자.
선생님이 말할 때 떠들지 말자.
숙제를 미리미리 하자.
유행을 따라가지 말자.
입에 음식을 넣고 말하지 말자.
사람이 많은 곳에서 트름을 하지 말자.
엄마를 돕자.
밥 먹을 때 더러운 말을 하지 말자.
오락실에 가지 말자.

아이들과 함께 놀고 웃으며 지낼 시간까지 그러라는 뜻은 아니다. 상황별로 맞는 분위기가 있다는 말이다.

모두 읽기가 있듯이 모두 쓰기도 있다. '주장하는 글쓰기' 공부를 하면서

본보기 주제를 아이들에게 보여주지만, 각자 다른 주제를 쓰도록 한다.

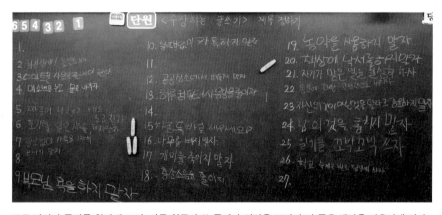

모든 아이가 주제를 칠판에 쓰면, 다른 친구가 쓴 주제나 의견을 보면서 더 좋은 생각을 떠올리게 된다.

제목 찾기 수업이 있었다. 6학년을 여러 번 하다 보니 모아둔 아이들 자료
가 많다. 지난해 아이들 자료에서 주장 글 제목만 뽑아 복사해주었다.

아이들이 생각할 만한 주제를 미리 보기 때문에 감을 빨리 잡는다. 이런

본보기를 보여주면서 아이들에게는 되도록 다른 주제를 잡도록 권장한다. 이번에는 어떤 제목이 나올까? 모두 나와 쓰게 한다.

　모두가 나와서 쓴다. 한두 아이가 먼저 나오기 시작하면 점점 나오는 아이가 많아진다. 많아질수록 너무 느리거나 생각이 나지 않는 아이들이 긴장하며 집중한다. 느린 것은 평소 습관과 성향이기도 하다. 복사물과 먼저 쓴 제목이 좋은 참고거리다. 두셋 정도 중복 의견은 괜찮지만, 너무 많은 중복 의견은 조절한다. 빨리 쓴 아이들도 다시 고칠 기회가 된다. 여러 의견을 보면 더 좋은 제목과 의견을 떠올릴 수 있기 때문이다. 두 번 생각하게 한다. '모두 나와 쓰기'는 생각이 잘 나지 않는 아이들에게 힌트를 주거나 참고가 된다. 한 아이도 놓치지 않도록 한다. 빨리 주제를 정하는 아이들도 다른 의견을 보면서 생각의 폭을 넓힐 수 있다.

2. 아이들이 생각을 펼쳐서 서로 '공유'하도록

공유란 의미는 함께 나누어 가진다는 뜻이 있다. 자기 생각뿐 아니라 다른 사람 생각도 읽을 수 있다. 생각을 확인, 참고하고 본받으며 나누는 것이 공유라고 할 수 있다.

각종 수업과 행사 결과 아이들 자료나 작품을 자주 본다. 시상 목적으로 가려 뽑으려면 전체 작품을 다 보게 된다. 몇 번 살피다 보면 빨라져 산문은 몇 줄만 읽어도 다음 내용을 예상하는 경지까지 오른다. 빨리 가려낸다. 이런 능력은 어떻게 해서 길러지는 것일까? 해마다 주기적인 반복, 판별 기회로 글을 가려내는 눈이 생긴다. 판별 경험이 학습 효과까지 이어진다. 아이들에게 돌아가야 할 능력이다.

아이들도 여러 작품 가운데 좋은 작품을 골라낼 수 있을까? 큰 차이는 없지만, 아이들도 곧잘 골라낸다. 비교 판단하면서 선별하는 힘이 교사와 비슷해진다. 이런 과정에서 글 고르는 힘, 보는 힘이 함께 성장한다. 이렇게 서로 견줘볼 기회를 주자. 다른 친구들 글, 그림, 작품을 보면서 생각을 더 넓게, 더 깊게 할 수 있는, '생각의 공유'가 필요하다.

다른 사람 생각을 살펴보면서 마음과 아이디어 공유하기

모둠 칠판에 모둠 의견을 모으는 활동을 많이 한다. 발표로 이어지는 이런 활동은 끝나면 기억과 기록이 사라지기도 한다. 그래서 공책에 과정과 결과를 기록하게 한다. 또한 발표 자료는 게시판이나 교실 한 쪽에 오랫동안 보이도록 붙여 놓는다. 발표가 한 번으로 끝나버리기도 하지만, 게시해 두고서 의견을 덧붙이거나 고치기도 한다. 발표를 한 번 듣는 것만으로는 다른 사람 의견을 참고하지 못한다. 듣고 지나칠 뿐, 자기 의견의 변화를 이끌지 못한다. 그래서 자기 의견을 고치거나 바꿀 시간이 필요하다. 그러기 위해서는 친구들의 의견을 공유해서 비교해 보아야 한다. 자기와 다른 삶과 생각의 차이점, 공통점을 찾아보고 자기만의 개성을 더 두텁게 한다.

토의 질문 만들기, 조사 계획서 짜기와 같은 활동을 하면서 나오는 기록물들은 있는 그대로 공개하면서 완성해 나간다. 다른 모둠의 상태와 의견을 보면서 고치거나 보충하고 아이디어를 얻기도 한다. 모둠 활동의 진행 방향이나 속도도 점검이 된다. 교실 한곳에 펼쳐 놓고 비교하면서 흐름과 방향이 주제에 맞는지 감을 잡을 수 있다.

토의 수업할 때 미리 질문거리를 모둠 칠판에 쓰게 해서 공개하면 아이들은 답할 준비에 집중하게 된다. 또한 이렇게 공개하면서 중복된 질문도 한 번에 드러나서 잘 걸러낼 수 있다. 공개된 질문을 보면서 아이들은 어떤 질문이 있는지 자주 되새긴다. 자기 모둠에서 질문할 내용을 미리 알아서 준비할 시간도 갖는다. 질문에 제대로 답을 하기 위해 조사하고 의논할 필요성을 자연스럽게 찾게 된다.

수학 시간에 까다로운 문제가 있을 때 모둠별로 풀어서 공개하기도 한다. 다 풀지 못하거나 틀려도 좋다. 풀어놓은 식에서 어디까지 알고 막히는지 드러나게 된다. 수학 시간은 그런 부분을 드러내는 것이 중요하다. 막히는 부분을 눈치 보지 않고 드러내면서 알려고 하는 지적 호기심을 키워야 하는 것이다. 부담 없는 관계 설정과 부끄럼이나 숨기려는 마음을 없애는 것이

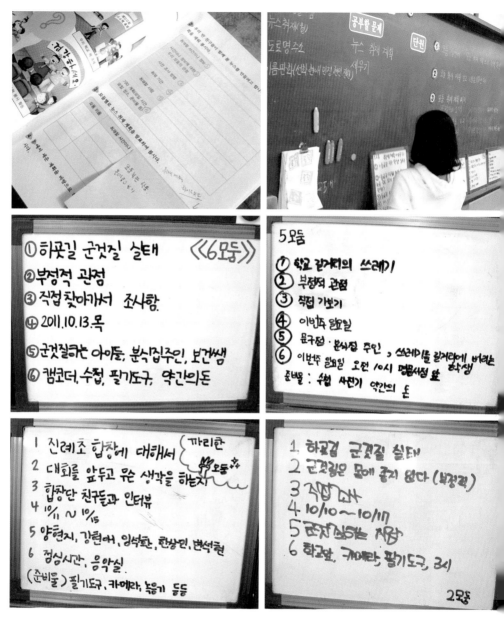

아이들 각자 자신의 의문점을 눈치 보지 않고 모둠 칠판에 드러내면서 지적 호기심을 키우게 된다.

수학 공부에서 가장 먼저 갖출 마음이다.

모둠별로 여러 가지 풀이 방법이 나온다. 똑같은 결과라도 푸는 차례와 방식이 다르다. 이런 과정을 공개 공유하면서 혼자만이 아니라 여럿이 하면 더 이해가 쉽고 같은 고민에 동질감도 들어서 배움에 대한 도전과 용기가 자라난다.

"잠시 멈추고 일어나세요!"

교과서에 한두 문장이나 서너 줄로 답할 질문이 있다. 의논할 필요 없이 자기 생각을 쓰고 다른 친구 생각도 함께 살펴봐야 할 상황이다. 자기 모둠보다는 전체 의견을 물을 때 모두 일어나게 해서 서로 살펴보게 한다. 다양한 의견을 골라 보며 공유하고 잠깐이지만 평가할 기회도 된다.

이것은 교과서, 공책 검사 방법으로도 유용하다. 학습 도구나 준비물, 과제 상태 점검을 이렇게 해보아도 좋다. 교사의 확인과 점검보다 이렇게 아

서로 다른 모둠들끼리 확인해주고 점검하는 관계를 맺게 한다.

서로 다른 모둠의 의견을 살펴보면서 동질감과 배움의 용기를 배운다.

다른 친구들의 활동지를 보면서 자신의 학습 진행 상태를 점검할 수 있다.

이들끼리 서로 봐주는 과정이 집중도와 영향력이 높다.

"자, 모두 일어나서 한번 보자!"

감상 활동지, 그림 그리기, 신문 만들기 등을 할 때도 중간에 잠시 멈추게 한다. 편집하는 아이, 완성에 들어가는 아이, 구상도 못한 아이, 주제를 잡지 못한 아이도 보인다. 이때 한 번 전체를 둘러보게 한다. 모든 아이들의 진행 속도와 과정, 아이디어가 한눈에 들어온다. 다른 아이들 것을 보면서

미술 수업을 하면서 다른 친구들이 만들고 있는 작품을 서로 살펴보면, 표현 방법에 대한 오해를 빨리 바로잡을 수 있다.

현재 자기 활동의 수준과 방향, 진행 상태를 자연스럽게 점검하게 된다. 그러고 나서 자기 자리로 돌아와 다시 진행하면 방향이나 주제를 바꾸거나 진행 속도에 변화를 줄 수 있다.

"모두, 연필 다 내려놓고 뒤쪽으로 나가세요."

미술 시간도 마찬가지다. 한 20분쯤에 잠시 멈추게 해서 스케치나 구성 과정, 진행 과정을 공유한다. 미리 준비한 아이와 이제 구상에 들어가는 아이가 있기 마련이다. 속도 차이도 보인다. 어느 정도의 준비, 진행, 과정에 있는지 다른 사람의 작품을 살핀다. 자기 점검과 함께 아이디어 공유, 과정의 깊이, 참여의 정성, 관심 등이 드러나게 된다.

많은 수업 시간에 교사만 아이들 작품을 둘러본다. 그러다 보니 교사만 학급 전체를 보면서 아이들 상태를 안다. 전체를 살펴보고 판단할 수 있는 기회를 교사만 지니게 된다. 아이들은 짝이나 자기 모둠 정도만 보게 된다. 아이들도 교사와 같이 반 전체 아이들의 작품을 볼 수 있게 해보자. 아이들 모두의 진행 상태를 공유하자.

다양한 작품을 자주 보고나면 느끼는 것이 있다. 그림에 색을 칠할 시점이나 볼록 판화를 거의 반쯤 팔 때도 한 번 더 둘러본다. 직접 손으로 만져보면서 깊이와 강도도 느낀다. 좀 더 볼록하게 되려면, 얼마나 파야 하고, 어떤 부분이 힘든지 물어가면서 정보를 공유한다.

학기 말 학예 작품으로 시화 만들기를 했다. 시 쓰기는 고치기 과정을 거쳐 완성하고 미술 시간에 그림을 넣어 완성하면 된다. 미리 준비해서 야무지게 끝낸 작품이 나오기 마련이다. 먼저 되는 대로 칠판에 붙여두면 다른 아이들 작품도 조금씩 닮아 간다. 서툴고 못 그린다고 실망하는 아이도 있지만, 자기 수준에서 최대한 노력하는 것이 중요하다. 완성된 작품에서 그림 위치, 글과 어울리는 그림, 멀리서 봤을 때 글자 크기와 배치를 보면 된다. 학예 작품으로 나가기도 하고, 그대로 스캔해서 학급 문집에도 들어간다.

참여 과정과 고칠 부분도 함께 공유하기

수학 시간, 집중력이 높은 수업이 있다. 한 문제를 한 사람씩 이어서 풀어 가는 수업이다.

회전체의 반지름과 높이를 두 배로 늘리면 부피가 어떻게 변화되는지 알 아보는 수업을 진행했다. 아이들 각자 자신의 공책에 푸는 모습을 보니 제 대로 과정이 드러나지 않고 공식에 대입하는 경우가 많았다. 결과적으로 답은 나오는데 그 과정을 도형으로 그리는 것에는 혼란을 겪고 있었다. 그 래서 한 문제를 가지고 모두가 함께 풀어가도록 했다.

기본 모양만 교사가 먼저 그리고, 한 아이씩 나오게 한다. 처음 나온 아이 는 밑면의 반지름을 두 배가 되게 그린다. 다음 나온 아이는 높이를 두 배로 그린다. 그런데 반지름 길이가 두 배인데 실제 그릴 때는 두 배로 보이지 않 기도 한다. 칠판의 격자 줄과 상관없이 대충 눈대중으로 선을 그리기 때문 이다. 격자 눈금을 의식하지 않고 그리는 아이들이 많다. 밑면이 비딱하거 나 밑면의 폭과 높이가 두 배가 되지 않고, 숫자로만 표시해 버리기도 한다.

이런 단계를 밟으며 아이들이 놓치는 부분을 찾게 된다. 실수나 오류 과 정을 공유하는 셈이다. 부피가 얼마인지 최종 답안이 나오기까지 한 사람씩 나와서 풀고, 틀리면 또 다른 사람이 나와 완성해간다. 한 문제를 여러 사람 이 풀게 된다. 올바른 계산 과정을 교사가 금방 쓸 수 있지만, 그러면 생각 과정과 정확한 작도법을 익힐 기회가 사라져 버린다. 수학 시간에는 정답을 찾는 과정을 천천히 밟아가야 한다. 참여와 공유의 시간이 필요하다.

사회 수업 시간에는 칠판에 마인드맵 그리기도 가끔 한다. 내용 간추리는 활동이다. 중심 주제와 큰 줄기만 그려 놓고, 가지부터는 아이들이 한 사람

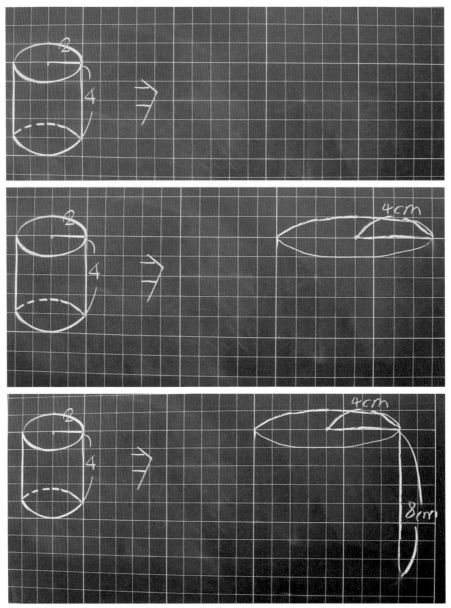

회전체의 반지름과 높이를 두 배로 늘리면 부피가 어떻게 변화하는지 학급 아이들 모두 한 명씩 차례로 나와서 도형을 그려간다.

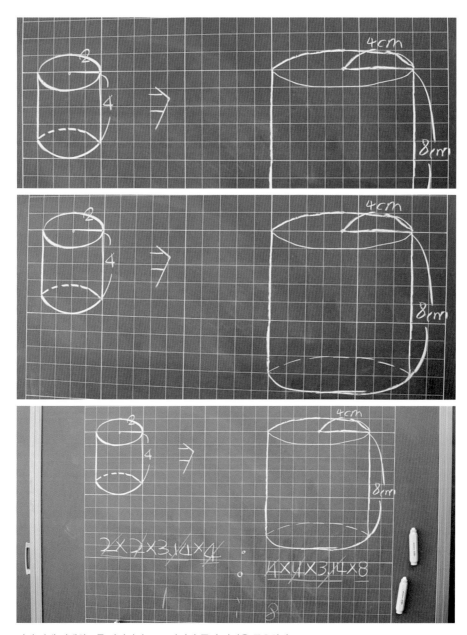

여러 차례 시행착오를 거치면서 모든 아이가 풀이 과정을 공유한다.

씩 나와 채워간다. 가지별로 한 사람씩 참여해서 집중해서 그린다. 틀려도 괜찮다. 나중에 설명하면 된다. 답을 맞혀야 하는 부담을 떨쳐야 한다. 틀려도 자기가 생각한 것을 그대로 표현하는 것이 중요하다. 오히려 틀리게 되면 여럿이 한 번 더 생각할 기회를 준다. 아이들의 실수나 오류는 기록 보존 가치가 있는 좋은 정보다.

여러 해 같은 학년을 담임하면서 이런 수업 과정 기록이 교사 성장의 밑거름이 되었다. 아이들이 실수하는 부분을 집중하여 연구할 기회를 잡고, 좀 더 효과 있게 가르치는 방법도 찾을 수 있었다. 아이들이 교과 학습에 흥미와 재미를 붙이면, 교사에 대한 신뢰도 함께 오른다. 과정을 밟아 참여할 기회와 용기를 아이들에게 주자. 서로 생각을 공유할 방법을 연구하는 것도 배움의 기쁨이다. 아이와 교사가 함께 성장한다.

"풀어 봐라."

"답 불러줄게."

『수학 익힘책』을 풀면서 많이 건네는 말이다. 때로는 『수학 익힘책』 문제를 몇 번 풀어주기도 하지만 한 시간에 다 다루지 못한다. 주요 문제만 몇 개 손을 댈 수 있다. 아이들이 힘겨워하는 문제를 표시했다가 칠판에 차근차근 풀어준다. '교사가' 문제점을 찾아 '교사가' 풀어가는 방식이다.

이런 방식을 달리 해보았다. 문제점을 교사가 찾고, 이것을 '아이가' 풀도록 한다. 문제를 손쉽게 해결한 아이에게 실물화상기에 교과서 문제를 비춰놓고 바로 풀게 한다. 그러면 아이들은 풀어가는 과정을 화면으로 다 보게 된다. 다 풀면 아이들에게 되묻는다.

"이 방식(또는 답)이 자기 것과 같은 사람?"

"다른 사람?"

아이들이 한 명씩 나와서 마인드맵 가지를 채워간다. 틀려도 자기 생각을 표현하는 것이 중요하다.

실물화상기 위에 아이들 각자 자신의 교과서나 공책을 올려놓고 풀이 과정을 보여준다.

"덧붙이거나 고칠 것이 있는 사람?"

다른 방식이 있거나 고칠 사람이 있으면 나와서 앞에 쓴 사람 것은 지우지 말고 써보게 한다. 대부분 다 맞히는데 틀릴 경우도 생긴다. 실수인지 개념을 모르는지 살필 수 있다. 두서넛이 나와서 풀라 해도 아예 손도 못 대는 문제는 교사가 푼다. 이런 문제를 찾는 것도 좋다. 표시해 두었다가 다음 아침 시간 복습 문제로 낸다. 공책에도 다시 쓰게 한다.

문장이 긴 문제는 시간이 오래 걸린다. 어찌 보면 국어 독해력 문제이기도 하다. 이렇게 직접 푸는 과정을 공유하면서, 아이들 글씨, 풀이 과정에서 나타난 오류, 잘못된 개념, 아이들이 이해하기 어려운 개념을 찾을 수 있다. 수학 수업 시간에는 아이들이 무엇을 모르고, 무엇이 이해하기 어려운지 찾는 것은 다른 어떤 것보다도 중요하다. 막히는 부분을 함께 고민하고 서로 이야기하면서 풀어가는 재미도 있다. 아이들끼리 서로 이야기하고 설명해

먼저 완성된 작품은 언제든지 먼저 공개한다. 먼저 작품을 공개한 아이들에게는 언제든 원하면 작품을 수정할 기회를 준다.

주는 관계와 분위기가 부담감을 줄이고 흥미를 북돋워준다.

　친구들 글을 공유해보는 가장 간편한 방법은 칠판에 붙여두고 살펴보는 것이다. 국어 시간, 단원 마무리로 '여러 가지 글쓰기'가 어김없이 나온다. 교과서에 나오는 칸과 줄은 모자랄 때가 많다. 그래서 따로 종이를 준비한다. 그 종이에 글을 쓰고, 주제에 맞는 글인지 먼저 점검한 후 칠판에 붙이게 한다. 누구든지 나와서 통과한 친구 글을 볼 수 있게 한다. 상대적으로 글쓰기가 늦거나 어떻게 써야 할지 모르는 아이들에게는 참고할 본보기 글이 된다.

시 쓰기 할 때도 좋은 효과가 있다. 통과한 작품의 특징, 내용, 주제, 쓰는 방법을 자꾸 읽거나 보게 된다. 자기 글과 비교해서 고칠 부분도 찾는다. 글을 고쳐 가는 과정에서 다른 작품을 보는 것이 큰 도움과 또 다른 학습이 된다. 아이들이 다 쓸 때까지 붙여두고 나중에 학급 누리집에 올린다. 다하지 못한 아이는 학급 누리집을 통해 집에서도 다른 친구들 자료를 읽을 수 있다. 이런 과정을 기록해두면 아이들뿐 아니라 교사에게도 가치 있는 기록으로 남는다. 수업 일기를 쓸 때도 생생하게 떠올릴 수 있다. 이런 글을 모아두었다가 학급 문집에 싣기도 한다.

때로는 교사가 아이들 글에서 고쳐야 할 부분을 표시해서 모두에게 보게 할 필요도 있다. 개인에게만 전달하는 것보다는 모두에게 공개하고 공유하는 것이 낫기 때문이다. 자세히 써야 할 부분, 문단을 나누거나 붙여야 할 부분이 많이 보인다.

자기 글뿐 아니라 친구들 글에서도 고쳐야 할 부분을 같이 보면, 자기 글을 고치는 것이 수월해진다. 자세히 쓴 아이들도 다시 살펴보게 된다.

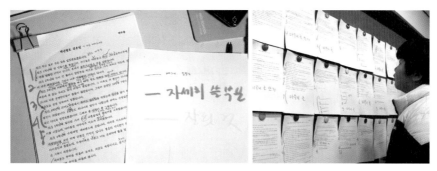

아이들이 쓴 글들을 칠판 앞에 붙여 두고 아이들이 모두 공유하면, 서로 글을 비교하고 검토하며 부족한 내용을 채워나갈 수 있다.

아이들 글 하나하나를 봐주기 때문에 교사 손이 많이 간다. 학기 초 이렇게 몇 번 보여주면 아이들 글을 보는 힘이 조금씩 나아진다. 교사에게도 도전과 실력을 닦는 기회가 된다. 이런 기회에 아이들의 글쓰기 수준과 표현이 잘되지 않는 부분을 알 수 있고, 글 고치는 능력도 한 단계 올릴 수 있다.

여러 사람 의견을 보고 종합, 평가하며 공유하기

'축하가 필요한 경우'를 찾는 공부 시간, 공부할 방법을 써 놓았다. 모둠 칠판을 모둠별로 돌리면서 의견을 덧붙여 가도록 했다. 축하가 필요한 경우를 찾아 모둠 칠판에 쓴다. 아이들 각자 경험한 것들을 써넣는다. 교과서 본보기 의견이 아닌 자기만의 의견을 쓴다.

자기 모둠 것이 완성되면 모둠 칠판을 다른 모둠에게 건넨다. 돌아가는 차례를 정해준다. 다른 모둠 칠판이 오면, 쓰여진 내용을 읽어보고 자기 모

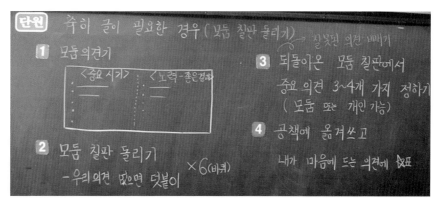

축하가 필요한 경우를 찾아서 아이들 각자 자신의 의견을 쓴다.

모둠 의견을 모둠 칠판에 적어서 그것을 다른 모둠으로 돌린다. 거기에 여러 다른 모둠의 다양한 댓글
이 붙으면, 한 반 모두의 의견을 알 수 있다.

둠 의견은 덧붙여준다. 중복된 의견은 쓰지 않는다.

이렇게 쓰다보면 처음 쓴 모둠 의견에서 또 다른 생각이 날 수도 있다. 그
러면 그때그때 덧붙여 주면 된다. 모둠 수만큼 돌면 원래 자리로 되돌아온
다. 여러 의견으로 꽉 찬다. 한 반 아이들 의견이 다 모인다.

이제 모인 의견에서 주제에 알맞은 것인지 평가해서 추려나간다. 자기 모
둠에서 마음에 드는 의견 서너 가지만 남긴다. 최종적으로 간추린 의견은

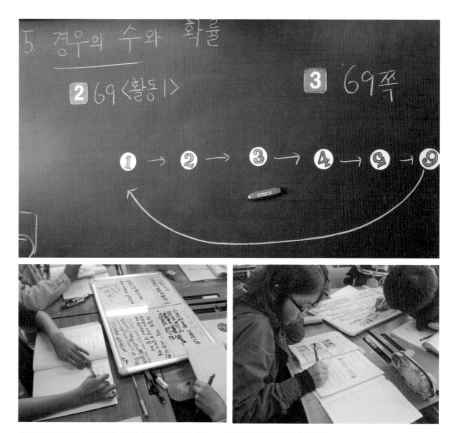

의견을 공유하는 과정을 통해 중복된 것은 추리고 생각의 폭을 넓히게 된다.

공책에 쓴다.

　의견을 덧붙여 모으고 고르면서 자꾸 읽게 되고, 생각하게 된다. 알맞지 않는 것과 알맞은 것을 구분하는 힘도 함께 생긴다. 교사가 일일이 답하지 않아도 모든 의견을 모아 간추릴 수 있다.

　이렇게 모둠 의견을 공유하여 덧붙이고 종합하고 평가하면서 아이들은 고급 지식 단계를 경험한다. 공유 과정은 중복된 의견을 추리고, 생각의 범

프레젠테이션 발표에 대해서도 댓글을 달아 서로 의견을 공유한다.

위를 넓힐 수 있다. 현재 떠오른 생각과 범위가 여러 가지 다른 의견을 촉매로 하여 확장이 되거나 깊이를 더할 기회가 된다. 학습에 대한 깊이와 발전의 경험이 학습동기를 꾸준히 자극하고 지속 가능한 힘으로 이어준다.

사회 교과에는 유난히 보고서 만들기 과정이 많다. 세계의 곡물(쌀, 보리, 밀 같은)을 정해서 그 유래, 전래, 유통, 역사, 생산량 같은 정보를 찾아 조사하고 프레젠테이션 형식으로 발표하는 수업이 있었다.

자기 모둠에서 발표하고 싶은 곡물을 먼저 정하고, 조사할 거리를 종이에 써서 게시판에 붙였다. 다 붙인 것을 보면 어떤 주제와 내용인지 한눈에 들어온다. 우리 반은 밀이 가장 많고 다음으로 쌀, 감자, 옥수수 차례. 다른 모둠 조사거리를 보면서 따올 것이 있으면 빌려 와도 된다. 모둠에 따라 수준, 성향, 성격이 다 다르다. 학습의 적응력, 이해력 차이가 나기 마련이다. 과정을 자주 공개, 공유하면서 차이를 줄여나간다.

프레젠테이션 발표 시간에는 한 모둠이 발표하면 나머지 아이들은 그냥 보기만 하거나 자기 발표 준비를 하느라 집중이 흐트러지기 쉽다. 알림용 종이를 칠판에 붙여서, 과정을 공유하듯이 프레젠테이션 발표도 의견을 공유할 방법이 없을까 고민하다가 댓글을 달기로 했다.

발표할 모둠은 미리 학급 누리집에 자료를 올려둔다. 컴퓨터실에서 발표가 진행될 때는 아이들이 파일을 내려 받아서 같이 띄워서 발표 내용을 함께 볼 수 있게 했다.

설명을 다 듣고 바로 댓글을 단다. 모두 빠짐없이 참여하여 여러 사람의 댓글 내용과 수준을 살필 수 있다. '댓글 달기'에만 급급해서 빨리 남기는 데 초점을 두지 않도록 미리 일러준다. 막연하게 '좋았다', '재미있었다', '잘한다', '도움 되었다'는 말보다 어떤 부분을 어떻게 설명했고 어떤 도움이 되

친구의 프레젠테이션 발표를 보고 댓글을 달게하면 발표에 대한 집중도가 높아진다.

었는지 자세히 말해야 한다. 장단점, 고칠 점, 좋은 점을 보고 2차 발표 때 참고해서 다시 준비한다. 프레젠테이션 프로그램 사용의 문제인지, 발표 방법 문제인지 판단할 수 있다.

3. 기억할 가치가 있는 것은
    꼭 '기록'을 남기도록

수업 시간 질문을 주고받으면 많은 의견이 나온다. 손을 들거나, 쪽지로 투표하기, 자석 번호표, 자석 이름표, 자석 스티커 등으로 의견을 드러내기도 한다. 그러면서 자연스럽게 반 아이들 의견 통계가 드러난다. 이런 기록들도 의미와 가치가 있다. 옳고 그름의 판단뿐 아니라 현재 배우는 내용이 우리 생활과 맺고 있는 관계, 연결 고리의 강도를 확인해 볼 수 있다. 여러 친구 생각을 확인하면서 공감을 불러일으킨다. 이런 것들도 기록하자.

해마다 아이들에게 나오는 의견과 거기에 공감하는 수가 다를 것이다. 아이들의 삶과 변화를 살필 기회가 된다. 아이들 현재 상태를 점검해 볼 수 있는 효과도 있다. 학습 습관, 방법도 함께 고치거나 더 발전하도록 방향을 이끌 수 있다.

아이들의 공책 등에서 틀린 부분이 나오면 지우지 않고 남겨둔다. 틀린 까닭을 살펴보고 그것도 써 놓는다. 답을 맞히는 것보다 틀린 까닭을 파악하는 것이 문제 이해력을 높이는 데 오히려 큰 도움이 된다.

기록은 다시 보기 위해서 남기는 것이다. 다시 보려는 생각이 없다면 대충 쓰고 만다. 한 번 쓰고 버리는 소비적인 기록이 되지 않도록 해야 한다.

수업 참여하면서 기록하기

국어 책에 중심 낱말이나 문장을 찾아 줄 긋기를 많이 한다. 책을 읽고 나서 긋기도 하지만, 단원 마무리 단계에 복습과 확인을 하기 위해서 긋기도 한다. 내용 간추리기 활동 가운데 한 부분이 되기도 한다.

첫 문단만 교사가 직접 본보기로 보여준다. 중심 문장에 줄 긋기를 하고 중심 낱말에는 형광펜으로 표시한다. 다음 문단은 아이를 시켜서 직접 묶거나 긋고, 칠하게 한다. 어떤 낱말과 문장을 그을지 모르는 아이들도 있기 마련이다. 문단을 나눠 몇 문장인지 표시하고 중심 문장을 함께 찾아 줄을 긋는다. 중심 문장이 온전히 나타나기도 하지만, 중심 낱말을 엮어 새롭게 만들어야 할 때도 있다. 중심 문장 찾기는 다른 교과에도 기본으로 익혀 둘 필요가 있다. 중심 낱말은 마인드맵을 그릴 때 핵심 요소다.

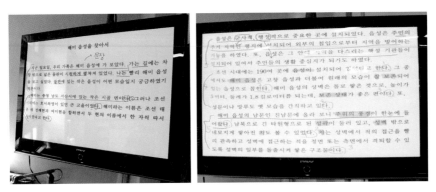

중심 문장과 낱말을 찾아 표시하는 것은 복습과 확인, 내용 간추리기에 도움을 준다.

중심 문장 줄 긋기와 중심 낱말 표시하기는 읽기 시간이나 복사물 내용

첫 문단만 교사가 본보기를 보여주고, 나머지는 아이들이 직접 표시한다.

분석 때도 많이 쓰인다. 처음에는 줄거리 중심으로, 두 번째는 중심 낱말과 문장을 찾으며, 세 번째는 표시한 부분을 눈여겨보며 읽는다. 세 번 읽는 셈이다. 표시한 복사물은 빠뜨리지 않도록 공책에 붙인다.

줄 긋기 다음에는 내용 간추리기로 이어진다. 공책에 쓰는 것이다. 특히 사회 시간에 간추려 쓰기가 자주 활용되고 큰 힘을 낸다. 학기 초 한 달 정도는 교사와 아이들이 함께 간추리는 것이 좋다. 한 번 알려주었다고 금방 간추리는 힘이 생기지 않는다.

수업 시간에 첫 문단은 꼭 본보기로 보여주거나 함께 간추린다. 한두 달 정도는 반복하면서 챙겨 본다. 칠판에도 문단별로 간추린 결과를 쓰게 해서 잘 간추리지 못하는 아이들에게 참고 자료가 되도록 한다.

국어 교과서에 은비가 활용하는 매체로 텔레비전, 인터넷, 신문, 백과사전이 나와서 이러한 매체를 알아보는 수업을 한 적이 있다. 매체 그림이 바

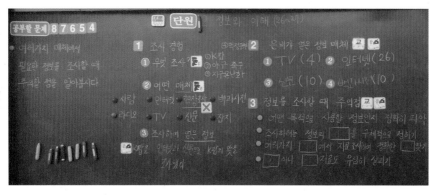

아이들 각자 또는 모둠별로 발표한 의견에 대해 다른 아이들에게 공감하는지 물어서 응답한 아이들의 수를 기록하면, 반 아이들 전체가 의견을 공유하게 된다.

로 나오니까 금방 아이들이 답을 한다.

"여러분은 평소 어떤 매체를 씁니까? 정보를 얻는 매체는? 손들어보세요. 오늘은 여러 번 손들어도 됩니다."

손든 수를 칠판에 쓰면서 아이들 경험에 대한 정보까지 모은다. 손만 드니까 부담스럽지 않다.

거의 교과서에 나오는 답과 유사한 의견이 많이 드러난다. 생각하지 않고 보기만 해도 나올 법하다. 이런 내용이나 개인 또는 모둠 의견의 적절성 등을 손들게 하여 묻는다. 아이들 경험과 생각, 느낌의 공감 수를 모아 표시한다. 우리 반 아이들 전체 참여와 공유가 된다.

학급 어린이회 안건을 다수결로 정하듯이 나온 의견에 대한 적절성을 다수결로 정해보면 재미있다. 손들어서 의사 표시한 숫자를 써두면 호기심과 관심도 높아진다. 어느 쪽 의견이 많은지 다음 반응이 궁금해진다. 이런 숫자도 기록해두면 수업 상황까지 생생하게 기억난다. 이 과정을 일기로 써도 좋겠다.

다른 사람 의견을 모아서 기록하기

국어 '면담하기'에서 질문 만들기 수업을 했다. 학교 밖 사람들을 만나서 면담하기 전에 좋은 질문을 만드는 법을 익히기 위해서다. 면담 내용과 결과는 사진이나 영상으로 발표할 것인데, 이런 활동은 자칫 '영상 만들기'라는 기능 중심으로 흐를 수 있다. 별 내용 없이 프레젠테이션과 동영상에 현란한 효과를 넣은 것에 너무 신경을 쏟기 때문이다. 면담을 재미있고 가치 있게 하는 것은 질문 내용이다. 따라서 면담 질문을 만들어 준비하는 시간이 필요하다.

옆 반 선생님을 모셔 맛보기 면담을 해보았다. 칠판에는 나올만한 질문 주제 영역인 개인 신상, 직업, 삶, 꿈과 미래로 나누어 썼다. 나이, 키, 몸무게 같은 질문은 사생활 문제에 걸린다. 초대받은 분 스스로 알아서 말하면 된다. 각자 한 가지씩 적고, 질문 다 끝나고 더 묻고 싶은 것이 나오면 손들어서 묻기로 했다.

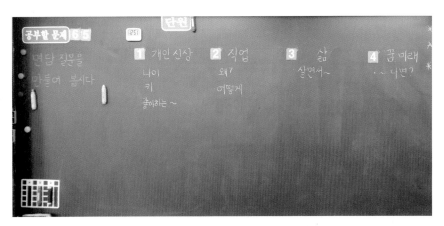

'면담하기'에서 중요한 것은 면담하는 사람에 대한 질문을 만드는 것이다.

- 살면서 힘들었던 적이 있었나요?

- 왜 선생님 했나요?

- 만일 다른 직업을 가진다면?

- 언제부터 선생님이 되고 싶었어요?

- 선생님하면서 보람을 느끼신 적은 언제인가요?

- 교사라는 직업, 어떻게 생각하나요? 교사의 장단점은?

- 교사가 되기 위해 무엇을 했고 왜 했나요?

- 정년퇴직한 뒤에 무슨 일을 할 것인가요?

- 만약 꿈이 선생님이 아니라면 어떤 꿈을 이루겠습니까?

- 은퇴하실 거면 뭘 하실 건가요?

- 할아버지가 되시면 무엇을 하고 싶으세요?

- 살면서 후회했던 일은?

- 어렸을 때 성적은 좋았나요?

사회자는 담임교사인 내가 하기로 했다. 먼저 본보기인 셈이다. 쪽지 하나씩 크게 읽어가며 질문한다. 중복 질문은 빼고, 질문한 것은 주제 영역별로 붙여준다. 어떤 종류의 질문이 많은지 한눈에 들어온다. 쪽지로 쓴 질문을 마쳤다. 이제 손을 들어서 마음껏 물어보게 한다. 잠시 머뭇거리다 한둘씩 묻는다.

"선생님 반에 ○○○가 있는데 마음에 들어요?"

"전담 선생님 가운데 누가 가장 마음에 들어요?"

특정 인물을 꼭 짚어서 비교, 평가하는 질문은 적절하지 않다고 말해주었다.

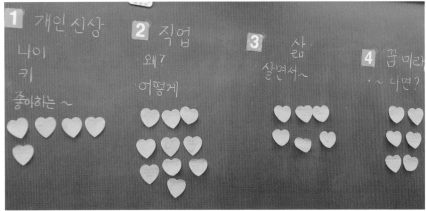

학교 밖의 사람을 성공적으로 면담하기 위해서는 미리 본보기로 연습을 해야 한다.

"어떤 아이가 마음에 들어요? 어떻게 가르치는 선생님이 좋아요?"

이렇게 묻는 것이 좋다. 당사자들이 알면 껄끄러운 질문은 조심한다. 하지만 묻고 싶은 욕구가 솟아나면 거침없이 튀어나올 수 있다. 일단 어떤 질문이든 말은 하도록 해야 한다. 고쳐나가면 된다. 두 번 실수는 하지 말아야 한다. 그래서 미리 질문거리를 만들어보는 것이다. 적절하지 못한 질문도 모둠에서 걸러내는 힘이 필요하다.

질문 내용을 공책에 써서 잘 기록해둔다. 면담 마치고, 면담에 초청한 선

모둠에서 아이들 각자 낸 의견을 하나로 만들어 발표한다. 아이들은 다른 아이의 의견을 듣고, 비교하고, 평가하고, 종합하면서 한 번 더 내용을 되새기게 된다.

생님께 이 질문 쪽지를 모아 드렸다. 이런 기록물의 공유로 그 반에서도 비슷한 수업을 할 것이다. 질문 내용과 사회 보는 법을 본보기로 보았으니 이제 학교 밖 사람을 정해서 면담하러 나가면 된다.

　개인별 의견을 다 모으지 않고, 모둠에서 한 가지 의견으로 만들어서 발표하기도 한다. 네 사람인 모둠에서 자기 의견을 쪽지로 돌려가면서 보고 평점을 주면서 뽑기도 한다.

　"한 바퀴 다 돌았으면 가장 많은 점수를 받은 의견 두 개를 고르세요. 두

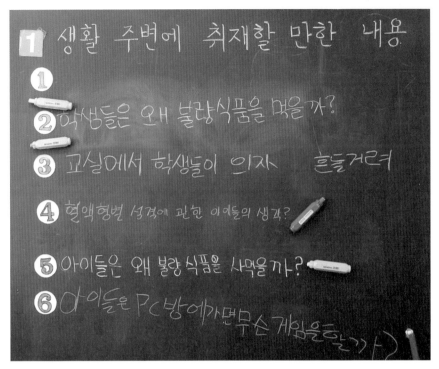

① 생활 주변에 취재할 만한 내용

①
② 학생들은 왜 불량식품을 먹을까?
③ 교실에서 학생들이 의자   흔들거려
④ 혈액형별 성격에 관한 아이들의 생각?
⑤ 아이들은 왜 불량식품을 사먹을까?
⑥ 아이들은 PC방에가면 무슨 게임을 할까?

반 전체 의견이 정리되면, 이 의견들을 가지고 이야기를 나눈다. 모든 아이들이 이것을 꼭 공책에도 기록해서 남기도록 한다.

의견이 같으면 그대로 하면 되고, 다르면 두 가지를 묶어서 한 의견을 만들어서 정해주세요."

가장 많은 평점을 받은 의견을 뽑는다. 같은 점수면 의논해서 다시 정한다. 여러 번 모둠 친구 의견을 보고 듣게 된다. 뽑은 의견은 모둠에서 한 사람 나와서 칠판에 쓴다. 개인 의견 쪽지는 공책에 붙여두고, 모둠에서 정리한 의견도 기록해둔다. 자기 의견과 모둠에서 정한 의견의 차이점을 비교할 수 있다.

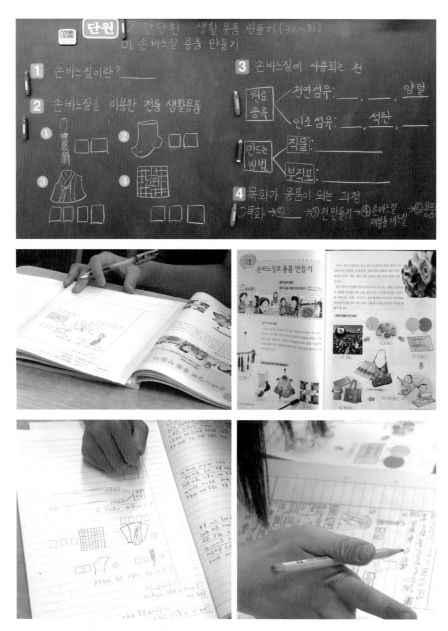

공책에 글로 쓰는 것으로 부족한 내용은 '상징 그림'으로 기록하기도 한다.

"이 시간 마치면 다 쓴 공책은 선생님 책상에 올려두세요."

칠판에 쓰인 다른 모둠 의견까지 공책에 쓴다. 직접 참여한 의견들을 기록하고 다시 보면 이야기가 담긴 의미 있는 기억이 될 것이다. 여섯 가지 의견은 사진을 찍어서 누리집에 올려둔다. 이런 수업이 단원 끝까지 이어지기 때문에 두고두고 본다. 찍은 사진을 인쇄해서 게시판에 꽂아두기도 한다.

공책에 글로 쓰는 것은 늘 익숙해 있다. 그림 그리기 방법도 있는데 흔하지 않다. 마인드맵으로 기록할 때는 작은 상징 그림을 그리기도 한다. 사회지리 관련 수업 시간에 지도, 지구본, 통계 그래프 등을 그리는데 시간이 오래 걸린다. 그래서 복사해서 붙이거나, 관련 영역에 색칠하기 등의 방법으로 기록한다. 평소에 자주 보지 못한 낱말이 사진이나 그림으로 나오면 그 그림도 함께 직접 그려보기도 한다. 영상과 사진으로 화면으로만 보고 지나치기 아까운 장면도 있다. 글로 표현하기 어렵기도 하다. 여유가 되면 색을 넣기도 하지만 처음부터 너무 많은 시간이 걸리지 않도록 한다.

마무리 정리 기록하기

수업 시간 마무리 5분 정리 시간이 있다. 공책 맨 밑에 오늘의 학습목표를 중심으로 한 문장으로 공부한 내용을 정리한다. 오늘 수업 소감, 새롭게 알게 된 점, 더 궁금한 점 등을 적는다. 앞부분에 쓴 학습목표에 대한 답을 적는다는 마음으로 쓰면 된다. 5분 정리 기록을 짝끼리 공책을 보지 않고 서로 말하기를 하면서 확인해보거나 간단한 문제 맞히기 형식도 재미있다.

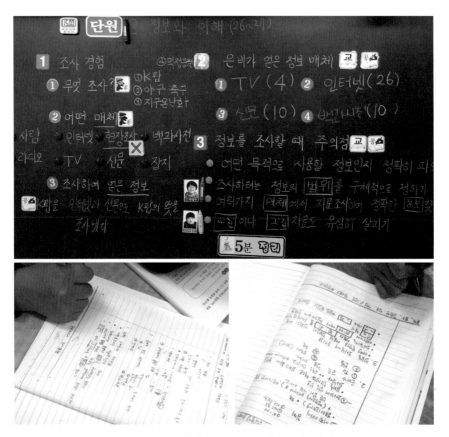

수업 마무리 5분 정도에는 그 수업에서 공부한 내용을 한두 문장으로 정리한다.

3장
생각 지도를 이어가는 칠판 쓰기

　교실에서 칠판 쓰기가 많이 사라졌다. 예전에는 따라 쓰기나 베껴 쓰기를 해서 너무 칠판에 의존했던 때가 있었다. 교사가 일방적으로 간추리는 식의 필기여서 칠판에 판서한 내용에 대해 아이들 각자 자기만의 해석과 기억이 별로 없었다. 그래서 왜 써야 하는지에 대한 뚜렷한 확신과 목표가 없어서 흐지부지되기 일쑤였다.

　그리고 요즘 교과서는 공책이 필요 없다는 생각이 들 정도로 잘 만들어진다. 스티커를 붙이거나, 비어 있는 표에 의견과 답을 쓰면 된다. 그래서 칠판 사용을 역시 시대에 뒤떨어진 수업 방식으로 여기고 있는지 모른다.

　그러나 칠판 쓰기는 아이들과 함께하는 수업에서 중요한 역할을 한다. 또한 칠판 쓰기는 공책 쓰기로 이어진다. 여전히 칠판과 공책이 수업에서 중요한 까닭은 교과서만으로는 아이들의 풍부한 생각과 의견을 담을 수 없기 때문이다. 교과서 표 안에는 다양한 답을 쓸 공간이 여전히 부족하다. 처음에 생각난 답안이나 가장 먼저 나온 의견 하나를 쓰는 것으로 끝나는 때도 잦다.

칠판 쓰기는 무엇보다도 여러 가지 의견을 모아 정리하는 데 큰 도움을 준다. 교사가 아이들에게 알려주려는 지식도 중요하지만, 교사와 아이들의 의견을 주고받는 과정이 더 소중하다. 여러 의견을 기록하고, 그것들을 비교하여 살펴보는 과정을 기록하는 것도 귀중하다. 이런 과정을 써놓고 표시해 두면 훨씬 오랫동안 의미 있는 기억으로 남길 수 있다.

칠판에는 교사가 쓸 영역과 아이들이 채울 영역이 있다. 그리고 그중에는 아이들 각자 공책에 따로 남겨야 할 부분도 있다. 이런 부분을 알려주고 함께 기록해 나가야 한다. 기본 생각과 개념부터 아이들과 함께 나눠야 할 것이다. 교사가 직접 칠판에 내용을 다 간추려 써 버리면, 그것은 아이들에게 수동적으로 따르는 습관만 들게 한다. 따라 하기에 머무르도록 하는 것이다. 어떻게 하면 아이들의 참여로 이어갈까 고민을 해보았다. 능동성과 자율성은 참여하는 가운데 이루어진다. 기억되는 지식 또한 주어지는 것보다 스스로 도전하며 겪으면서 얻은 것이 오래간다.

1. 칠판 쓰기 준비하기

칠판 사용에 대한 개괄

내 어릴 적에는 선생님의 칠판 판서를 그대로 베껴 쓰는 데 많은 노력과 힘을 들였다. 요즘은 다양한 교구와 교수법의 발달로 쌍방향 소통까지 가능하게 되었다. 텔레비전과 실물화상기, 컴퓨터까지 나오면서 잠시나마 한때 칠판의 쓰임새가 시들해지기도 했다.

그러나 칠판은 가장 원초적인 도구면서 손쉽게 쌍방향으로 반응하여 여럿이 동시에 쓸 수 있는 공간이기도 하다. 최근에는 칠판이 개선되어서 자석이 붙고 격자, 전국 지도, 오선이 그려진 보조 칠판까지 나왔다.

칠판에는 교사가 아이들에게 알릴 문제가 쓰이고 지시어, 기호활자가 만들어져 붙여지기도 한다. 아이들은 다양한 색분필로 답을 쓸 수 있다. 칠판은 자석, 붙임 종이, 모둠 칠판을 붙여 의견을 공개하고 여러 사람과 공유하는 매체가 된다.

기본 교구

칠판 쓰기에 자주 쓰이는 기호가 있다. ⒈~⒍, ①~⑧ 숫자와 동그라미 모양 원 문자와 같은 기호활자가 많이 쓰인다. 수업 시간 학습 활동 주제나 과제는 보통 네 가지 이상을 넘지 않는다. 칠판에 주제를 쓰면, 그 아래에 의견이나 토의 내용이 나오게 된다. 주로 아이들이 활동해서 찾거나 탐구해야 할 내용이다.

칠판에 학습 주제나 활동 과제를 나타내기 위해서는 주로 네모 모양 번호 표, 발표나 의논 결과를 나타내기 위해서는 동그라미 번호표를 활용하는데, 이 번호표 뒷면에는 칠판에 붙일 수 있게 자석이 부착되어 있다.

번호표를 네모와 동그라미로 구분한 것은 교과서 체계에 따른 것이다. 교과서도 개편되면서 기호 체계가 그림 등으로 바뀔 수 있다. 되도록 교과서 체계와 비슷하게 만들어 준다. 교과서 체계를 그대로 꼭 따를 필요가 없지만 기본적인 내용의 범주는 비슷할 것이다. 일관성이 있는 체계가 헷갈리지 않게 하고 집중력을 높일 수 있다.

색분필도 있으면 좋겠다. 분필은 서너 가지 색으로 준비한다. 칠판에 붙일 수 있는 자석 분필도 여러 가지 색을 준비한다. 분필은 색깔에 따라 제목과 항목, 의견, 고침과 같은 서로 다른 범주의 기준을 체계적으로 표현하는데 사용된다. 기본 글은 흰색, 의견은 노랑, 정답은 빨강, 설명은 파랑으로 구분한다. 공책을 쓰는 데에서도 마찬가지로 여러 색깔의 필기도구를 준비

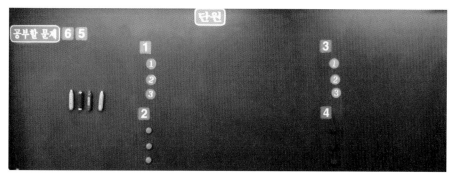

칠판 사용에 필요한 기본 교구에는 색분필과 기호활자를 나타내는 자석 번호표가 있다.

한다. 색을 이렇게 체계를 갖춰서 구분해두면 공책 쓰기와도 일관성을 맞출 수 있다. 상황에 따라서 모둠을 구분하기 위해서 서로 다른 색분필을 쓰게 하기도 한다.

수업설계에 따른 고려 사항

칠판에 가장 먼저 붙이는 것은 번호표일 것이다. 활동 주제나 문제를 네모 번호표로, 그 아래 항목은 동그라미표로 붙여서 번호 다음에 답안을 쓰거나 자세한 내용을 쓸 수 있게 구조를 갖춘다. 여기까지가 알리기 위한 쓰임이다. 그래서 번호표는 알림을 위한 교구로 자주 쓰인다. 학습 활동의 문제 개수만큼 네모 번호표가 쓰인다. 한 차시 수업에서 몇 가지 활동을 할지 미리 구상해서 붙여 놓으면 전체 진행 체계와 속도를 한눈으로 가늠할 수 있을 것이다.

그다음에는 아이들이 답을 하고, 그 답에 대해 확인해주는 교구가 필요하다. 답안이 맞는지 틀린지 표시하거나 아이들에게 발표를 시킬 때 필요한 번호표도 따로 준비한다. 아이들에게 어떤 질문을 하고, 발표를 누구에게 어느 정도까지 요구할 것인가에 따른 수업설계도 필요하다. 단순히 번호표를 붙여놓고 답하는 것만으로 끝이 아니다. 문제를 건네고 답하면서 틀리거나 오류가 날 수 있는 상황, 의견을 내도록 계획된 부분도 준비를 한다. 수업 구조를 미리 짐작해보는 것이다.

알림을 위한 교구

번호표와 자석으로 전체 구조를 잡으면, 그다음에는 아이들의 참여가 이어진다. 답을 하거나 의견을 내면서 칠판이 채워져간다. 책 읽기, 모둠 토의, 공책에 쓰기, 나와서 기록하기, 발표 정하기 등을 할 때도 칠판에 그 진행 과정이 안내된다. 간단한 활동 지시어도 붙인다. 한 번 말하는 것으로는 잘 전달되지 않아서 활동 방법도 표시해 둔다. 주로 교과서 참고, 짝과의 대화, 모둠 의논, 듣기, 책 읽기, 공책 쓰기와 같은 활동 방법이 안내된다. 미리 붙여두기도 하고 그때그때 상황별로 쓰이기도 한다.

아이들 발표나 의견에 대한 반응도 있다. 맞고 틀림, 생각할 것, 오해하는 개념, 중요도 같은 표시도 필요하다. 틀린 부분은 지우지 말고 틀림 표시를 붙여 둔다. 답은 아니지만 그렇다고 틀리지도 않은 모호한 문장은 물음표를 붙인다. 교사가 바로 정답을 일러주기보다는 아이들과 고민하는 시간을

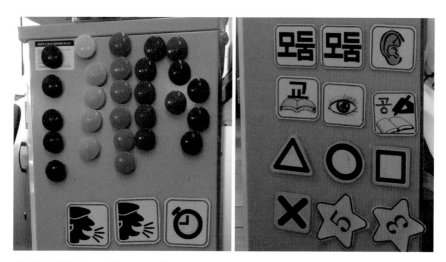

알림을 위한 칠판 교구에는 ○×표, 별표, 모둠표 등이 있다.

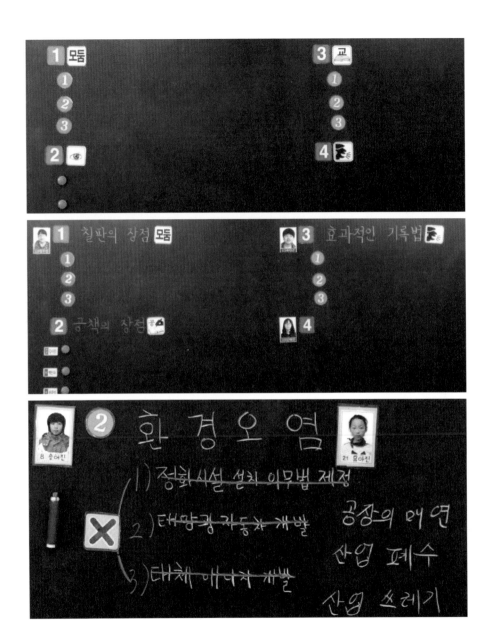

수업에서 칠판 교구의 사용. 처음에는 주로 '기본 교구'를 사용하다가 문제를 알리거나 과제를 제시하면서 '알림을 위한 교구' 사용이 늘어나고 아이들의 발표나 설명 의견 확인이 필요해지면 '확인을 위한 교구'를 사용한다.

가져본다. 왜 그렇게 썼고 어떻게 고치면 좋을 것인지 이야기 나누는 과정이 가치가 있다. 이런 표시 말을 붙여두면 편리하고 눈에 쉽게 띄어서 강조가 된다. 정리된 전체를 보면 체계가 한눈에 들어온다. 공책 쓰기에도 그대로 본보기 자료가 된다. 칠판을 보면서 공책 쓰기도 닮아간다.

확인을 위한 교구

칠판에 학습 주제나 활동 과제가 제시된 뒤에는 아이들 참여로 수업이 펼쳐진다. 아이들은 의견을 내고 발표하고 평가한다. 말을 하거나 글을 쓴다. 내용 간추리기와 의견 내기가 참 많다.

교사가 아이들에게 칠판에 각자 자신의 의견을 쓰거나 발표하도록 기회를 골고루 주기 위해 애를 쓰지만 빠뜨리거나 중복해서 발표를 시키기도 한다. 기록하지 않으면 기억하지 못한다.

그래서 발표 차례를 기록하고 확인하기 위해 서너 가지 도구가 필요하다. 얼굴 사진 자석 카드, 자석 이름표, 자석 번호표 등을 준비해서 사용하면 좋다.

아이들 얼굴 사진 자석 카드를 모두 한쪽 보조 칠판에 붙여두었다가 아이들 각자 발표가 끝날 때마다 다른 쪽 보조 칠판으로 옮겨 놓는다. 이렇게 하면, 아직 발표하지 않은 아이들을 쉽게 알 수 있어서 같은 사람이 두 번 발표하지 않게 된다. 모든 아이들이 발표를 하고 어떤 활동 과제 수행이 끝나면, 그 다음 과제를 진행할 때는 방향을 바꾸어서 얼굴 사진 자석 카드를 옮기면 된다.

얼굴 사진 자석 카드는 학기 초에 개인별로 얼굴 사진을 찍어서 만들어

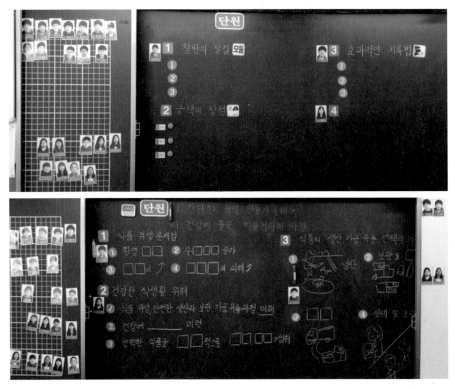

확인을 위한 칠판 교구에는 얼굴 사진 자석 카드, 자석 이름표, 자석 번호표 등이 사용된다.

둔다. 얼굴과 이름도 익힐 겸 찍어서 가로, 세로 같은 비율의 카드로 만들어 둔다. 코팅한 다음 뒤쪽에 자석을 붙이면 된다. 아이들이 칠판에 문제 풀이나 답안을 써야 할 때 사용할 수 있도록 미리 얼굴 사진 자석 카드를 칠판 옆에 붙여 둔다.

얼굴 사진 자석 카드는 모둠 짜기, 자리 정하기, 각종 부서 편성, 표결, 희망자 조사에서도 유용하게 쓰인다. 칠판에 모둠별로, 자리별로, 부서별로 나뉜 영역에 아이들 각자 얼굴 사진 자석 카드를 그냥 붙이면 된다. 몇 분

'자석 번호표'(왼쪽)와 '자석 이름표'(오른쪽). 두 가지 교구는 아이들이 과제를 하거나 발표할 때 그 차례와 이행 여부를 표시한다.

걸리지 않는다.

자석 이름표는 얼굴 사진 자석 카드 형식에서 얼굴 사진만 뺀 것이다. 마인드맵을 그릴 때 칠판에 있는 빈 가지를 아이들이 채워야 할 때도 자석 이름표는 유용하다. 과제를 검사하거나 아이들이 모두 나와서 발표를 해야 할 때 쓰인다. 얼굴 사진보다 크기가 작아서 한 번에 많은 아이들이 나와서 발표해야 할 때 자주 쓰인다.

자석 스티커는 동그라미 자석 양면에 서로 다른 색깔 스티커를 붙여서 만

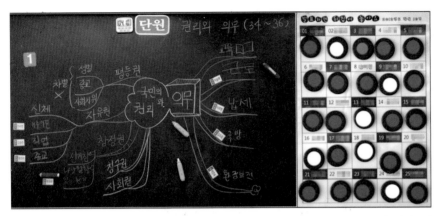

'동그라미 양면 자석'(자석 스티커)의 사용. 자석 앞뒤에 서로 다른 색으로 구분해서 사용하면, 아이들의 발표 수행 여부를 한눈에 볼 수 있다.

든 것이다. 과제나 돌아가며 책 읽기를 할 때 주로 쓰인다. 모두가 반드시 해야 할 활동이 있을 때 참여나 완성 여부를 표시한다. 다 했으면 파랑, 못 했으면 흰색이 보이도록 한다. 아이들로부터 설문지를 거두거나 그날 끝내야 할 과제를 확인할 때도 어떤 상태인지 한눈으로 볼 수 있다.

2. 학습목표와 문제 제시

학습목표 확인

칠판에는 학습목표 또는 그와 같은 의미로서 '공부할 문제'를 가장 먼저 쓴다.

교사들은 종종 마술, 상황극, 영상 보기와 같은 갖가지 흥미로운 수단으로 아이들이 목표를 찾도록 자극하기도 한다. 각종 수업 대회에서도 여러 동기 유발 방법을 자주 보게 된다. 학습동기를 일으키려는 노력은 좋지만, 과연 평소에도 늘 할 수 있는 수업 방식일까 의심이 든다. 그렇다고 학습목표만 써 놓고 그냥 넘어가기도 좀 부족하게 느껴진다.

교통 발달과 산업화의 관련성을 배우는 사회 수업 시간을 진행한 적이 있다. 칠판에 학습목표를 써 놓고, 먼저 아이들에게 교통 발달과 산업화가 얼마나 관련이 있다고 생각하는지를 손을 들게 하여 알아보았다. 관련성이 '있다', '없다', '높다', '낮다'라는 선택 항목을 만들어 거기에 손을 드는 아이들의 수를 적었다. 아이들 생각을 진단한 것이다.

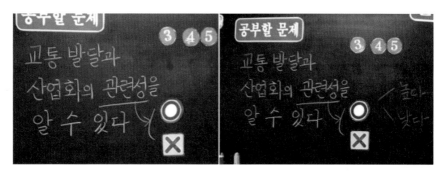

칠판에 가장 먼저 쓰는 것은 학습목표이다.

수업을 끝낼 즈음에 다시 질문해보면 아이들의 생각 변화도 살필 수 있다. 아이들이 자기 의견 표현함으로써 수업에 대한 집중도와 관심을 높일 수 있다. 학습 내용에 대한 관심에서 형성된 내적 학습동기인 셈이다. 아이들은 학습 전후 자신의 변화를 관찰해 본다. 간단히 손을 들어 알아봤지만, 공책에 예상 결과 쓰기, 쪽지로 써서 짝과 바꾸어 보기, 예상 점수 매겨 보기와 같은 방법도 있다.

활동 주제와 빈칸 채우기 문제

학습목표를 쓰고 나서 활동 주제를 칠판에 적기 위해서 먼저 네모 번호표를 붙인다. 보통 서너 가지다. 모둠 활동이나 개인별, 짝끼리 활동이 많다. 공부 방법을 따로 알리지 않아도 번호별로 전체 흐름만 봐도 한눈에 무엇을 배울 것인지 짐작할 수 있다. 한 번 훑어보는 것만으로도 예습의 효과가 있다.

그다음에 빈칸 채우기 문제를 칠판에 적는다. 빈칸 채우기 문제는 교과서에도 많이 나온다. 제시된 선택지에서 골라서 넣는 문제도 있다. 이런 방식을 칠판에 크게 썼다고 생각하면 된다. 교과서를 확대한 느낌이다. 국어와 사회 교과에 자주 이런 방식이 쓰인다.

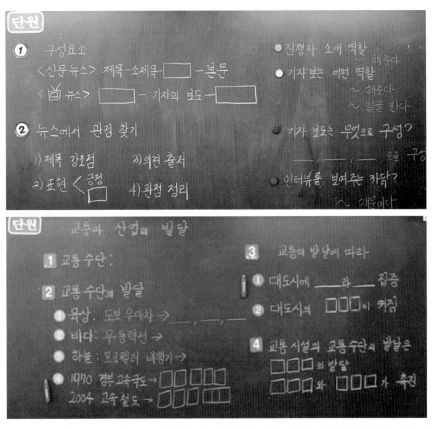

국어, 사회 수업에서 자주 사용되는 빈칸 채우기 문제. 서술한 문장의 핵심 낱말이 들어가야 할 곳을 빈칸으로 만든다.

주로 중요한 내용을 서술한 문장의 핵심 낱말이 들어가야 할 곳을 빈칸으로 비워둔다. 아이들은 그날 배우게 될 내용의 핵심 낱말을 찾아야 한다. 어떤 말이 중요한지도 살필 수 있다. 읽기를 위한 학습 전략 가운데 하나다. 의견을 묻는 것이 아니라서 읽은 글에서 답이 나온다. 이러한 기본 정보를 함께 공유하고 나서 아이들 의견과 생각을 묻는 방향으로 수업을 펼쳐 나간다. 빈칸에 알맞은 말을 찾으려면 아이들은 교과서를 제대로 읽어야 한다.

다른 아이들은 공책에 써서 핵심 내용을 완성해 나간다. 칠판에 전체 내용이 보여서 베껴 쓰기만 해도 된다. 체계적으로 쓰지 못하는 아이들에게 본보기가 된다. 한 달 정도는 이렇게 전체 얼거리를 칠판에 써주지만 조금씩 줄여나가고, 되도록 번호표를 통해 확인을 한다. 간추려서 쓰는 힘은 아이들이 길러야 한다. 스스로 할 수 있도록 단계적으로 교사의 역할을 줄여나간다.

궁금한 것과 주요 문장 간추리기

궁금한 것 질문 만들기는 사회 수업 시간에 많이 한다. 시대 사건을 알아볼 때 아이들이 모르는 것을 중심으로 설명한다. 너무 많은 사건을 다루다 보면 시간이 모자란다. 그래서 아이들이 궁금해하는 것이 무엇인지를 먼저 찾는다. 개인별 질문을 만들고 모둠 의논을 거쳐 한 가지 질문으로 만들어 칠판에 쓰게 한다. 그런 뒤 설명을 해준다.

아이들은 빈칸 채우기로 주요 내용을 찾아내지만, 그것만으로 의미를 완전히 파악했다고 할 수는 없다. 아무리 읽어도 이해되지 않는 부분이 있다. 아이들에게 이해가 안 된다고 교사가 가만히 있으면 안 된다.

학기 초에 아이들과 왜 공부하느냐는 문제에 대해 이야기를 많이 하곤 했다. 자기가 모르는 것, 궁금한 것을 숨기지 않고 모르면 모른다 말하고, 알 때까지 자꾸 물어보는 공부 습관의 학습이 큰 배움이다. 숨기지 말고 드러내야 도울 수 있다. 모르는 것을 부끄럽거나 눈치 보인다고 숨기면 배움이 일어나지 않는다. 말하거나 드러내는 용기가 필요하다. 공부하려는 마음부터 갖추어가야 한다.

그런데 말로 하라면 처음부터 쉽게 나오지 않아서 쓰기부터 한다. 공책에 먼저 개인별로 쓰고, 같은 모둠 친구들끼리 나누어 보고 그 가운데 좋은 질문을 하나 추려낸다. 그다음에 추려낸 질문을 모둠 대표가 나와서 칠판에 쓰도록 한다. 어느 정도 믿음이 쌓이면 아무나 시킨다. 처음에 이렇게 아이들끼리 한 번 걸러서 칠판에 적도록 하면 아이들은 부담 없이 참여하게 된다. 이것이 질문을 만드는 수업 방법이다.

질문을 만드는 수업. 아이들이 모르거나 궁금한 것을 말로 표현하기 힘들 때 칠판은 그것을 표현하는 매체가 될 수 있다.

이미 책에 나온 기본 사실을 모두 알아야 할 때가 있다. 내용 간추리기를 해야 한다. 한 달 정도 교사가 내용을 간추려 칠판에 쓴다. 그러다 한 달이 지난 다음부터는 중요 사건 제목만 쓴다. 그러면, 거기에 아이들이 한 문장씩 써서 보충한다. 아이들이 생각한 주요 문장이 무엇인지 엿볼 수 있다. 어

아이들이 간추린 문장을 보고 어떤 내용을 중요하게 여기는지 진단할 수 있다.

떤 문장을 중요하게 이해했는지 아이들이 모두 살필 수 있어서 서로 공유하게 된다.

칠판은 이런 정보들을 공유할 수 있는 매체가 된다. 공책 쓰기만 해서는 알 수 없는 과정이다. 이런 과정에서 나온 내용을 공책에 다시 쓰도록 해서 폭넓게 공유한 것을 오래 간직할 수 있도록 한다. 다른 사람 생각을 살펴보는 재미도 배움에서 맛볼 수 있는 즐거움 가운데 하나이다.

궁금한 점을 찾아내서 설명하고 토의하고 토론하는 방법은 수업의 집중도를 높인다. 긴장감도 생긴다. 아이들이 궁금해하는 문제는 교사가 가르치려고 하는 것과는 다를 수 있다. 아이들이 스스로 생각하고 골라서 걸러낸 질문과 내용이기 때문에 아이들은 그만큼 더 큰 관심을 갖게 된다.

풀이 방법 얼거리 짜기

　아이들이 교재 내용과 자신이 모르는 것을 간추린 다음에는 그것을 풀어가는 과정을 머릿속으로 그리고 방법을 짜야 한다. 방법의 얼거리를 짜고 해결의 실마리를 찾아가는 것이다.

　생각의 주제, 과정, 결론이란 큰 틀을 짜고 그 내용을 채워간다. 이때 모둠 활동보다는 학급 전체 아이들이 먼저 함께 진행하는 것이 좋다. 교사가 의견을 묻고 아이들이 답하면서 써넣는다. 교사의 진행과 역할이 매우 중요하다. 아이들이 각자 낸 의견에 대해 전체적으로 투표를 해서 의견에 따라 동의하는 수가 얼마나 되는지도 표시해둔다.

　이렇게 의견을 묻고 그것을 간추려가는 방법은 여러 의견을 모으거나 몇 가지로 정해야 하는 수업에 알맞다. 모둠 활동으로도 많이 하지만 처음에는 모두 함께하는 것이 좋겠다. 처음에는 여러 생각을 모으고 추려서 결정하는 방법이 익숙하지 않아, 내용보다 형식에 너무 치우칠 수 있기 때문이

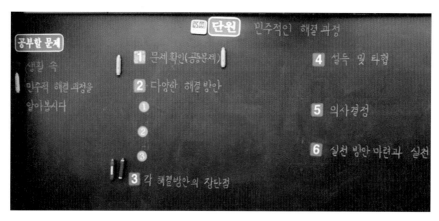

칠판을 통해 반 아이들이 함께 생각의 큰 틀을 짜고 공유할 수 있다.

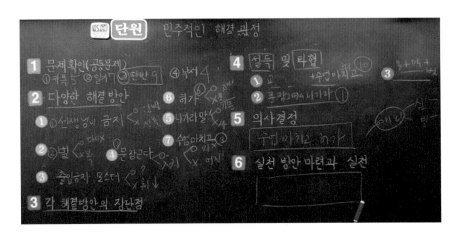

문제, 해결 방안, 결론과 실천이 칠판을 통해 한눈에 들어오게 된다.

다. 잘못 접근하면 내용보다 형식에 치우치는 학습이 된다. 두세 번 하고 나서 형식에 익숙해지는 기회를 갖고, 그다음에 모둠에서 하도록 한다.

　문제점, 의견 내기, 해결 방안, 결론과 실천으로 이어지는 과정이 의사 결정 과정과 비슷하다. 학급 회의나 학급 규칙을 정할 때도 이런 방식으로 진행된다. 사회 교과서에 소개된 형식이지만 다른 교과에도 활용할 수 있겠다. 아이들 생각을 이끌어내는 데 목적이 있다. 교사가 단계를 써놓고 아이들이 함께 풀어간다. 한 번으로는 안 된다. 학습 모형을 학습하는 것이 아니라 형식에 맞춰 다양하고 가치 있는 의견을 모아서 선별하는 데 의미를 두어야 한다. 단계별로 정해진 의견들은 칠판에 체계적으로 간추려진다. 한눈에 들어오게 된다. 아이들은 정리된 칠판을 보고 공책에 옮겨 쓴다. 이렇게 하면, 다시 되돌아보는 복습도 된다.

3. 아이들이 채워가는 여백

빈칸 채우기

중요 낱말이 들어갈 자리에 네모난 빈칸, 비어있는 밑줄, 빈 괄호를 만들어 칠판에 쓴다. 교과서를 읽고 문단을 나누는 것과 비슷하다. 처음에는 아이들이 헤매기 때문에 큰 줄기를 잡아준다. 아이들이 한두 달 정도 적응하면 중심 낱말을 찾는 속도가 빨라진다.

이런 수업을 할 때는 교과서나 책을 읽는 데 시간이 많이 걸린다는 것에 유념해야 한다. 사회 수업이 있는 날에는 아침에 책을 미리 읽어보고 중요한 낱말에 표시해두도록 하고 있다. 수업 시간에만 책을 읽고 간추리기 할 때는 그것만으로도 빠듯했다. 지금은 15분을 넘지 않도록 타이머로 정해두고 있지만, 여전히 시간이 부족하다. 그날 공부거리를 미리 챙겨볼 시간을 배정하는 것이 좋을 듯하다.

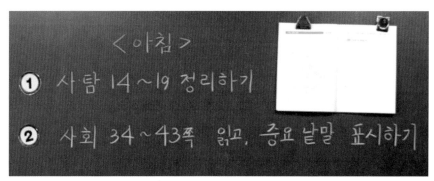

읽을거리가 많은 경우에는 아침 시간에 미리 주요 내용을 정리하고, 본수업에서는 아이들의 활동을 중심으로 풀어간다.

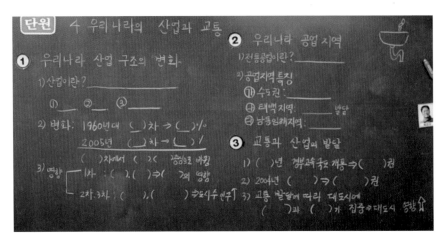

빈칸 채우기 문제로 아이들의 독해력을 가늠할 수 있다.

아이들이 공책에 쓴 것을 확인한 다음에 칠판 빈칸을 채울 아이들을 선정한다. 틀린 답안도 가끔 나온다. 차이점도 드러난다. 아이들이 모르거나 궁금해하는 부분이다. 문장의 의미를 파악하지 못하는 경우도 있다. 아이들 독해력을 가늠해 볼 수 있다. 이런 것들이 잘 드러나면 반갑고 고맙다. 아이들 상태를 파악할 수 있는 단서가 된다. 간지러운 곳을 긁어주듯 알고 싶은 곳을 찾아야 속이 시원해지고 가르침과 배움이 효과적으로 일어난다. 판서된 칠판을 촬영해서 학급 누리집에 올려 둔다. 마지막으로 공책에 정리하면서 기록과 함께 복습도 된다.

한 문장으로 요약하기

괄호 채우기가 정답이 있는 '객관식 문제'라면, 한 문장으로 쓰기는 의견

발표자를 정해서 칠판에 쓰기 전에 꼭 미리 아이들 각자 자신의 공책에 문제 풀이나 답안을 써 놓도록 확인한다.

과 생각을 내는 '주관식 문제'다. 국어 '읽기' 시간에는 자기 생각을 한 문장으로 말해서 써야 할 때가 자주 있다. 똑같이 읽었어도 서로 다른 생각과 느낌이 든다. 또한 책에 담긴, 글쓴이의 생각과 느낌을 찾는 것인지, 책을 읽고 자기 생각과 느낌을 말해야 하는지를 헷갈릴 수 있다.

교과서 지문 다음에는 다음과 같은 네 가지 과제가 차례로 제시되는 경우가 많다.

(1) 읽고 나서 생각하는 것을 공책에 쓰기
(2) 다시 읽고 인상 깊은 것을 공책에 쓰기
(3) 교과서 ○○쪽 문제의 답안을 공책에 쓰기
(4) 교과서 ○○쪽 문제의 답안을 교과서에 쓰기

공책에 자기 생각을 먼저 쓴다. 개인별 생각을 모둠 아이들끼리 공유해

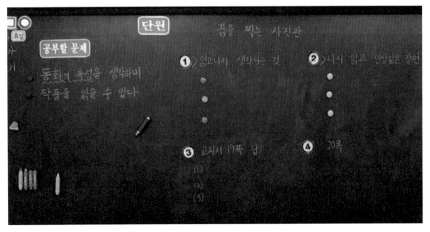

그날 공부할 문제와 전체 얼거리를 미리 칠판에 짜두면, 시간 흐름에 따라 수업이 어떤 방법과 차례에 따라 풀릴 것인지 예상할 수 있다.

문제마다 발표자가 지정되면, 발표자를 칠판에 표시하는 얼굴 사진 자석 카드를 붙인다.

서 한 가지 의견으로 정리해서 칠판에 쓴다. 어떤 생각이 있었는지 여러 친구들의 생각을 볼 수 있다. 다른 사람의 여러 의견을 모아 한 문장으로 쓰는 것이 쉬운 듯하면서도 쉽지 않다.

아이들은 읽고 나서 생각나는 것, 다시 읽고 인상 깊은 장면을 각자의 생각에 따라서 다양하게 표현할 수 있다. 다른 아이들은 발표한 아이들의 의견을 자기 것과 견주어보고 다른 점을 기록한다. 자신의 생각과 다른 생각은 기록해 둘 가치가 있다.

교과서에 제시된 문제에 대한 답은 교과서 본문에 어느 정도 담겨 있다. 칠판에 적힌 의견 가운데 정확한 문장이 없다면 본문을 읽어보고 의미를 찾아서 말을 만들어야 한다. 의미가 주제에 맞도록 한 문장으로 간추린다. 자기 생각이든 글쓴이 생각이든 한 문장으로 정리한 것에 대해 평가를 해보는 것도 재미있는 일이다. 아이들에게 자기 생각과 같다고 여기는 문장에

다른 아이들이 칠판에 쓴 문장을 보고 자신의 문장과 비교한다. 자신의 생각과 다른 생각은 기록해 둘
가치가 있다.

손을 들게 하면, 아이들 대부분 손을 든다. 그러나 가끔 전혀 엉뚱한 생각이
답안으로 나오기도 한다. 이런 생각이 나타나야 교사나 아이들 모두 자극
을 받고 고민하게 된다. 틀리면 틀린 대로 맞으면 맞은 대로 '까닭'을 밝혀
나가는 노력이 훨씬 더 중요하고 학습의 재미를 북돋게 한다.

특징을 찾아 쓰기

책 읽고 간추리기는 책을 찾아보면 나오지만, 자신의 경험을 이야기하는
것은 자기 생각이 필요해서 시간이 걸린다. 생각나지 않더라도 몇몇 아이
가 먼저 말을 꺼내면 마중물 효과처럼 아이들 사이에서 뒤따라 생각이 솟기
도 한다.

'무슨 특징을 써보세요.'라는 문제가 가끔 있다. 이럴 때는 경험을 되돌아보더라도 찾기가 어렵다. 막막하다. 교과서에 정리가 되어 있어서 그대로 보고 쓸 수도 있지만, 그렇게 되면 안 된다. 생각을 해보려는 의지나 습관이 사라지게 되기 때문이다. 의미를 찾기 위해 집중할 수 있는 기회를 잃어버린다. 그렇다고 책을 보지 않고 그냥 찾아보라고만 던져주는 것도 도움이 되지 않는다.

그래서 아이들에게 간단한 도움말을 칠판에 써주고 자기 모둠끼리 의논할 시간을 준다. 이때 아이들은 책을 보지 않도록 한다. 아이들이 책을 보면 답을 쉽게 유추할 수 있기 때문에 생각의 우물이 막혀 버린다. 시간이 걸리더라도 현재 자기 능력껏 노력해보는 것이 중요하다. 아이들은 정확히 맞추지 못 해도 비슷한 의미의 특징이 드러나는 말을 찾을 수 있다.

아이들은 자신의 생각을 말하지만 정확히 특징을 맞히지 못할 수 있다. 그래서 아이들이 혼란스러워하는 낱말과 개념을 살필 수 있는 좋은 기회를 교사가 얻는다. 맞든 틀리든 아이들 생각 수준 또는 습관을 진단하는 단서가 된다. 아이들 학습의 발전은 늘 이러한 순간을 찾는 것부터 시작된다.

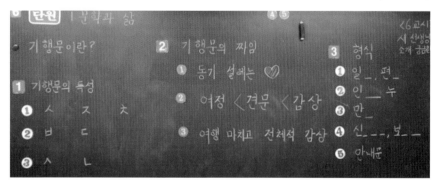

아이들이 문제 풀이에 힘들어하면, 단어의 첫 글자 초성, 첫 글자 같은 도움말을 줄 수 있다.

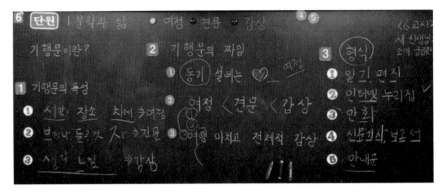

아이들이 문제를 풀고, 교사가 조금씩 단서를 이야기해주면 '특성', '형식' 같은 주요 개념이 반복 학습된다.

이러한 학습 활동에는 낱말의 첫 글자 자음만 보고 완성해서 쓰기, 중요 낱말 빈칸 채우기, 그림 그리기 등이 있다. 아이들 이야기, 반응을 들어가면서 진행한다. 아이들이 문제 풀기가 힘들면 단서를 주는 자음 수나 도움말을 늘려간다. 열두 고개 말놀이와 비슷하게 찾아간다. 아이들은 특성, 형식을 찾으려 애쓰면서 특징의 의미를 자꾸 되새기게 된다. '특징'이라는 말도 몇 번을 반복한다.

선수학습이 잘되어 있어서 답을 쉽게 찾는 아이는 모둠 의논 중에 답을 말하지 않는 학습 규칙도 필요하다. 다른 사람들이 생각할 기회를 빼앗으면 안 된다. 찾아가는 과정이 소중하기 때문이다.

이런 공부를 하고나서 바로 신문이나 잡지 기사를 활용해 본다. 특징이 드러난 부분을 찾아본다. 교과서 글을 암기 지식으로 여겨서 학습동기와 효과가 떨어지기 쉽다. 그래서 갖가지 주제에 맞는 본보기 글이 상황에 따라 필요하다. 교사용 지도서에서도 다양한 본보기 글을 담고 있다. 복사해서 방금 배운 형식을 확인하고 적용해보게 한다.

개념을 그림으로 나타내기

낱말이나 문장보다 때로는 그림이 더 효과가 있을 때가 있다. 시간이 걸리더라도 모양이나 상황에 어울리는 그림을 그리고, 색칠하면서 평소 자주 쓰지 않는 낱말을 기억한다.

이것은 주로 실과나 과학 시간에 많이 활용된다. 직접 교과서 그림을 중심으로 그린다. 칠판에는 간단히 그려 놓고 알맞은 용어나 낱말을 쓰게 하지만, 아이들 공책에는 더 세밀하게 색을 넣어서 그린다. 그림을 간단하게 특징을 잡아 그리는 법도 익혀 간다.

평소 자주 쓰지 않는 낱말은 개념을 이해하는 데 시간이 걸린다. 그래서 이미지화하여 그려보는 것이 좋다. 움직임이 많은 실과, 미술, 체육, 음악 시간에는 학습 활동 뒤에도 계속 기억하고 있으면 좋을 정보가 많이 있다. 공책을 과목별로 따로 만들 필요까지는 없어도 예체능 공책 한 권은 따로 준비해서 수업 시간에 마무리 학습 활동으로 쓰기를 권장한다. 예를 들면, 미술 수업에서는 작품 제작에 들어가기에 앞서 구상 단계나 전체 과정, 주의할 점, 고려할 점 등을 공책에 미리 정리해 놓는다. 완성된 작품은 사진으로 촬영해 두고, 교실 뒤쪽 게시판에 전시한다. 아이들은 작품을 한눈에 다 볼 수 있어서 자기 작품과 친구 작품을 비교 감상해보고 자기가 표현하지 못한 방법이나 특징을 살펴서 비교 기록할 수 있다. 아이들이 이러한 점들을 기록해두면, 다음에 작품을 만들 때 더 폭넓고 깊은 참고 자료로 쓰인다.

아이들이 그리는 것에 익숙해지면 수업에 쓰이는 개념이나 용어를 간단한 이미지와 아이콘으로 나타낼 수 있을 정도로 발전시킨다. 이때 특징적인 부분을 강조해서 간단하고 빠르게 그릴 수 있게 한다. 마인드맵을 만들

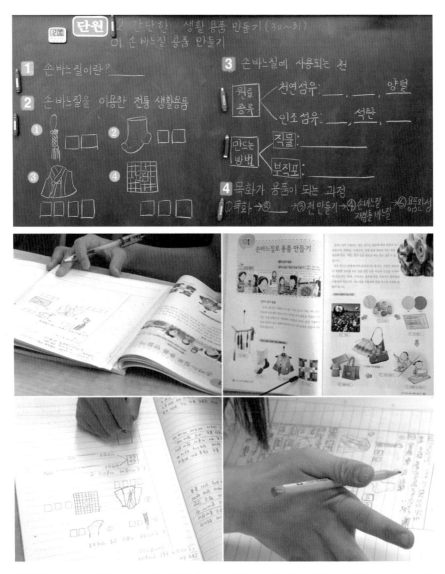

생소한 낱말이나 개념이 나오면, 시간이 걸리더라도 상황에 어울리는 그림이나 상징을 그려서 기억을
생생히 남기도록 해야 한다.

간단한 그림은 마인드맵을 활용할 때도 자주 쓰인다. 중요한 낱말을 그림으로 표현하면서 상상력도 높여간다.

때도 이런 이미지가 많이 필요하다. 이렇게 다양한 이미지와 색으로 칠판과 공책에 기록하면서 아이들의 만족감도 높아지게 된다.

4. 서로 생각을 모아가는 아이들 칠판 쓰기

모둠 의견 모으기

학급 수업에서 가장 많은 활동이 모둠 활동이다. 모둠에서 의논한 결과를 발표할 때 여러 의견을 한꺼번에 볼 수 있게 협동학습의 다양한 구조가 쓰인다. 우리 반에서는 주로 칠판 영역을 모둠별로 나눠서 모둠 의견을 쓰거나 모둠별 칠판(주로 화이트보드를 사용한다)에 모둠 의견을 쓰도록 한다. 학급 전체 아이들의 생각을 모두 모아서 공통점을 찾고 차이점을 견주어볼 수 있다.

칠판에 모둠 수만큼 줄을 긋고 번호표를 붙여 둔다. 여러 색깔의 색분필도 준비한다. 모둠에서 한 가지 의견을 모으는 과정이 필요하다. 활동 과제에 알맞은 의견을 개인별로 먼저 내고 모둠에서 간단하게 발표한다. 그 가운데 좋은 의견을 뽑거나 한두 문장으로 다시 새로 문장으로 만들기도 한다. 무임승차와 같이 자기 의견 없이 묻어가는 아이와 한 사람만 대표자처럼 자주 발표하는 경우가 되지 않도록 골고루 기회를 갖도록 한다.

아이들 의견을 보면, 한 가지 문제에 대한 다양한 생각이 묻어나온다. 서로 비교해서 차이점을 드러낸다. 왜 이런 차이점이 나타나는지 고민해보고 아이들에게 물어본다. 차이점을 함께 이야기해 나가는 것도 재미가 있다. 어떤 때는 질문 의도에서 벗어나는 대답도 나온다.

모둠 칠판에 의견을 써서 칠판에 바로 붙이기도 한다. 이것은 칠판 영역을 모둠별로 나눠서 의견을 쓸 때와 비슷하다. 이렇게 사용하는 모둠별 칠

교실 칠판 전체를 나누거나 모둠 칠판을 활용하여 반 아이들 모두 빠짐없이 참여하여 의견을
모아간다.

판은 학급 교실 칠판에 붙일 수 있는 아크릴판이나 자석판으로 만들어진 화이트보드인데 시중에서 쉽게 구입할 수 있다. 화이트보드 형태의 모둠용 칠판을 사용하면, 아이들이 모둠에서 오랫동안 의논하면서 서로 지우고 고쳐가면서 생각할 시간을 오래 가질 수 있다.

칠판 영역을 나눠서 쓰는 것과 모둠용 칠판에 모둠 의견을 써서 게시하는 것은 모둠별 논의 과정을 거쳐서 아이들 생각을 모아내는 방법이다. 일회성으로 끝나지 않도록 사진을 찍어서 정리된 내용을 기록해서 누리집에 모아둔다. 교실 한 쪽에 전시해두었다가 토론 질문지를 만들거나 각종 보고서, 계획서를 짤 때도 수시로 고쳐간다. 계획을 세우고 고치는 과정을 다른 모둠과 함께 보면서 완성해간다. 본받을 점, 새로운 점 등을 따라 해보기도 한다. 여기서 주의할 것은 모둠 의견 모으기를 어떤 방식으로 하든 개인 의견을 내는 것이 먼저라는 것이다. 그리고 칠판에 쓰거나 붙였다고 끝나는 것이 아니다. 공책에 개인 기록도 함께 쌓아 가야 한다.

차근차근 한 사람씩

개인이나 모둠에서 답이나 결론을 내어서 칠판에 쓴다. 그런데 수학 시간에는 다른 방향이 필요하다. 결과보다는 과정이 드러나도록 상황을 만들 필요가 있다. 정답을 찾기 위해 정해진 풀이 방법을 따라 하는 것으로는 학습에 대한 흥미와 지적 호기심이 오래가지 못한다. 무엇을 모르는지를 알아야 그 부분에 대해서 집중 토론과 보충 설명이 이어진다. 그래서 수학 시간에 풀이 과정을 어떻게 공유할까 하는 문제에 깊은 연구를 하게 된다.

수학 수업에서는 문제를 해결하는 과정이 칠판, 공책, 모둠 활동을 통해 드러나도록 준비해야 한다.

아이마다 문제 푸는 속도나 능력, 방법의 차이가 난다. 가지런히 쓰는 아이, 낙서하듯이 끄적거리는 아이, 계산만 하고 과정은 생략해버린 아이와 같이 여러 모습이 보인다. 공식에 끼워 맞추는 아이도 많다. 아이들 학습 습관과 방법에 따라 푸는 방식도 다양하다. 교사는 이런 다양함을 아이들을 관찰해서 확인할 수 있지만 아이들끼리는 쉽게 알 수 없다. 아이들이 서로 공유할 수 있는 방식이 없을까? 새로운 풀이방법이 나오면 아이들은 왜 그렇게 되느냐고 묻는다. 이런 질문이 나왔을 때 한 과정씩 드러나도록 한 사람이 한 줄, 한 과정씩 쓰도록 해보았다.

원기둥의 전개도를 보고 넓이를 구하는 시간이었다. 혼자 풀 수도 있지만 이런 문제를 단계별로 한 줄씩 한 사람씩 나와서 칠판에 풀게 했다. 먼저 전개도에서 밑면의 지름, 옆면의 가로와 세로의 길이를 각각 구하게 한다. 다음으로 밑면의 넓이, 옆면의 넓이를 한 사람씩 차례로 나와 이어지게 해서 풀게 한다. 결국 한 문제를 아이들 다섯 명 정도가 나와서 푼다.

한 과정마다 점검이 되고 틀리면 맞을 때까지 다른 아이들을 시킨다. 앉아 있는 아이들도 그 과정을 지켜보게 한다. 혹시 다음 차례가 될지 모르기 때문에 잘 지켜보아야 한다. 이런 상황에 집중도가 높다. 다 풀고 나면 그때 공책에 다시 스스로 풀게 한다. 같은 문제를 두 번 푸는 셈이다.

계산 과정에서 약분하는 데 시간이 오래 걸리는 모습도 종종 본다. 약분 방법을 알지만, 어느 시점에서 약분해야 하는지 감을 잡지 못하기도 한다. 모두 계산하고 약분하느냐, 약분하고 계산하느냐에 따라 속도 차이도 난다.

단계별로 한 사람씩 한 가지씩 풀어보면 어느 부분에서 혼란, 늦음, 개념 오해, 비효율적 계산이 나오는지 알 수 있다. 사이사이 약분하면서 빨리 푸는 방법도 일러 준다. 쉽게 빠르게 약분하는 원리를 설명하면 마술의 비밀을 한 가지 안 듯이 신기해한다. 수학의 재미는 이런 비밀을 하나씩 알아가는 맛에 있기도 하다.

도형 문제뿐 아니라 긴 문장을 읽고 문제에서 요구하는 '무엇'에 밑줄을 긋거나 먼저 해결할 문제, 필요한 정보와 필요하지 않는 정보를 한 사람씩 나와서 표시하거나 쓰게 한다. 그러다 보면 많은 아이들이 자주 막히는 부분을 찾게 된다. 수학은 자기가 안다는 것을 드러내기보다는 모르는 부분, 막히는 부분을 찾아 서로 보충하거나 설명해주는 '분위기'가 중요하다. 알아가는 재미가 배움의 즐거움이 된다.

개인별 의견 모으기

요즘은 학급에서 개인별 활동보다 모둠별 활동이 잦다. 하지만 여전히 개인 발표도 많다. 특히 아이들이 각자 자기 경험을 발표해야 하는 수업에서는 몇몇 아이를 먼저 시켜서 마중물 효과를 본다.

먼저 문제 풀이 방법이 생각난 아이들에게 칠판 문제를 풀게 하면, 마중물 효과를 볼 수 있다.

아이들에게 똑같이 시간을 주어도 생각이 한꺼번에 일어나지 않는다. 어느 정도 시간을 준 다음 먼저 생각난 아이들을 먼저 시켜서 쓰게 하면 나머지 아이들도 그때부터 생각의 물꼬를 튼다. 칠판에 쓴 기록들이 여러 사람에게 생각이 일어나도록 하는 불씨가 되기도 한다. 개인별로 한꺼번에 쓰기도 하고, 차례대로 나와서 쓰기도 한다.

몇 명 의견이 모이면 아이들 각자 자신의 발표 자료와 비교해본다.

"이 여섯 가지 가운데 자기가 주로 쓰는 방법에 손을 들어보세요."

손을 들어서 부담 없이 참여시킨다.

"이 의견에 동의하는 사람, 손을 들어보세요."

의견에 손든 수를 세고 몇 명이나 되는지 아이들에게 묻는다.

경험 의견은 주제에 크게 어긋나지 않지만, 한 번씩 주제와 상관없는 의견이 나오기도 한다. 그런 부분이 나오면 아이들에게 되묻는다.

"여기 의견 중에 조금 주제와 좀 어색하거나 잘 맞지 않는 게 있는 것 같은데 뭘까?"

이렇게 던져 놓고 기다리면 웅성거리며 찾는다. 모둠 토의거리로 붙여도 된다. 어떤 때는 주제에 맞는 의견이 다 나와도 일부러 틀린 의견이 있다고 하면서 혼란을 준다. 더 깊은 고민과 생각에 빠지게 하기 위해서다. 한 시간 수업에 적어도 몇 분 정도는 깊이 고민에 빠졌으면 좋겠다. 보고 듣고 그대로 옮겨 쓰기보다는 단 몇 분이라도 생각에 몰입하는 것이 학습동기를 자극한다. 생각하는 방법도 수업 시간에 배우게 되는 것이다.

"책을 덮으세요."

"오늘은 교과서 그림을 준비했습니다. 책은 보지 않고 그림만 보고, 동물

아이들이 각자 자신의 생각을 솔직히 쓰기 위해서 칠판에 그림을 붙여두고 자신의 언어로 답안을 쓰게 한다.

이 우리 인간에게 주는 도움을 찾아봅시다. 모둠별로 의논해서 칠판에 써 주세요."

실과 수업 시간이었다. 교과서를 펼치면 동물들이 인간에게 주는 도움이 그림과 함께 잘 정리되어 있다. 교과서만 보고 그대로 옮겨 쓰면 쉽게 정리된다. 너무 간편해서 오히려 생각할 필요가 없다. 교과서 그림만 스캔해서 인쇄한 다음 칠판에 붙여 두었다. 그림만 보고 동물이 우리 인간에게 주는 도움을 찾는다.

아이들 입말로 그림이 뜻하는 의미의 말을 찾아야 한다. 네 가지 그림 가운데 책에 쓰인 '경제적 이익'이란 말이 쉽지 않다. 잘 나오지 않는다. 아이들 처지에서는 평소 쓰지 않는 말이라서 찾기 쉽지 않다. 책을 보았다면 외워서 말했을 것이다. 자기 말, 입말로 풀어가며 의미를 찾아야 한다. 그림이 뜻하는 의미를 모둠에서 머리를 맞대어 찾는다. 개인별 생각을 먼저하고 다음 모둠에서 한 가지 대표 의견으로 정리한다.

똑같은 그림을 보고도 서로 다른 말이 나온다. 친구들 의견과 말을 들을 수 있다. 어떤 낱말로 표현하는 것이 더 합리적인지 정한다. 마지막으로 교과서에서 나오는 말을 보고 맞춰 본다. 이것은 어떤 현상을 대한 대표하는 낱말들을 찾는 과정이기도 하다. 책을 보지 않음으로써 오히려 생각의 기회를 얻은 셈이다.

제목과 소제목을 관점에 따라 정하기

교과서에 그려진 여러 가지 표나 양식이 때로는 아이들 생각을 막기도 한다. 개인별로 쓰고 답하고 나서 그것이 올바른 답인지 확인해 봐야 한다. 한 사람씩 나와 검사받는 방법은 시간도 많이 걸리고 효율적이지 못하다. 그

동일한 기사 내용으로도 관점에 따라 제목, 소제목이 달라진다. 아이들은 마지막까지 관점에 맞는 말과 안 맞는 말을 가려낸다.

래서 그 대신에 교과서를 확대해 놓은 것처럼 칠판에 짜놓고 함께 맞춰가 본다.

국어 수업시간, 기사 두 편을 읽고 답하는 문제가 표 형식으로 나왔다. 기 사 내용을 읽고 두 신문기사에 붙일 제목과 소제목을 고른다. 제목과 소제 목은 인쇄해서 칠판에 붙였다. 한 사람씩 나와 어떤 신문기사에 어울리는 제목인지 찾아 옮긴다. 이때 개인별로 공책에 쓰지 않도록 한다. 함께 생각 할 시간에는 칠판만 보고 모둠끼리 의논만 하도록 한다. 나중에 다 정리가 되면 공책에 옮겨 쓸 시간을 준다. 그때 쓰면 다시 전체를 훑어보게 되어서 복습 효과가 있다.

제목과 소제목을 정한 다음에는 두 신문사의 관점에 어울리는 낱말을 찾 는다. 한 사람씩 한 낱말을 쓰도록 여러 아이를 시킨다. 맞은 것도, 틀린 것 도 보인다. 더 나올 낱말이 없으면 함께 검증한다. 한 낱말씩 관점에 맞는지 아이들이 손들어 정하기도 하지만, 아이들 한 명씩 나와서 맞는지 틀린지 동그라미 표시를 하게 한다. 이때 앉아있는 다른 아이들이 그것을 또한 제 대로 검증하고 있는지 잘 살펴보아야 한다. '아직 정확한 답이 정해지지 않 았다. 언제든지 바뀔 수 있다.'는 생각으로 관점에 맞는 말과 안 맞는 말이 무엇인지 고민을 되풀이한다. 마지막에 교사가 잘못된 부분을 짚어주면서 아이들에게 정확한 정보와 개념을 알려준다. 결국, 긍정적인 관점과 부정 적인 관점이란 용어로 정리가 되고 결론이 난다.

이런 과정을 책으로만 혼자 풀면 맞는지 안 맞는지 검증이 잘 안 된다. 교 사가 일일이 답 매기듯 점검해주면 시간도 많이 걸린다. 무엇보다 왜 맞지 않는지에 대한 생각과 이야기를 나눌 수 없다. 아이들은 각자 다른 사람들 의 생각을 공유하지 못하고 검증 못한 채 자기만의 생각을 펼쳐놓은 외로운 학습자가 되기도 한다. 여러 의견을 보고 정확히 검증하는 과정이 필요하다. 이렇게 교과서 표를 확대해서 칠판에 같이 먼저 풀어 정리를 하면 공책에 옮겨 쓴다. 교과서에도 쓸 수 있지만 우리 반은 공책에 쓴다. 교과서 답안은 그대로 비워 두고서 교과서는 문제집, 공책은 답안지로 삼아 복습할 수 있다.

5. 생각을 연결하는 마인드맵 칠판 활용

고급 사고를 위한 마인드맵

마인드맵은 내용 간추리기, 생각 펼치기, 생각 모으기 방식으로 많이 쓰인다. 때로는 마인드맵을 최종 결과물처럼 여기기도 한다. 연구시범학교에서 실적 자료로 아이들 마인드맵 결과물을 내놓은 경우를 가끔 본다. 이런 경우 마인드맵을 만들고 난 뒤 활동이 중요한데 그것을 잘 알 수 없다.

아이들이 만들어 활용하는 마인드맵을 보면 생각만큼 마인드맵에 대한 이해와 적용, 활용이 원활하지 않다. 과제 형식으로 시켜서 따라 한 정도의 경험이 전부일 것이다. 스스로 마인드맵 필기가 필요해서 생각한 것을 짜보고 글을 정리해 보는 경우는 드물다. 자주 하지 못하고 특정 시간, 특정 결과물을 만들 목적으로 하다 보니 그림 작품 같은 느낌을 받는다.

책을 읽고 마인드맵을 그리는 것은 고급 사고에 속한다. 그러나 아직은 뚜렷하게 분류하기 쉬운 정보가 담긴 글을 대상으로 마인드맵이 주로 활용되고 있다. 대회용 글쓰기, 미술 작품 구상, 주제별 조사 학습과 같은 주제의 아이디어를 낼 때도 유용하게 쓰이지만 이때 마인드맵을 활용해야겠다는 생각이 잘 떠오르지 않는다. 실천으로 이어지는 모습을 보기 어렵다. 평소 습관이 되어야 한다.

핵심 낱말을 통한 분석과 분류

마인드맵은 비교적 배우기 쉽다. 학기 초에 아이들에게 가르쳐 보면 곧잘 따라 한다. 어디서 한 번씩은 해본 경험이 있다. 주로 생각한 것을 펼치는 방법으로 써왔다. 책을 읽고 마인드맵을 그리는 과제를 수행하기 위해서는 중요 낱말을 찾아 분석하고 분류해야만 한다.

새로운 정보를 생각해내는 것과 있는 정보를 찾아 다시 배열하는 것에는 차이점이 있다. 내가 가고 싶은 여행지를 나타내는 것은 자기 생각을 드러내는 마인드맵 형식이다. 사회 교과서를 보고 청동기시대 생활에 대한 마인드맵을 그리는 것은 교과서 지식 정보를 정리하는 마인드맵 형식이다. 알아보기 쉽게 주로 사용하던 도구의 종류나 시대별로 묶어 정리한다.

마인드맵을 그려서 생각을 펼치거나 기존 지식을 정리한다.

그다음에 묶음별 대표 낱말을 찾거나 만들어야 한다. 그래서 교과서 정리 마인드맵을 그리기 위해서는 책을 제대로 의미 있게 읽어야 한다. 대표할

마인드맵에는 자신의 생각이나 경험을 펼쳐내는 것과 교과서나 책 속에 있는 기존 정보를 다시 배열하는,
크게 두 가지 유형이 있다.

수 있는 낱말(중심 낱말) 찾기부터 막힐 수 있다. 글을 읽고 간추리는 힘이 고급 사고의 바탕인 것이다. 한 번으로 끝날 일이 아니다. 자주 해보면서 익혀가야 한다.

지시나 과제에 따른 경험을 넘어 아이들이 글을 읽고 마인드맵을 그릴 것인지 여부를 스스로 결정할 수 있는 경험을 늘려야 한다. 생각 펼치기와 모으기 두 형태가 익숙해지는 데 한두 달이 걸린다. 늘 마인드맵으로 공책 쓰기를 할 수는 없다. 마인드맵은 생각을 펼치는 데 더 효과적인 교재 본문이나 학습 상황이 있을 때 유용하다. 그런 내용을 가지고 교사가 먼저 찾아서 마인드맵을 칠판에 그려서 본보기를 보여주고 아이들이 적응할 수 있도록 한다.

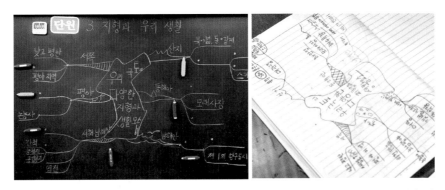

처음 한두 달은 교사가 직접 칠판에 마인드맵을 그려서 기본적인 마인드맵 형식을 아이들이 익힐 수 있도록 한다.

국어 수업에 여러 가지 악기를 분류하는 시간이 있었다. 분류 기준은 소리를 내는 방법, 그 악기를 사용하는 나라였다. 소리 내는 방법으로는 현악기, 타악기, 관악기로, 사용하는 나라를 기준으로 할 때는 우리나라와 다른

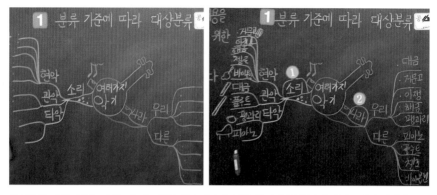

아이들이 마인드맵을 그리는데 어느 정도 익숙해지면, 중심 주제와 큰 줄기만 아이들에게 제시하고 빈 가지를 아이들이 채워갈 수 있도록 준비한다.

나라로 나눌 수 있기 때문에 마인드맵으로 만들기에 제격이다. 악기 분류를 하고 나면 여러 가지 동물 분류로 이어진다. 악기는 본보기로 함께 만들고, 동물 분류는 아이들이 직접 해보도록 했다.

여러 가지 동물 분류에서는 큰 가지만 뻗게 하고 중심 낱말을 비워두었다. 기준을 스스로 찾게 했다. 첫 단계 줄기는 분류 기준이고, 두 번째 단계는 그에 따른 항목이 된다. 좀 더 자세하게 가지를 만들어야 한다. 가지를 채우는 것은 모둠에서 개인별로 하나씩 맡도록 분담시켰다. 분류 기준을 정하고 세부 항목을 짠다. 두 가지 분류를 해보고 나서 이제 개인별 소개 자료를 정해서 짜본다.

중심, 줄기, 가지 그리기

사회 교과에서는 마인드맵을 자주 사용한다. 사회 교과서 본문 내용은 문

강수의 특징

우리나라는 세계 여러 나라들과 비교해 볼 때, 강수량이 많은 편에 속한다.

우리나라의 강수량은 계절에 따라 차이가 크다. 우리나라는 장마와 태풍의 영향으로 연평균 강수량의 약 70%가 여름에 집중된다.

강수량은 지역에 따라서도 차이가 크다. 북쪽에서 남쪽으로 올수록 강수량이 많아진다. 또 남해안과 동해안 지역이 내륙 지역에 비해 강수량이 많다.

강수량은 사람들의 생활에 많은 영향을 미쳐 왔다. 옛날 사람들은 여름철 집중 호우로 침수 피해가 잦은 저지대에 터를 돋우어서 지은 집인 '터돋움집'에서 살았다. 눈이 내리는 울릉도에서는 사람들이 '우데기'라는 독특한 갖춘 집에서 살았다. 그리고 눈 위에서 물건을 운반할 썰매 모양의 '발구'를 이용하기도 하였다. 서해안에는 바람으로 바닷물의 수분을 증발 시켜서 소금을 만드는 이 많았다. 그 이유는 염전을 만들기에 좋은 갯벌이 였고, 강수량이 적어 일조량이 많았기 때문이다.

오늘날에는 자연의 제약을 극복하고 자연을 적극적 이용 하고 있다. 눈이 많이 오는 산간 지역에서 스키장 만들거나 눈 축제, 얼음 조각전 등을 개최하는 것이 그 예이다.

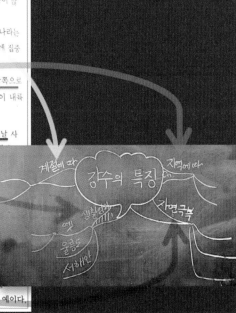

우리나라의 자연재해

우리나라에서 기후와 관련하여 자주 발생하는 자연재해에는 태풍, 호우, 가뭄, 폭설, 황사 등이 있다. 태풍은 주로 여름철에서 이른 가을 사이에 발생하며, 많은 비와 강한 바람으로 인해 사람들에게 큰 피해를 입힌다. 강수량이 집중되는 여름철에는 주로 호우가 발생하며, 비가 적게 내리는 봄철과 가을철에 가뭄이 발생하기도 한다. 겨울철의 폭설은 교통을 마비시키고, 눈사태를 일으키며, 비닐하우스를 주저 앉게 하여 농작물에 피해를 입힌다. 봄철에는 대륙에서 불어오는 황사가 사람들의 생활과 산업에 피해를 주기도 한다.

옛날 우리 조상들은 자연재해를 극복하기 위해서 여러 가지 노력을 하였다. 측우기를 만들어 강수량을 측정하였고, 저수지와 보 등의 수리 시설을 이용해 홍수와 가뭄에 대비하였다.

오늘날 자연재해를 극복하기 위한 사람들의 노력과 시설은 다음과 같다.

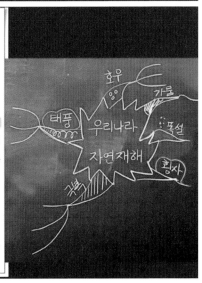

실물화상기에 교과서를 올려 놓고 중요 낱말을 표시한 다음 칠판에 어떻게 마인드맵을 그리는지 보여준다.

단별로 정보가 잘 나뉘어 있고 거기에 핵심 낱말이 잘 들어가 있다. 마인드 맵을 그리는 방법을 알려준다고 해서 아이들이 처음부터 바로 교과서만 보고 적용하기 쉽지 않다.

먼저 글을 읽고 마인드맵을 그리는 과정을 세심하게 알려준다. 그다음에 교과서를 실물화상기에 올려놓고, 주요 낱말을 찾아 표시한다. 가운데 중심 이미지를 그리고 거기서 몇 개의 기본 줄기를 만든다. 주요 줄기와 거기서 갈라져 나온 가지에 들어갈 낱말을 형광색과 밑줄로 표시한 주요 낱말에서 골라야 하는데, 여기부터 막히는 아이들도 있다. 곧잘 하는 아이들도 있지만, 어떤 것이 중요 낱말인지 감을 잡지 못하는 아이도 있다. 중요 낱말 찾기, 간추리기가 마인드맵 그리기에서 기초·기본 작업인 것이다.

초기에는 교사가 직접 칠판에 자주 그리면서 몇몇 잔가지 한두 개씩 낱말을 비워둔다. 아이들이 거기에 주요 낱말을 찾아 쓴다. 아무리 마인드맵 사용법을 잘 설명해도 아이들에게 익숙해지는 데 시간이 필요하다. 처음부터 다 맡기면 제대로 완성하는 아이가 드물다. 조금씩 아이들이 할 기회를 한두 개씩 늘려 간다. 모두 익숙해지기까지 많은 본보기가 필요하다.

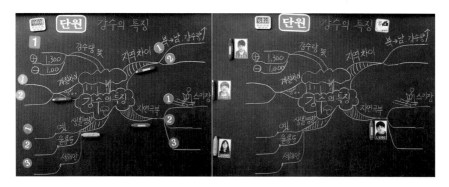

단계별로 빈 가지 수를 조금씩 늘려간다.

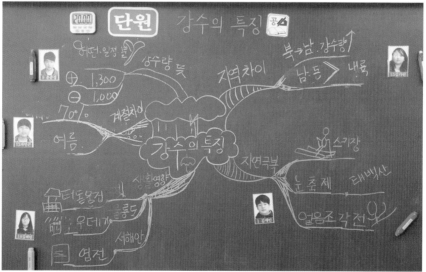

간혹 중요 낱말이 아니라 문장을 쓰는 경우도 있지만, 낱말이나 이미지를 통해 의미를 표현하도록 형식
도 함께 익혀나간다.

가지마다 색깔로 의미를 구분한다. 여러 색깔의 분필이 필요하다. 아이들이 나와서 색깔별로 중요 낱말을 쓴다. 글을 읽고, 중요 낱말 찾기, 색깔별 자리, 대표 이미지를 생각하면서 공책에도 그대로 따라 쓴다. 먼저 공책에 쓰고 칠판에는 정리되면 나와서 쓴다. 다른 의견을 보며 비교해보고 서로 맞지 않는 부분은 고쳐나간다.

조금씩 비워 두는 자리를 늘려 간다. 한 달 정도는 중심에서 뻗어나온 첫 단계의 줄기를 잡아준다. 두 번째 단계의 가지는 아이들이 채워간다. 첫 단계 줄기는 일종의 문단 역할이다. 책을 읽어가며 줄기를 완성한다. 칠판이 정리되면 마인드맵을 고치거나 공책 정리를 한다. 이렇게 하면 책을 여러 번 읽는 효과가 난다.

마인드맵에 금방 적응하는 아이도 있지만 느린 아이도 있기 마련이다. 중요한 낱말이 무엇인지 감을 잡지 못하고 독해력이 낮은 아이가 있다. 그래서 다시 쉬운 단계부터 차근차근 단계를 밟아야 한다. 이미 안다고 해도 다져가면서 습관을 만드는 것이 중요하다.

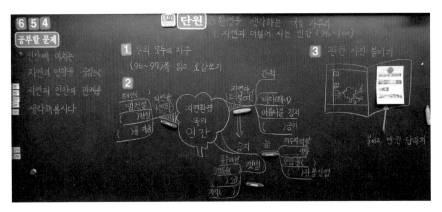

다시 쉬운 단계부터 차근차근 반복한다.

아이들이 채운 내용 가운데 틀린 것은 지우지 않고 X 표시만 해둔다. 왜 틀렸는지, 오해하는 부분도 함께 알아야 한다.

기본 줄기를 만들고 거기서 갈라져 나오는 가지에 빈칸 몇 개를 만들어 둔다. 문단별로 중요 낱말 찾기를 할 때 이런 방법을 많이 쓴다. 문단별로 중요한 정보가 줄기마다 담겼다. 교과서 내용이라서 정답이 확실히 있는 셈이다. 교과서 표나 그림 자료에도 중요한 정보가 있다. 중요 낱말이 되기도 한다. 자기 생각과 경험을 쓸 때와 정보 지식을 찾을 때를 구분하지 못해 한 번씩 혼란을 겪는 아이도 있다. 집중력과 학습 주제와 문제 해석, 의미 파악이 늦어서 그렇다. 친구 것이나 칠판에 정리된 것만 베끼는 버릇 때문일 수도 있지만, 포기하지 않고 끝까지 참여하도록 격려하고 기다려준다.

마인드맵 줄기 칸을 채운 다음에 가지 만들기를 한다. 첫 단계 기본 줄기를 만들고 두 번째 단계 가지는 아이들에게 맡긴다. 스스로 가지를 만들도록 몇몇 가지를 비운다. 색분필을 활용한다. 아이들이 쓸 자리에 점을 찍거

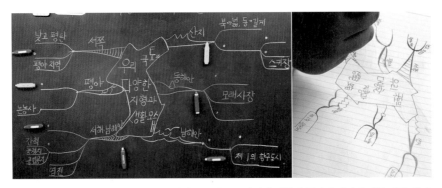

칠판에 그려진 마인드맵이 본보기로 공책에도 그대로 그려지기 때문에 줄기와 가지에 따른 색깔 차이, 대표 이미지, 빈 가지를 잘 표현해야 한다.

나, 이름표, 번호표를 붙여둔다.

마인드맵 가지가 좌우로 뻗어서 서넛이 나와서 동시에 적을 수 있다. 완성 과정이 한눈에 들어온다. 자기가 쓴 공책을 보고 비교할 수 있다. 간혹 가지에 알맞지 않은 낱말이 나오기도 한다. 이럴 경우는 모두에게 묻는다.

마인드맵 가지가 여러 방향으로 뻗기 때문에 한 번에 여럿이 나와서 동시에 쓸 수 있다.

이상한 부분이 어디 있는지 찾아보도록 한다. 이상한 부분을 찾으려고 탐색하면서 또 전체를 한 번 더 훑게 된다.

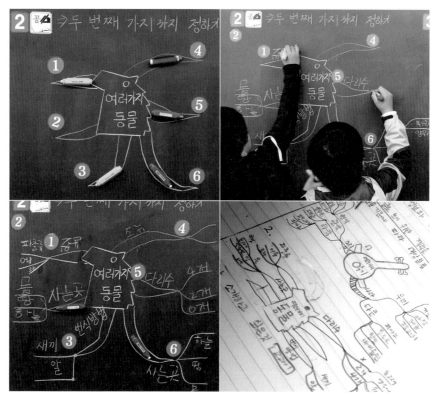

그리는 과정을 공유하면서 칠판과 공책의 마인드맵은 함께 간다.

완성된 마인드맵을 사진을 찍어 누리집에 올린다. 집에서도 다시 볼 수 있을 뿐만 아니라, 다음 해 아이들에게도 좋은 본보기 자료가 될 것이다. 아이들도 자기 공책에 쓴 것과 비교해보고 빠뜨리거나 놓친 부분을 챙겨본다. 이렇게 칠판 쓰기와 공책 쓰기는 같이 간다.

모둠별 완성과 발표하기

실과 수업시간, 전기·전자 제품 종류를 정리하는 공부도 마인드맵으로 정리하기가 좋았다. 네 가지 성질인 열, 소리, 동력, 빛으로 나뉘어 각 성질을 이용한 물건이 뚜렷하게 구분된다. 책을 보면 쉽게 정리가 된다. 그림으로 나눠 있어서 애써 읽지 않아도 된다.

이런 수업도 교과서를 보지 않고 시작한다. 교과서를 보면, 보고 베껴 쓰는 꼴이 되기 쉽다. 생각할 필요가 없다. 책은 답지 역할로 삼아 나중에 맞춰 본다.

"이번 시간에도 책은 덮어 놓으세요. 보면 안 됩니다."

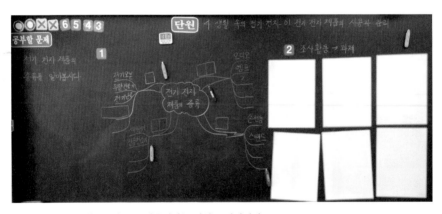

책을 보지 않고 마인드맵만 보고 맞추어가는 방식도 재미있다.

칠판에 전체 얼거리 형식의 마인드맵을 그리고, 네 가지 중요 낱말 자리에 네모 칸을 만들었다. 두 번째 단계 가지에는 교과서에 나오는 것보다 한두 가지 더 늘려 놓았다.

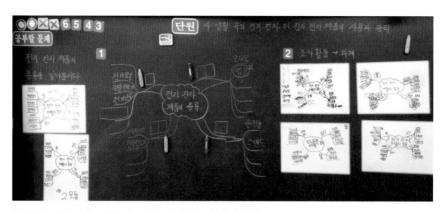

모둠별로 만든 마인드맵을 비교하면서 공통분모를 찾아간다.

네 가지 성질인 열, 소리 동력, 빛 가운데 '동력'이란 말에 아이들 고민이 많았다. 어떤 말을 써야 할지 이야기를 쏟아낸다.

"선생님, 앰프가 뭐예요?"

"여기 사전 있으니까 찾아볼래?"

"이 사전에도 안 나오는데요……"

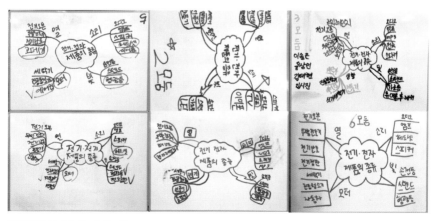

모둠별로 모아 놓은 마인드맵

마인드맵을 완성한 후에는 그것을 보고 설명하는 발표가 중요하다.

"어디 보자, 정말 없네. 초등 사전이라 빠진 모양이다. 다른 모둠이 아직 토의하고 있으니까 전체 설명 때 이야기할게."

모둠별 마인드맵을 칠판에 붙인다. 예상대로 '동력'이란 말이 힘들었나 보다. 동력 대신 모터, 생활, 회전, 전기가 나왔다. 이런 단어들이 동력의 의미와 비슷하기는 하다. 모둠별로 차이 나는 부분을 표시했다. 그리고 아이들 의견으로 쓴 단어도 표시해 두었다.

"자, 이제 교과서를 보고 확인해보세요."

교과서를 펼친다. 빨리 동력 부분을 찾는다.

"동력이네! 동력."

책을 보지 않으면 생각을 많이 하게 된다. 지나치게 친절한 교과서 내용은 오히려 생각을 못하게 할 수 있다. 물론 그럴 목적으로 교과서를 만들지는 않았을 것이다. 교과서를 분석해보고 재구성할 필요가 있다는 말이다. 수업 내용과 방법에 따라 마인드맵은 정리하거나 생각을 펼쳐내는 방법으로 활용된다. 대부분 책 내용에서 필요한 정보를 찾는 정리 방법과 자기 경험을 드러내어 경험을 펼치는 방법이 있다. 정리 방법에는 객관적인 지식과 정보를 찾고, 생각 펼치기는 자기만의 의견 내기를 한다. 두 과정 다 중요하고, 혼란스럽지 않게 골고루 겪도록 한다.

마인드맵을 완성했다고 끝난 것이 아니다. 이제 시작이다. 마인드맵을 보고 설명할 줄 알아야 한다. 알림을 위한 칠판 교구를 통해 앞으로 나와서 칠판에 그린 마인드맵을 설명할 사람을 정해 준다. 줄기나 가지의 빈칸에 답할 사람과 그것을 설명할 사람을 달리해서 발표자가 골고루 돌아가게 한다.

아이들은 먼저 한 줄기씩 중요한 낱말만 보고 말한다. 처음에는 외워서 말하듯 칠판에서 눈을 떼지 못한다. 듣는 사람을 보고 말하듯이 설명할 수 있도록 교사가 지도해야 한다. 중요 낱말만 읽어서는 안 되고 살을 붙여가면서 이야기로 엮어갈 수 있어야 한다.

학기 초에는 이런 방법까지 익혀야 하기 때문에 시간이 상당히 빠듯하다. 책 읽기, 공책 쓰기, 발표, 복습 방법까지도 함께 수업 시간에 다룬다. 따로 시간을 내어서 익힐 여유가 없다. 3~4월에는 아이들의 참여 방법, 공책 쓰는 법, 발표 방법도 포함해서 수업연구와 교재 연구를 한다.

6. 교사의 평가와 지도

설명과 틀린 부분 고치기

칠판에 필요한 정보가 모이면 교사가 설명하고 평가도 곁들인다. 평가라기보다는 불확실한 의미 부분을 찾아 명확하게 잡아준다는 의미다. 아이들이 서로 의논해서 결론짓게도 하지만 마무리 단계에 교사가 정리하는 것이 아직은 시간이나 효율성에서 앞선다. 중요 부분이나 헷갈리는 부분을 명확하게 짚어준다. 중요 부분은 자석 별표로 붙여서 표시해주기도 한다. 칠판에 쓰인 글보다 많은 이야기가 나올 것이다. 이때 새롭게 안 것이나 인상적인 설명을 새겨듣고 공책에 덧붙인다.

아이들이 헷갈려하는 부분을 찾아 풀어갈 때 집중도가 높다. 헷갈리는 부분은 아이들 수준도 가늠할 수 있는 좋은 정보이다. 모르거나 혼란스러워서 새로운 지식이 된다. 모르는 것을 드러낸 용기에 칭찬해 주고 오히려 배울 기회를 찾아서 기쁘다.

칠판 빈칸 채우기를 해도 틀리게 답하기도 한다. 그런 부분은 바로 고치기보다 아이들이 다시 보고 생각해 볼 기회로 삼는다. 어느 부분이 틀렸는지 다시 묻는다. 다시 읽고 생각하면서 찾는다. 몇 분 기다리면 대부분 찾는다. 못 찾는다면 그 부분은 집중 공부할 거리가 된다. 자세히 설명하고 깊이 고민하며 배운다. 틀린 곳은 다시 고칠 기회를 준다. 고쳐도 해결이 안 되면 짝이나 도움 받고 싶은 친구를 불러서 함께 푼다. 도움 받는 방법과 기회도 얻는다. 부끄러운 일이 아니다. 함께 해결하는 방법도 같이 공부한다. 도움

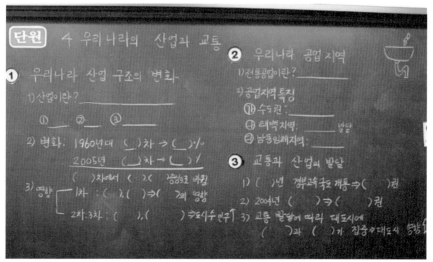

아이들은 자신이 헷갈리거나 모르는 부분에 대한 설명을 들을 때 집중도가 높다. 교사는 아이들이 모르는 것을 드러내는 용기를 칭찬해줘야 한다.

틀린 부분을 바로 고쳐주기보다는 짝이나 다른 친구, 모둠에서 해결할 수 있도록 기회를 준다.

주는 아이는 왜 틀렸는지 어떻게 써야 하는지 설명해주지만 고치기는 틀린 아이가 직접 한다. 가르쳐주는 아이에게는 복습이 되면서 서로 주고받으며 공부한다.

마인드맵 가지에 핵심 낱말이 아니라 긴 문장을 쓰는 아이도 있다. 중요 낱말, 이미지나 기호로 표시하게 다시 짚어준다. 막상 마인드맵으로 그리다 보면서 그런 개념을 잘 잊는다. 마인드맵을 만드는 방법도 또 다시 익힌다는 생각으로 또 다져나간다.

고치기 전후 모습을 사진으로 찍어두었다가 누리집에 올려둔다. 비슷한 실수를 두 번 하지 않도록 기록해두는 것이다. 프레젠테이션 자료로도 만들어두었다가 다음 번 마인드맵 설명 자료로도 활용한다. 아이들이 자주 실수하는 부분에 대한 정보는 아이들에게는 복습 자료로, 교사에게는 진단과 연구 자료로 가치가 높다.

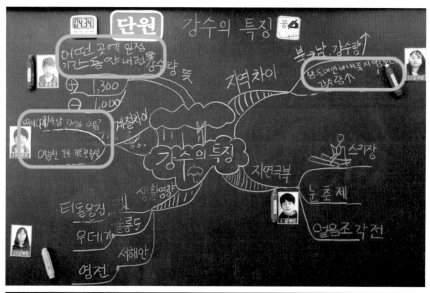

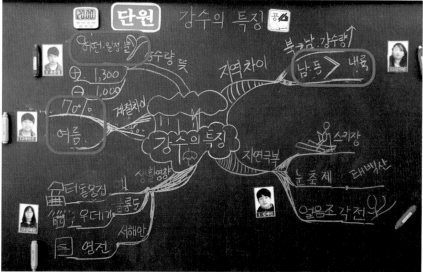

마인드맵에서 문장으로 쓴 부분을 중요 낱말로 나타내도록 지도한다.

공책과 함께 쓰기

칠판에는 수업목표와 활동 주제와 과제를 먼저 쓴다. 이것은 전체 공부 얼거리가 된다. 개인 또는 모둠별 활동이 이어지면서 아이들 학습 과정이 펼쳐진다. 무엇보다 아이들 각자의 개인별 참여가 먼저다. 책을 읽고 의견 내고 발표한다. 책과 공책에 중요한 낱말 밑줄 긋기, 형광펜 칠하기, 손들기, 쪽지 의견 내기, 모둠 의견 정리하기와 같이 이어진다.

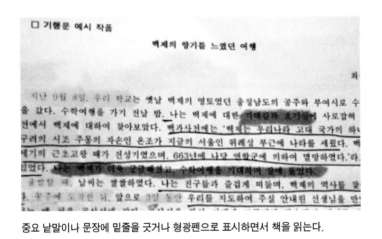

중요 낱말이나 문장에 밑줄을 긋거나 형광펜으로 표시하면서 책을 읽는다.

칠판 쓰기는 주제 알림과 과제 제시 역할을 한다. 아이들이 주제에 맞게 활동과 결과를 내도록 기다리거나 도움말을 쓴다. 여러 움직임과 참여, 실습 뒤에는 마지막으로 공책에 정리하며 기록한다. 느낌, 소감, 새롭게 안점, 더 배우고 싶은 것들이 공책에 담긴다. 칠판 그대로 쓰기만 하면 베끼는 버릇만 들 수 있다. 칠판에 쓰지 않는 부분, 들은 것, 생각한 것, 새롭게 한 것들과 같은 의견과 주장도 새겨들어 기록해 나간다.

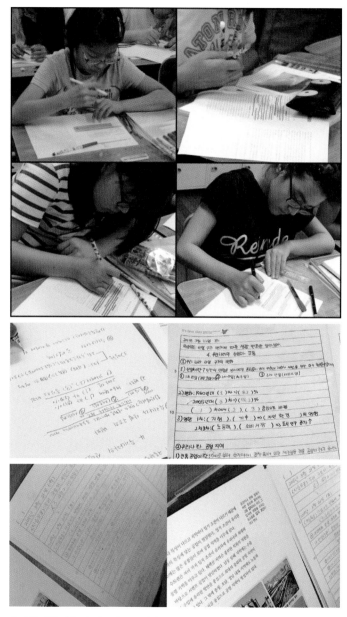

수업을 마무리할 때 최종적으로 칠판 판서 내용을 자기 공책에 기록한다.

4장
생생한 기억을 위한
공책 쓰기

칠판 쓰기와 함께 공책 쓰기도 사라졌다가 요즘 다시 살아나는 분위기다. 보고만 있지 않고 직접 손으로 써보면서 익혀 가는 것이다.

예전의 공책 쓰기는 보고 베껴 쓰기를 많이 했다. 아무 생각 없이 불러주거나 적힌 대로 받아쓰기를 한 경험이 지금 어른들의 기억 속에 많이 녹아 있을 것이다. 그래서 공책 쓰기의 필요성에 마음이 빨리 와 닿지 못하기도 한다.

공책 쓰기에는 아이들이 기억할 만한 가치 있는 것이 있어야 한다. 그 가치 있는 것을 교사가 짚어주기도 하지만, 무엇보다 아이 스스로 중요한 것을 표시하고 기록할 수 있어야 한다. 그 대표적

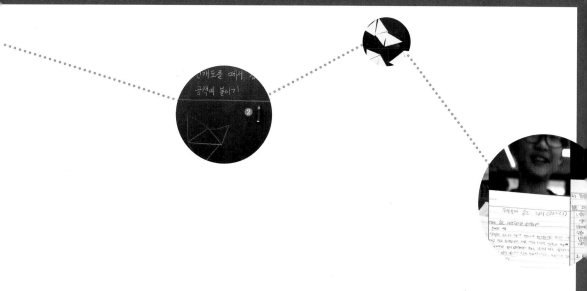

인 수단이 공책이라고 할 수 있다.

공책에 써 놓은 기록들은 자기만의 기록이 아니라 친구들과 공유하면서 수업 참여 의욕을 더 높일 수 있다. 또한, 서로 바꾸어 보고 덧붙여 주면서 다른 친구들 의견도 함께 담는다.

학습 준비와 참여 과정, 학습 결과를 정리하는 방법, 쓰고 난 뒤 다시 공책을 보면서 복습하는 과정이 이어진다. 교과별 특징에 따라서 공책 쓰기에도 여러 가지 방법이 있다. 쓰는 것으로 끝나는 것이 아니라 자꾸 보충하고 다시 보면서 익히는 도구로서 활용 가치를 높여 나간다.

1. 아이들 스스로 기억할 요점을 뚜렷하게

전화번호 뒷자리와 자동차 번호는 네 자리 수다. 네 자리 수 정도는 자꾸 되새기며 금방 기억해낼 수 있다. 한 수업에서도 학습 활동이 네 가지를 넘기는 일은 별로 없다. 그 아래 항목도 서너 가지면 충분하다. 서너 가지 정도의 기억할 정보나 개념, 낱말을 해석하고 풀어가면서 공부를 한다.

설명도 있고 토의·토론과 같이 서로 머리를 맞대는 과정도 있다. 이런 과정을 공책에 기록, 확인, 비교, 점검, 평가를 해간다. 가장 먼저 기억할 내용을 뚜렷하게 찾아야 한다.

공책 쓰기는 칠판 쓰기와 함께 한다. 교과서만 보고 바로 간추리면 좋겠지만, 하루아침에 쉽게 되지 않는다. 칠판에 번호표를 붙여준다. 활동 주제와 기억할 요점, 의미 있는 어휘나 문장을 쓸 수 있게 한다. 처음에는 빈칸 채우기로 핵심 낱말만 쓰고, 다음에 문장, 마지막으로 혼자 힘으로 공책 쓰기 단계를 밟아간다.

칠판에는 활동 제목과 번호표만 붙이거나 첫 글자만 써두기도 한다. 여기까지가 칠판 쓰기의 역할이다. 중심 문장은 아이들 몫이다. 공책 쓰기부터는 스스로 생각해야 하는 과정의 시작인 셈이다.

빈칸 채우기나 한 문장 쓰기는 사고의 폭이 좁아지는 단점이 생긴다. 생각 없이 눈으로만 낱말을 찾는 것이 될 수 있다. 공책 쓰기가 익숙하지 않은 초기에만 빈칸 채우기 형식을 조금씩 활용한다.

한 달 가량 공책 쓰기가 익숙해지면 네모 번호표와 자석 동그라미만 붙여서 전체 구조만 잡아준다. 처음부터 다 마음껏 하도록 던져 줄 수도 있지만,

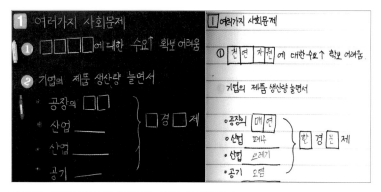

처음에는 핵심 낱말을 찾아 빈칸을 채우는 문제를 준다.

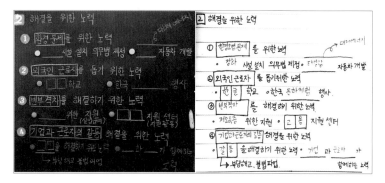

빈칸 채우기가 익숙해지면 문장을 완성하도록 낱말을 채우는 문제를 준다.

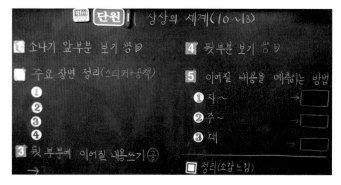

낱말 채우기가 익숙해지면 아이들이 직접 중심 문장을 찾아 쓰도록 문제를 준다.

간추릴 개수, 정도, 도움말과 얼거리를 알려주면, 뚜렷하게 낱말과 문장을 찾는 데 힘이 된다. 빈칸 채우기, 문장 쓰기, 구조 맞추기로 단계를 밟아가면서 생각하는 폭도 넓혀 간다. 결국, 공책 쓰기는 스스로 구조를 잡는 단계까지 간다.

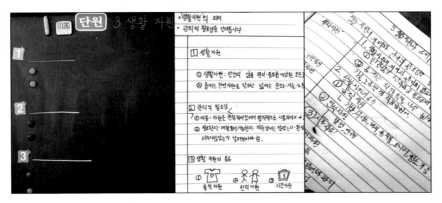

한달 정도 지나서 마지막 단계에서는 칠판에 번호표만 붙여놓고 공책 필기는 아이들 각자의 힘으로 하도록 한다.

구조를 갖추고 나면 기억할 요점은 교과서에서 찾아 써야 한다. 예문에서 대표 낱말이나 문장을 먼저 밑줄 긋거나 묶기, 형광펜 등으로 표시해준다. 되도록 짧게 쓰는 연습이 필요하다. 내용을 줄이지 못하고 문장 그대로를 쓰는 아이도 있다. 문장 그대로 쓰면 베껴 쓰기와 다르지 않다. 표시한 중요 낱말을 중심으로 공책에 쓴다. 이 낱말이 마인드맵에서 줄기를 대표하는 중요 낱말이 된다.

교사가 칠판에 문제를 제시하면, 아이들 각자 자신의 공책에 문제를 풀어서 정리한다. 그다음에 교사는 아이들이 공책에 쓴 내용을 확인하고 점검해야 한다. 간추린 내용이 잘못되거나 모호한 개념이 뒤섞여 두루뭉술하게 넘어갈 수 있다. 학습한 흉내만 내고 마칠 수 있다. 아이들이 공책에 쓴 내용을 칠판에 쓰게 하는 까닭이 여기에 있다. 교사와 아이들이 모두 함께 확인하는 것이다. 풀이와 답안을 공유하면서 뚜렷한 결론을 낸다. 아이들은 결론으로 도출된 내용을 자기 공책에 쓴 자신의 답안과 견줘보고 기억할 요점을 뚜렷하게 표시한다.

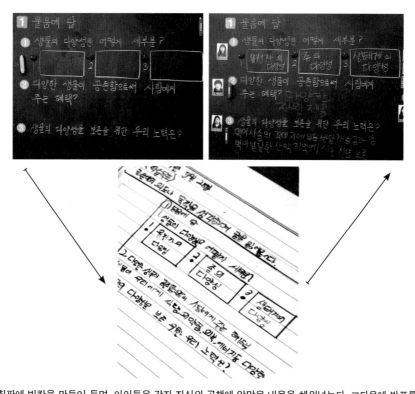

칠판에 빈칸을 만들어 두면, 아이들은 각자 자신의 공책에 알맞은 내용을 채워넣는다. 그다음에 발표를 하고, 공책에 미리 적은 내용을 칠판에 적어서 빈칸을 채운다. 이 과정에서 점검과 확인이 되풀이 된다.

2. 문제 해결을 위한 생각 드러내기

모르거나 틀린 것도 모두 드러낸다

국어 교과서를 보면 예시 낱말이나 문장을 알맞은 자리에 넣는 문제가 있
다. 혼자 하기도 하지만 칠판에 크게 만들어 함께해 보기도 한다. 뚜렷하게
의미를 다지고 나서는 다음 단계에 혼자 생각하거나 활동하는 시간을 갖는
다. 이때 공책에 직접 쓴다. 처음에는 자기가 쓴 것이 정확한지는 모른다.
모두가 쓰고 나서 살펴봐야 한다. 일일이 다 점검할 시간도 많이 없고 효율
성도 떨어진다. 그래서 되도록 여러 아이가 나와서 직접 칠판에 쓰게 한다.
빠진 낱말이 없도록 아이들이 쓴 낱말(의견)을 다 드러낸다.

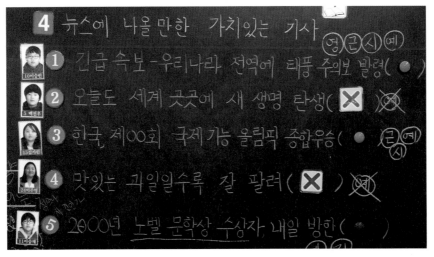

국어 수업에서 예시를 알맞은 자리에 넣은 문제. 교사는 확인 과정에서 틀린 답안을 지우지 말고 그대
로 둔 채 표시만 한다.

그런 다음 교사가 확인한다. 이런 과정을 거치면서 아이들은 공책에 쓴 자기 의견을 평가, 확인, 정리한다. 맞거나 틀린 부분, 애매한 부분을 그대로 표시한다. 틀린 것을 지우지 말고 그대로 두고 표시만 해둔다. 친구들이 질문한 것이 있다면 그것도 한쪽에 기록한다. 칠판에는 쓰지 못한 부분이 된다.

공책에 정확인 의미와 정답뿐 아니라 실수나 틀린 것도 쓰면서 공책은 과정을 기억하는 단서가 된다. 오해하거나 애매하게 헷갈려한 부분도 다시 보면서 정확한 지식과 이해로 이어진다. 틀린 부분을 스스로 왜 틀렸는지 직접 쓰게 한다. 잘못 생각했다면 왜 그런 생각을 했는지도 써두면서 생각의 폭도 넓혀갈 수 있다. 이런 과정이 담기기 때문에 공책을 한 번 쓰고 덮지 않고 다시 보게 된다. 다시 보아야 할 필요가 생기는 것이다.

지문을 읽고 상상한 것을 표현한다

국어 수업 시간 시 외우기를 할 때 많이 쓴다. 시를 베껴 쓰고 연마다 자기만의 상상, 생각이 떠오르는 대로 글로 쓴다. 그림을 그리기도 한다. 서로 다른 삶과 경험이 있어서 다양한 생각과 이미지가 떠오를 것이다. 그냥 글로만 외우기보다는 이렇게 시를 보고 자기만의 생각을 그림을 그려나가도 재미있다. 글만 쓰다가 때때로 상황이나 내용을 대표하는 그림이 공책 쓰기에 활력을 준다.

짝과 모둠 아이들끼리 어떻게 생각해서 외우고 있는지 살펴보는 재미도 있다. 중간중간 공책을 모두 돌아가면서 볼 수 있도록 한다. 모두 일어나 친

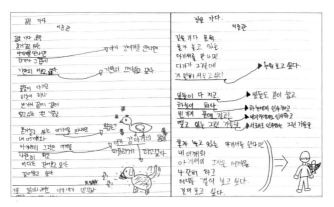

문장에 어울리는 그림을 공책에 그려넣기. 경험을 되살리고 상상력을 자극한다.

구들 공책을 훑어보면 다른 모둠 아이들 것도 참고가 된다. 한두 연 정도 썼을 때 이렇게 공유하면 감을 잡지 못한 아이들에게 좋은 참고가 될 것이다.

입체도형을 공책 평면에 담는다

여러 가지 방법으로 전개도를 만들어 보는 수학 시간이 있는데, 이 시간에 삼각뿔 전개도를 재활용했다. 상상만으로도 전개도를 공책에 그릴 수 있지만 정확도가 떨어지기 때문이다. 우선 면을 조각낸다. 잘린 면을 이으며 여러 가지 도형의 전개도 모양을 만들도록 한다. 전개도를 완성하면, 그 모양을 공책에 그린다. 그 상태에서 면 조각을 공책에 그대로 붙이도록 한다. 입체도형의 전개도를 기억할 수 있도록 공책에 남기는 것이다. 한 가지 모양의 전개도가 만들어질 때마다 공책에 그린다.

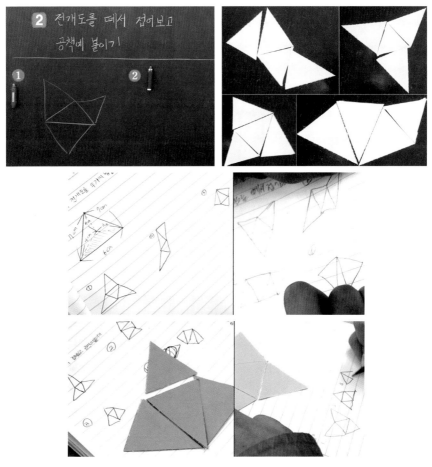

전개도가 그려진 종이를 접어서 입체도형을 완성한다. 이 과정에서 종이
를 접을 때마다 달리 보이는 전개도 모습을 그려서 기록한다.

시 공부할 때의 상상과 도형의 전개도의 상상은 서로 차원이 다르다. 수
학 시간은 정확성과 논리력이 필요하다. 직접 만들고 움직이며 확인하는
활동이 더 많이 필요하다. 움직임과 기록을 같이 한다.

3. 친구들 생각을 모으고 정리하기

학습 활동에서 짝 또는 모둠끼리 서로 묻고 답을 하면서 의견을 주고받는다. 친구 말을 경청하고 이야기 나누며 한 가지 의견으로 모아간다. 누군가에게 들었던 이야기, 말한 내용도 모아둘 가치가 있다. 이런 부분을 글로 쓰지 않으면 몇몇 친구의 주도로 넘기거나 묻어갈 수 있다. 그래서 꼭 기록으로 남기도록 한다. 그러면 주의 깊게 다른 사람 이야기를 듣게 된다. 설령 제대로 듣지 못하고 옆 친구 공책을 보고 베껴 쓰더라도 쓰면서 다른 의견을 알게 될 것이다.

시가 나오는 문학 단원에서는 아이들 각자의 느낌을 자주 쓰게 한다. 각자 교과서 예문을 읽고 소감이나 느낌, 중심 문장에 대한 자기 생각을 모둠 아이들에게 말하고 공책에 쓴다. 자기 의견을 말해서 쓰고 다른 친구들이 말한 의견도 공책에 써야 한다. 친구들의 의견을 제대로 쓰려면 자연스럽게 잘 듣게 된다. 친구가 자신의 공책에 직접 써주기도 하지만 자기 귀로 들은 대로 써보는 것이 좋다.

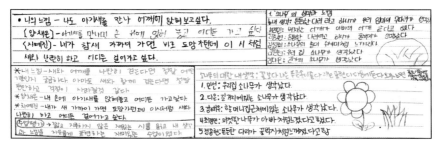

각자 교과서 예문을 읽고 자기 생각을 모둠 아이들에게 말하면, 다른 아이들은 그것을 듣고 공책에 기록한다.

반 아이들이 얼마나 공감하는지를 나타낸 숫자를 공책에도 남긴다.

그 다음에는 여러 의견을 듣고 기록한 내용을 한 가지 의견으로 모아내는 모둠 활동으로 이어진다. 기본으로 이렇게 여러 사람 의견을 빠뜨리지 않고 새겨듣고 기록해둔 자료가 있으면 의논하는 과정에서 내용에 더욱 집중할 수 있다.

교사는 이미 나온 의견에 손을 들게하여 공감 수를 칠판에 표시하기도 한다. 그러면 아이들도 공책에 이것을 기록한다. 숫자로 써두면 다수가 공감하는 의견이 무엇인지 가늠이 된다. 아이들이 서로 마음과 생각을 이해하는 데 좋은 자료이다. 자기 생각과 다른 사람 생각, 공감하는 의견이 드러나면서 관심과 호기심도 생겨서 수업 집중 효과를 높일 수 있다.

인터넷 검색이 우리생활에 많은 도움을 준다. 직접 도서관에 갈 필요없이 인터넷으로 배우 찾고, 연관자 입력으로 좀 더 쉽게 검색을 할수있다. 반면 잘못된 정보로 인해 정신적. 물리적 피해를 받는다.

재치란 나에게 웃음을 주는것이고, 재미있게 상황을 넘기는거 생각거도 못한 말을 재미있게 표현을 하여 웃음을 주는것이다.

기행문에는 여정. 견문. 감상이 들어간다. 기행문은 여행한 경험을 쓴 글로, 다양한 형식으로 쓸 수 있다. 평소 생소했던 기행문을 잘 알게되었다. 또 나도 여행을 하고. 기행문을 써보고싶다.

마무리 5분 시간에 학습목표를 중심으로 수업 소감이나 공부한 내용을 두세 문장으로 정리한다.

이렇게 정리된 자료가 칠판에 가득 차면 한눈에 들어온다. 마무리 5분 정도는 학습 정리 글이나 소감을 쓴다. 이때 학습목표를 중심으로 더불어 자기 삶도 되돌아볼 기회도 된다.

교사의 설명 기록은 익숙하지만 친구들 의견은 듣기만 하고 기록할 생각을 못하는 경우가 많다. 듣고 중요한 의견을 중심 낱말로 써가면서 입체적으로 집중한다. 자기가 생각하지 못하는 다른 사람의 생각을 놓치지 않고 기록하면서 자기 생각의 폭을 넓혀 나간다. 다르게 생각나는 법도 알아가는 것이다.

4. 답안과 풀이가 틀린 까닭 찾기

공책에는 여러 가지 의견과 함께 필요한 정답도 많이 써 놓는다. 그러나 늘 정답만 있을 수는 없다. 자기와 친구들 의견을 종합해서 썼지만, 점검 과정에서 틀리거나 주제에 어긋난 것이 드러나기도 한다. 그래서 다 지우고 정답이거나 정답에 가까운 의견만 남기기도 한다. 틀린 답이나 의견을 지워 버리는 것이다.

그러나 틀린 것은 틀렸다고 표시해두고 틀린 답안도 그대로 두는 것이 좋다. 어떤 생각으로 답하고 왜 틀렸는지 설명을 덧붙여 놓으면, 논리적인 생각이 발전하고, 그 뒤에 다시 보았을 때 생생하게 기억하는 효과도 얻는다. 내가 무엇을 몰랐고 헷갈렸는지 아는 것이 중요하다. 모르는 것을 찾는 것이 진짜 중요한 공부이다.

어떤 문장을 읽고 ○와 × 표를 해야 하는 문제 형식도 나온다. 책에 바로 쓰기도 하지만 되도록 공책에 옮겨 써서 풀도록 한다. 물론 칠판에도 아이들 개인별로 나와서 문제를 푼다. 그러면 꼭 한두 개 정도 틀린 답이 나온다. 개별로 푼 문제도 마찬가지다. 이런 부분이 그대로 드러나도록 지우지 말고 틀렸다고 표시를 해준다. 실수한 답안과 정답을 써 두고 왜 그렇게 생각했는지 잘못 생각하는 부분을 발표한다. 누구나 잘못 오해하거나 이해의 폭이 좁아서 틀릴 수 있다. 틀린 원인을 교사만 알고 넘어가는 것이 아니라 아이들과 함께 찾으면서 공유하는 것이다.

이런 과정을 겪으며 실수, 오류, 잘못 이해된 부분이 좋은 발표거리라는 분위기를 만들어간다. 아이들이 자주 틀리는 내용에는 까닭이 있다. 그 까닭을 찾는 것이 중요하다. 왜 오해했는지 밝혀서 써두어야 한다.

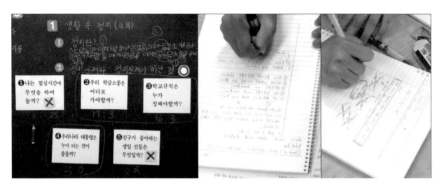

칠판에 틀린 것으로 표시된 답안을 보고 그것이 왜 틀렸는지 자기 생각을 공책에 쓴다.

정답만 쓰고 까닭 없이 외우려고만 하면 쉽게 잊어버린다. 틀린 것에 대한 의미 있는 고민의 시간과 합리적인 이해가 필요하다. 자기 생각 방식, 모호했거나 궁금했던 점, 친구 의견을 듣고 새롭게 안 점, 설명을 듣고 잘못 이해한 점 등을 적어서 고민을 해결해야 한다.

답이 맞았더라도 다른 방식의 생각과 논리를 알았다면 덧붙여 써야 한다. 그래서 더욱 다른 사람 말을 잘 들어야 한다. 현재 내가 아는 방법과 다른 방법이 있다면 좋은 배움 거리다. 알고 있는 지식을 확인하는 수준을 넘어 새로운 방법을 아는 것이 배움의 즐거움이다. 선수학습을 했다고 해도 현재 수업 시간에 집중해야 하는 까닭이기도 하다. 사람마다 서로 다른 생각과 방법을 지니고 있다. 그것을 찾게 해주고 발견하면서 자기의 생각과 이

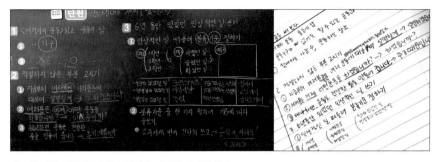

발표한 다른 친구들 의견도 공책에 빠짐없이 기록한다.

해의 폭을 넓혀 가야한다. 현재에 집중해야 하는 까닭, 친구들을 의견을 깊이 있게 들어야하는 까닭이다.

　공책에 글을 쓸 때 여러 가지 색이 쓰인다. 기본은 검은색, 생각과 의견은 파란색, 정답은 빨간색, 설명이나 새로운 점은 초록색과 같이 구분한다. 색깔로 체계를 갖춘다. 한 시간 수업을 보고 듣고 기록하다 보면 언제 시간이 갔는지 모르게 집중된다.

　복습할 때는 공책을 보면 자기 수업 장면들이 머릿속에 그림으로 그려질 것이다. 궁금했던 상황에 대한 정보가 자세할수록 기억이 뚜렷해진다. 공책을 왜 써야 하는지 모르거나 마지못해 쓰는 사람의 공책에는 이런 데에서 표가 난다. 다시 볼 공책과 한 번 쓰고 마는 공책에는 그 차이점이 드러난다.

5. 코넬식 공책 쓰기

많은 학급에서 이제는 코넬식 공책을 사용하고 있다. 따로 코넬식 공책을
설명하지 않아도 인터넷 검색으로 쉽게 정보를 찾을 수 있다. 무엇보다 코
넬식 공책은 중요 핵심 낱말을 정리해서 다시 공부한 내용을 기억해내는 데
효과적이다. 수업 시간에 쓸 내용은 교사가 미리 체계를 잘 잡아둬야 한다.
그래서 칠판 쓰기와 함께 한다.

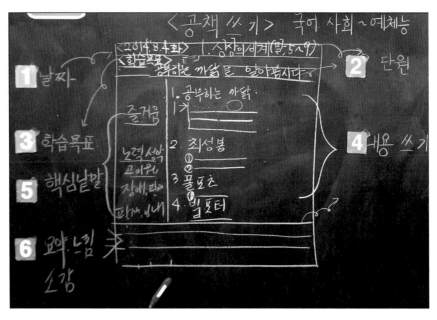

학기 초에 공책 쓰기 방법을 모든 교과 첫 시간에 가르친다.

2014.3.4 (화) 봄처럼 따뜻하지만 차가운 바람이 불어 쌀쌀하다

(8 : 50) 〈 공책필기 + 강의같은 수업 〉

오늘은 학교에서 공책쓰는 방법을 배웠다 항상 그냥 죽죽 쓰던 필기법과 달라 색달랐다 내가 직접 배운것을 정리하며 필기하니 더 머릿속에 잘 들어오는 것 같았다 그런데 이것마저 작심삼일로 좀 지나면 그냥 대충할지... 걱정이다 6학년 땐 노트필기를 잘해봐야지 다짐해본다

오늘 수업은 어느 대학교의 강의 같았다 공부를 왜 하는 걸까? 란 주제로 내 생각을 적어보는 시간도 있었다 한번의 발표시간에는, 난 발표를 그닥 잘하는 성격이 아니라서 굉장히 긴장되었다 뭐라해야 되지.. 귀찮았는데 같이 말하고 공책에 적고 하여 더 기억에 잘 남는게 같다 선생님께선 배운것을 오랫동안 기억에 남는 방법도 가르쳐 주셨다 바로 항상 복습하기. 계속 복습하다보면 평생 기억에 남는다고

(날짜, 단원, 과목, 학습목표 / 중요한 낱말 / ① 내용 / 요약, 내생각)

학기 초 일기. 아이들은 학기 초 교과마다 첫 시간에 공책 쓰는 방법을 배우고 그것을 공책에 기록한다.

날짜와 학습목표를 쓰는 것부터 시작한다. 학습목표는 나중에 마무리 요약과 느낌, 소감 칸에 써야 할 기준이 된다. 최종 정리 부분은 학습목표만 보고 어떤 내용인지 답할 줄 알아야 한다. 잘 모르겠다면 왼쪽 날개에 쓰인 핵심 낱말을 힌트 삼아 이야기하면 된다.

수업 시간에는 칠판 쓰기와 함께 내용 영역까지 기록한다. 왼쪽 핵심 낱말과 아래쪽 요약 마무리 영역은 아이들 스스로 해야 한다. 내용을 분석해서 중요 낱말은 왼쪽 날개에 쓰고, 학습목표에 따른 공부한 내용의 요점은 아래쪽에 서너 줄 정도로 정리해서 적는다. 고급 사고가 필요해서 학기 초부터 이런 과정과 방법이 쉽지 않다. 한 달 정도는 왼쪽 날개 부분의 핵심 낱말이나 마지막 정리 부분도 몇 번씩 본보기로 써서 보여준다.

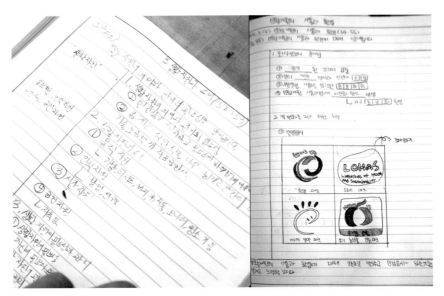

코넬식 공책에서는 왼쪽 날개에 중요 낱말을, 마지막 부분에는 요약, 느낌, 소감을 쓴다.

아이들은 시간에 쫓겨서 요약정리를 하지 못하고 넘어가 버리곤 한다. 그래서 학기 초에는 일주일에 한 번, 단원 마칠 때마다 한 번씩 공책 점검도 해준다. 핵심 낱말 쓰기는 되도록 그 시간 수업에 꼭 한다. 수업 마치기 5분 전에는 글의 요점을 소감이나 느낌 형식으로 쓰는 시간을 갖는다. 정리하는 습관을 들인다. 꼭 수업 시간이 아니라도 집에서 개인적으로도 공부하면서 내용 정리와 마무리 과정을 밟으며 공부 방법, 공책 쓰기도 함께 익히는 것이 중요하다는 것을 아이들에게 일깨워야 한다.

그날 공부한 내용을 한두 문장으로 마무리 정리하는 글은 학습목표에 대한 나름의 답인 셈이다. 이때 공책 왼쪽에 쓴 핵심 낱말을 중심으로 문장을 만들어야 한다. 공책을 보고 복습할 때는 학습목표를 문제로 생각해서 말해본다. 요약 정리한 글대로 말했는지 확인해본다. 또한, 핵심 낱말을 보고

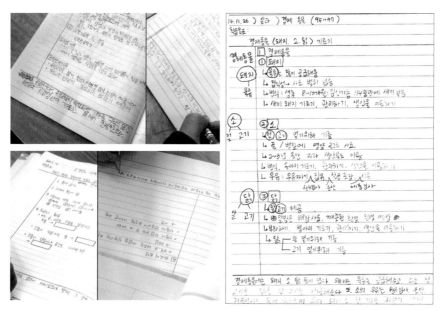

공책 정리가 되면, 왼쪽 날개에 쓰인 낱말만 보고 오른쪽에 정리된 내용을 말할 수 있어야 한다.

오른쪽에 기록된 내용과 의미가 그 뜻이 담겨있는지 말해 본다. 그날 쓴 내용은 수업 마치자마자, 잠자기 전, 다음 날 공부하기 전, 주말, 한 달 뒤에도 다시 보면서 말해 보도록 한다. 단 5분 정도면 된다. 주기적으로 자주 보고 말해봐야 장기기억에 담긴다. 시험을 위한 준비라기보다는 습관으로 자기 지식을 만든다는 생각을 해보자.

코넬식 공책에 적응하는 데 넉넉히 한두 달 정도 걸린다. 핵심 낱말만 보고 내용을 풀어서 말하는 힘과 노력이 필요하다. 중심 낱말을 보고 풀어내는 공부 습관이 들면 나중에 한꺼번에 외우려고 덤비려 생기는 스트레스를 줄일 수 있다.

요즘은 코넬식 공책을 문구점에서 쉽게 살 수 있다. 줄 긋는 노력을 줄일 수 있지만 조금 불편해도 자로 직접 그어서 만들기를 권한다. 수업을 위해 공책을 사용하다 보면, 코넬식이 아니라 그림이나 마인드맵 형식을 사용해야 할 때가 있기 때문이다. 또한, 학습 양과 내용 구성상 왼쪽에 핵심 낱말 영역이 필요 없을 때도 있다.

공책 쓰기는 손이 많이 간다. 줄 긋기, 색칠하기, 표시하기, 그림 그리기, 표 그리기, 사진 붙이기와 같은 방법으로 손을 많이 움직이게 한다. 복사처럼 쉽고 빠르고 편하게 할 수 있는 것이 있겠지만, 손을 많이 움직이면서 내용에 집중할 기회를 잃으면 안 되겠다.

6. 마인드맵 공책

마인드맵은 이미지 중심, 핵심 낱말 중심으로 하는 공책 쓰기다. 코넬식 공책에서는 왼편에 내용을 요약하는 핵심 낱말이 사용되는데, 마인드맵에서는 줄기의 중요 낱말이 같은 역할을 한다. 줄이 없는 흰 종이가 가장 좋겠지만, 따로 마인드맵 전용 공책을 두기도 번거롭다. 마인드맵을 그리는 데만 사용할 것이 아니어서 줄이 그어진 보통 공책을 많이 쓴다. 물론 마인드맵을 위해서는 처음부터 줄 없는 공책으로 시작하면 좋겠다.

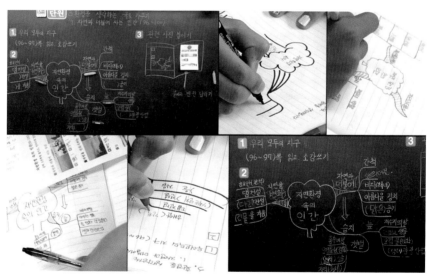

마인드맵을 그릴 때는 코넬식 공책에서 왼쪽에 적히는 핵심 낱말을 마인드맵의 중심에 있는 이미지로 표현한다.

마인드맵을 제대로 해보려면 학기 초 기본 내용을 익힐 시간이 필요하다.

이미지가 많이 쓰이기 때문에 시간도 걸린다. 그림 하나하나에 너무 집착하다 보면 핵심 주제에서 벗어나기 쉽다. 그림 그리기에 너무 몰입되지 않도록 간편하게 빨리 그릴 수 있는 이미지를 많이 생각해 둔다. 자주 해봐야 이것도 는다.

교사가 본보기로 칠판에 그려서 여러 형태를 잡아가는 방법을 알려준다. 줄기별로 내용을 추리는 과정을 보여주면서 감을 잡게 한다. 이해가 빠른 아이들은 금방 그리지만, 느린 아이들은 혼자 힘으로는 버거워한다. 교과 내용에 따라서 마인드맵으로 학습하는 것이 더 효과적인 주제가 있다. 아이들이 분류하기 쉬운 글을 잡아서 보여준다.

교사가 처음 아이들에게 마인드맵을 가르칠 때는 중심 이미지와 큰 줄기를 그리고, 잔가지에 한두 개씩 낱말만 비워 놓는다. 그러면, 아이들은 잔가

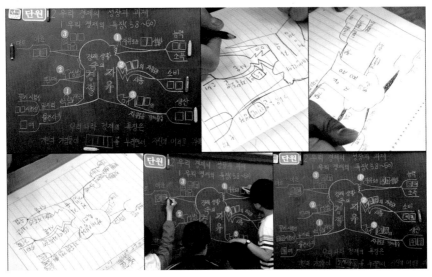

마인드맵을 그릴 때는 중심 이미지, 큰 줄기, 가지를 하나씩 차근차근 만들어가는 과정을 익히는 것이 중요하다.

지 빈칸에 어울리는 낱말을 찾아가면서 마인드맵을 익혀간다. 중심 이미지와 큰 줄기와 잔가지를 굵기, 낱말 위치, 가지별 색상 등 마인드맵 기본 작성법도 함께 익혀간다.

마인드맵 줄기의 빈칸을 채우는 것은 아이들이 쉽게 따라 한다. 큰 줄기는 교사가 해주고, 다음 가지의 주요 낱말은 아이들이 찾는다. 책을 읽어야 찾을 수 있다. 큰 줄기를 먼저 잡아주면 아이들 고민을 줄일 수 있다. 큰 줄기 수는 문단의 개수와 비슷하다. 나중에는 이런 큰 가지도 아이들이 해야 한다. 아이들이 완성해야 할 가지 수를 하나씩 늘려 간다. 가지마다 다른 색을 쓴다. 공책에도 마찬가지다. 색을 쓰는 방법도 함께 익혀간다.

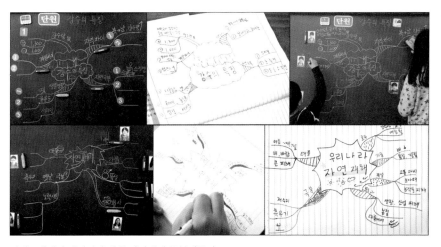

마인드맵에서 가지마다 색을 달리해서 구분해준다.

마인드맵은 비교적 뚜렷하게 분류할 수 있는 정보가 담긴 내용을 학습할 때 자주 쓰인다. 주로 사회나 실과 교과다. 이때 마인드맵 완성 자체로 끝나

마인드맵은 생각을 펼쳐내는 방법으로도 많이 활용된다.

는 것이 아니다. 마인드맵을 보고 설명할 줄 알아야 한다. 발표로 이어진다. 중심 낱말을 자꾸 보고 말하면서 전체 내용을 풀어낸다. 발표 과정을 잘 들으면 어느 부분이 막히는지 찾을 수 있다. 이런 부분을 찾는 것이 발표하는 하나의 목적이기도 하다. 아이들이 발표한 뒤에 집중적으로 설명해준다.

마인드맵은 정리하는 방법으로 쓰이기도 하지만 생각을 펼쳐내는 도구로도 쓰인다. 자기 생각을 펼치기 때문에 사람마다 큰 줄기 수가 다 다르다.

국어 수업 시간 정보를 분류하는 수업이 있었다. 교과서에 나오는 본보기 글로 분류해보고, 그다음에 스스로 조사해서 분류하는 것이었다. 본보기 글을 분류하는 것은 정리 방법이고, 조사해서 분류하는 것은 생각 펼치기인 셈이다.

생각 펼치기는 새로운 글을 만들 때 자주 쓰인다. 주로 기행문, 소개, 조사, 대회 글과 같이 자기 경험이 필요하거나 찾아보고 써야 할 상황 글이다. 조사하기에 앞서 얼거리 짤 때도 마인드맵이 활용된다.

책 본문 정리가 아무래도 가장 많다. 잘 읽어야 정리가 된다. 정리 마인드맵이 깔끔하고 화려한 편이다. 생각 펼치기 마인드맵은 덧붙이거나 뻗어 내어야 할 내용이 불규칙적으로 생겨서 복잡하게 보일 수도 있다. 그래도 생각한 것들을 한눈으로 보이니 또 다른 생각을 이끌어 낼 수 있어서 좋다.

7. 교과별 특징

국어 : 필기 시간을 최대한 줄인다

국어 수업에는 교과서 본문 읽기와 자기 생각, 모둠 아이들 생각을 써야 할 부분이 많다. 아이들이 좋은 글을 그대로 베껴 쓰기도 한다. 정보가 담긴 본문 글에는 통계 자료, 도표, 사진, 그래프가 있다. 그런 부분까지 그대로 그리기에는 시간이 걸리기 때문에 도표, 사진, 그래프 부분만 복사 또는 인쇄해서 주기도 한다.

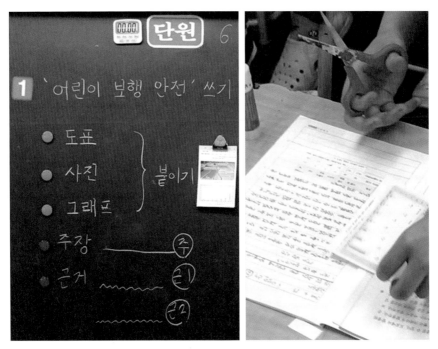

공책 필기 시간을 줄이기 위해 도표, 그래프, 사진 등은 교사가 복사해서 아이들에게 나눠준다.

도표나 사진이 오히려 글보다 더 효율적일 수 있다. 글만 읽다 보면 정작 놓칠 수 있어서 다시 챙겨보도록 붙여놓는 것이다.

시와 같은 글은 그대로 써서 외우고 한 구절마다 떠오른 생각도 덧붙여 써 놓는다. 정보가 담긴 지식 중심 글에는 마인드맵으로 정리하기 좋다.

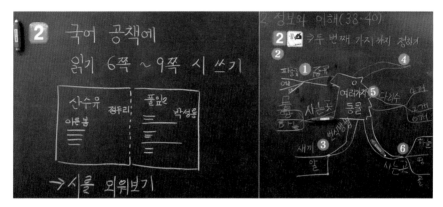

시와 같은 문학적인 글은 코넬식 공책에, 지식 중심의 과학적인 글은 마인드맵에 자주 사용된다.

국어책에는 읽기만으로 끝내버리기 아까운 글이 있다. 오래 새겨 읽거나 외워두었으면 하는 좋은 문장이나 연설문, 수필 같은 글이다. 그런 문장은 그대로 베껴 쓰는 필사를 해보기도 한다. 글씨를 또렷하게 써야 해서 손이 힘들기도 하다. 한 문장 한 문장 정성 드려서 쓰면서 깊이 있게 읽고 되새기게 한다. 의미를 오랫동안 깊이 있게 되새기며 읽어야 할 때 필사도 한 번씩 필요하다.

생활 정보가 담긴 글도 베껴 쓰기가 적당하다.

수학 : 틀린 문제를 기록하는 것이 중요하다.

수학 공책에는 문제 풀이가 많다. 『수학 익힘책』에 담긴 문제는 그대로 교과서에 풀지 말고 공책에 풀게 하는 문제도 있다. 우리 반에서는 수학의 익히기 문제와 『수학 익힘책』의 실력 기르기 문제는 공책에 옮겨 풀도록 한다. 교과서를 그대로 두면 나중에 교과서는 문제집, 공책은 답지로 삼아서 복습이나 시험 준비에 활용할 수 있다. 문제 풀이용으로 쓸 때는 한 면을 반으로 접어서 2단으로 만들어 쓰기도 한다. 줄에 맞춰서 체계적으로 풀이 과정을 쓰도록 한다.

기본 개념 이해를 위해 중요한 원리와 개념 형성 과정이 책에 쓰여 있어도 공책에 따로 한 번 더 그대로 쓰게 한다. 결국 기억 속에 남겨줄 정보는 한 번 더 쓰게 한다. 쓰면서 다시 복습도 되고, 책을 보지 않고 나름대로 풀어가본다. 놓친 부분이 있지 않나 점검도 할 수 있다. 책 없이 공책만 보고도 과정을 알 수 있게 한다. 교과서는 보통 학교에 놔두고 다녀서 공책만으로도 집에서 보고 공부할 수 있도록 쓴다.

수학은 단원을 마무리할 때마다 여러 가지 문제 풀이가 한 차시 나온다.

틀린 문제는 오답 공책을 따로 만들어 기록하거나 공책 뒷부분에 따로 기록한다.

풀어보고 틀린 문제를 따로 관리하기 위해 따로 오답 공책을 만들기도 하지만 수학 공책에 함께 쓰기도 한다. 공부 시간에 쓰는 곳을 구분하기 위해서 뒤쪽부터 시작하기도 한다. 틀린 문제만 오려붙이거나 베끼고 답은 다른 쪽이나 뒤쪽에 써서 문제와 답이 한눈에 보이지 않게 한다.

우리 반에는 복습 도장을 만들어 두었다. 한 문제씩 복습 도장을 찍어서 틀린 문제를 한 시간, 하루, 일주일, 한 달 뒤에 되풀이해서 풀어보라는 뜻이다. 에빙하우스의 망각 곡선처럼 잊을 만할 때쯤에 복습해서 장기기억으로 만들어간다. 벼락치기 공부가 아니라 평소 습관을 만들어가려는 노력이다. 주기적인 반복이 쉽지 않다. 교사나 아이들 모두 끈기와 꾸준한 노력이 필요하다.

사 회 : 배경지식을 공책에 꾸준히 쌓아간다.

사회는 많은 아이들이 외우는 과목으로 여기고 있다. 평소 입말로 잘 쓰지 않는 용어들이 많다. 경제, 정치, 법, 국제사회에 따른 용어가 낯설고 힘들어한다. 뉴스에서 한 번쯤 들어봤어도 명확한 개념이 서지 않았다. 시험을 대비하기 위한 암기식 일회용이 되기 쉽다. 휘발성 지식으로 끝나버리기도 한다. 사회는 생활문화와 습관이 중요한 과목이다.

사회현상과 시사 문제, 문화에 대한 지식 부족도 한몫하고 있다. 정치, 사회, 문화에 대한 독서력을 높이는 학급문화와 가정생활도 필요하겠다. 교과서가 어렵긴 하지만 아이들의 독서력과 독해력이 떨어지는 것도 사실이다. 많이 외운다고 해결될 일이 아니다. 6학년 정도라면 창작 동화와 문학

다양한 도표와 그래프는 컬러로 복사 또는 인쇄해서 공책에 붙인다.

을 넘어 정치, 사회, 문화 현상이 담긴 내용으로 넓힐 필요가 있겠다.

배경지식을 살찌우는 생활이 중요하다. 하루아침에 이루어지지 않는다. 단편적인 외우기식 문제 풀이는 당장 시험 성적을 올릴 수 있어도 학습에 대한 흥미와 만족도, 지속 가능한 노력과 도전하려는 학습동기를 해마다 떨어뜨릴 수 있다. 배경 지식은 꾸준히 읽고 생각하고 말하면서 만들어진다. 그래서 토의·토론 수업과 문화가 필요하고 중요하다. 논리적인 근거나 반박 자료를 찾는 과정에서 지식이 쌓인다. 그렇게 준비하고 발표한 지식이 잊히지 않고 오래간다.

사회는 도표나 통계 자료, 관련 사진이 다른 교과와 다르게 많이 담겼다. 그 하나하나가 정보다. 그래서 공책쓰기를 할 때도 직접 그려 보게 한다. 표나 그림 그리기에 시간이 많이 걸리는 문제가 있지만 스캔해서 공책에 붙일 자료를 만들어 활용하면 된다. 공책에 붙여 놓고 무슨 뜻과 의미인지 써 놓는다. 도표, 그래프만 보고 해석하는 능력과 힘도 기른다. 시험에도 이런 문제가 많이 나온다. 해석, 분석, 비판하는 말을 많이 찾도록 한다. 뉴스나 신문에서도 여러 가지 통계표와 그래프가 많이 나온다.

사회 수업에는 마인드맵을 그리기에 알맞은 내용이 많이 나온다.

사회는 마인드맵으로 정리하기 적절한 내용이 많이 나온다. 관련 정보가 문단별로 잘 나뉘어 분류하기 쉽기 때문이다. 물론 코넬식도 그렇다. 어느 쪽이든 상관이 없지만 둘 다 가능하다면 마인드맵으로 한다. 딱딱한 글자보다 이미지 활용이 상상을 더 자극한다.

칠판에 있는 마인드맵을 공책에 옮겨서 호흡을 맞춰 간다. 몇 가지를 그려야 하는지 생각이 막혀 오랫동안 머무를 수 있기 때문에 한 달 정도는 기본 모형과 줄기를 교사가 먼저 그려준다. 조금씩 아이들의 참여 기회와 시간을 늘려나간다.

역사적 사건을 간추려야 할 때는 자연스럽게 연대순으로 기록 형식이 갖추어진다. 국어 수업 중심 문장 찾기와 비슷하다. 짧은 시간에 너무 많은 역사적 사건을 다루어야 하기 때문에 설명 시간도 길어진다. 설명하더라도

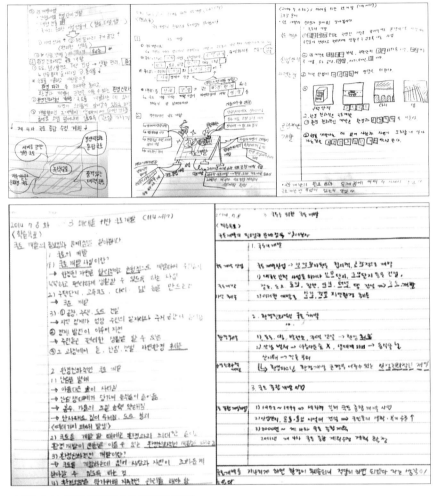

아이들마다 다양한 방식으로 공책을 정리한다.

아이들이 과연 제대로 이해했는지는 늘 고민이 된다. 그냥 가만히 듣기만 해서는 안 될 일이다. 내용을 간추려 쓰는 일은 기본이다. 무슨 내용이 있는 지 파악하며 읽는 효과가 있다.

간추리면서 질문거리도 한 가지씩 준비한다. 사건별로 질문거리를 한 사람씩 나와서 쓴다. 다 썼으면 모두 나와 자석 동그라미를 하나씩 잡고 가장 궁금한 질문에 붙이도록 한다. 이 부분을 집중해서 알려주면 된다. 집중도도 높아지고 시간도 줄일 수 있다. 설명을 들으면서 공책에 새롭게 안 사실이나 내용을 덧붙여 간다.

지금까지 우리 반 수업에서 코넬식, 마인드맵, 그림, 도표, 그래프와 같은 여러 가지 방법으로 공책 쓰기를 해왔다. 학기 말 아무런 형식을 알리지 않고, 아이들에게 마음껏 자기만의 형식으로 정리해보라고 했다. 코넬식 정리, 그림 그리기, 네모 칸 채우기, 마인드맵과 같이 아이들마다 제각각 여러 가지 방식이 나왔다.

지금까지 다양한 본보기로 칠판 쓰기를 하면서 공책을 쓰는 여러 방법도 함께 가르쳐 왔는데, 결국 아이들 각자 스스로 자기만의 방법을 선택한다. 다시 훑어보면서 자기에게 맞는 방법, 교과와 수업 내용에 따라 알맞은 방법을 찾아야 한다. 결국은 자기 스스로 할 수 있도록 그동안 다양한 방법의 본보기가 꾸준히 이어져왔던 것이다.

예체능

예체능에는 음악, 미술, 체육, 실과가 있다. 몇몇 과목은 교과 전담 시간이기도 하다. 대부분이 몸을 움직여 참여하는 활동 중심이다. 따로 공책을 쓸 시간과 여유도 모자란다. 많이 쓸 거리도 없다. 그래서 예체능은 한 공책에 쓰게 한다.

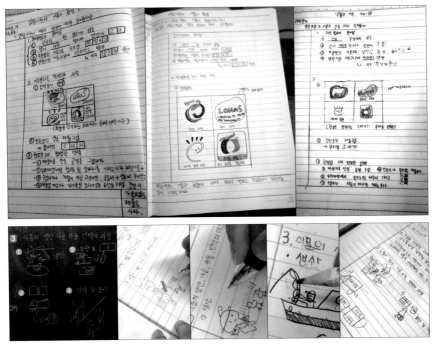

미술, 음악, 체육, 실과도 때때로 공책이 필요하다. 이러한 교과별로 따로 준비하기보다는 한 권으로 함께 쓰면 좋겠다.

예체능 가운데 실과 내용이 가장 많다. 실과는 생활 속에 지속적으로 실천 가능한 정보가 많이 나온다. 코넬식 공책 쓰기가 많이 쓰인다. 체계를 갖추어서 쓴다. 한 시간 공부에 활동거리가 서너 가지 나오는 데 처음 두 가지 정도는 개념에 대한 정의, 정보 탐색이 있다. 마지막 활동은 대부분 실천거리도 이어진다.

교과서에 여러 가지 정보가 그림으로 많이 나와 있다. 글로 쓰면 금방이겠지만 그림 그대로 따라 그리게도 한다. 평소에 자주 쓰기 어려운 낱말이나 새로운 단어는 그림으로 그려가면서 이미지와 뜻을 되새겨 본다.

미술, 음악, 체육도 때때로 공책이 필요할 때가 있다. 음악은 따로 악보가 있는 공책을 쓰기도 한다. 미술은 작품을 만들기 전에 도구나 준비물, 구상 단계를 미리 공책에 써 놓고 한다. 또한, 작품을 다 만들고 감상한 결과를 모둠끼리 이야기하고 공책에 쓰기도 한다. 교과서 작품으로 감상 수업을 할 때도 많은 기록이 필요하다.

체육 수업도 보건, 안전, 여가 생활에 필요한 정보와 같은 기록거리가 생긴다. 꾸미기 체조를 만들기 전에 미리 구상하는 단계도 있다. 운동 전후 과정을 정리하면서 잘 안 되는 부분, 친구들이 잘되는 부분을 적어서 자신을 되돌아 볼 수 있는 기록으로 남겨둔다.

8. 교사의 평가와 지도

공책 쓰기를 귀찮아하고 왜 필요한지 모르겠다고 하소연하는 아이가 있기 마련이다. 필요성을 느끼지 못하니까 맞추어 주는 척 검사용으로만 여긴다. 그런 마음은 공책 쓰기뿐 아니라 다른 부분에서도 드러난다. 이것 또한 아이들 발달 단계에서 자연스러운 현상이다. 필요성을 느낄 때까지 천천히 차근차근 이야기하고 기다려주어야 한다.

공책 쓰기도 습관이다. 밥 먹듯이 일기 쓰듯이 자연스러워야 한다. 아이에 따라서 한 가지 습관이 몸에 배기까지 빠르면 한 달 늦어도 석 달 정도는 걸린다. 그러는 동안 끈질기게 꾸준히 챙기고 살피는 일이 교사의 학교생활 대부분을 차지할 것이다.

수업 시간에 잘 가르치고 잘 배우는 일이 기본이다. 수업 전 준비와 수업 뒷마무리를 챙긴다. 못한 것, 잘못된 것을 다시 하면서 생각의 폭과 깊이를 다진다. 배움의 즐거움은 그 배움에서 자기 성장을 느꼈을 때, 현재보다 한 걸음 나은 새로움을 알았을 때의 기쁨이 아니겠는가.

공책 쓰기에 습관을 들이는 것이 중요하다. 아이들 한 명 한 명을 끝까지 기다리며 챙겨줘야 한다.

공책은 한 달에 한 번, 단원을 마칠 때 모두 내게 해서 살펴본다. 이때 벌이나 꾸지람은 주지 않는다. 빠뜨리는 부분이 없나 챙겨본다. 아이들이 많이 빠뜨리는 부분이 코넬식 공책에 중심 낱말과 요점 정리 부분이다. 수업 시간에 마무리 짓지 못하고 미루다가 빠뜨린다. 또한, 빈칸 채우기 내용 정리를 그대로 비워둔 아이도 있다. 친구끼리 챙겨보라고 하지만, 슬쩍 넘겨 버리기도 한다. 습관이 되어서 몇몇 아이가 집중적으로 안 쓰기도 한다. 못했다고 벌은 주지 않지만, 검사받는 날 못한 것은 끝까지 마무리하고 가도록 한다.

아이들 공책에 복사물을 붙여서 정리하는 경우도 생긴다. 도표, 그림, 통계 자료, 신문 기사 등이 있다. 모둠 발표 수업이 있을 때는 평가표를 만들어 준다. 또래 아이들끼리 평가를 하는 기준이 된다. 평가 기준은 보통 학습 목표가 중심이다. 평가 항목을 자꾸 보면서 모둠 평가를 한다. 자연스럽게 여러 번 항목을 읽게 된다. 모둠 평가뿐 아니라 개인 발표도 마찬가지다. 평가 항목을 주고 점수로 매긴다. 등수 매기기보다 집중해서 잘 듣게 하려는 목적이다. 항목 점수에 덧붙여 자기가 생각하지 못한 새로운 사실, 고쳤으면 하는 부분도 기록하게 한다. 아이들은 교사의 평가보다 또래 아이들 평가에 민감하고 더 집중한다. 한 사람보다 여러 사람 눈이 객관적이다. 평가의 눈은 어른이나 아이나 별 차이가 없다.

완전히 외워서 기본 상식이 되었으면 하는 글은 베껴 쓰기도 한다. 베껴 쓴 글을 가지고 나오게 하고 물어본다. 어떤 문장이 기억나는지, 마음에 드는 문장은, 왜 좋은지, 어떤 정보가 왜 그렇게 되었는지, 교사 앞에서 설명 해야 한다. 아이마다 글 쓰는 속도가 달라서 빨리하는 아이는 먼저 나와서 검사받는다. 확인받는 아이가 늘수록 느린 아이들이 조금 긴장을 하고 속

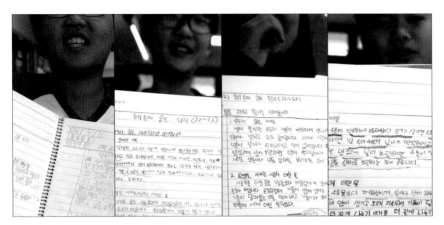

아이들이 각자 자신의 공책에 적힌 내용을 보지 않아도 관련된 것을 질문으로 받으면, 설명할 수 있도록 꾸준히 점검한다.

도를 낸다. 단번에 통과하는 아이는 드물다. 두세 번 정도 도전해야 겨우 통과한다. 일부러 그렇게 한다. 어떤 질문을 던질지 모르니까 넓고 깊게 읽으며 자꾸 살피게 된다.

5장
모둠 활동

아이들이 능동적으로 수업에 참여하고, 생각을 공유하는 데는 모둠 활동이 효과적이다. 서로 다른 의견으로 풀거나 모아내면서 토의와 토론이 이루어진다. 짝이나 작은 모임별로 과제를 해결하는 다양한 모둠 학습 방식이 수업을 풍부하게 만들 수 있다. 수업 진행 과정에서 교사 중심 설명과 모둠 학습이 번갈아 되기도 한다. 모둠 활동으로 바꾸는 시점과 방법은 수업 내용에 따라서 달라진다.

아이들이 자기 모둠끼리 의견을 주고받는 과정이 중요하다. 학습 주제에 맞는 진행과 참여 방법에 대한 학습도 그 시간에 함께 이루어진다. 다양한 활동 주제에 따라 발표도 다양하다. 발표는 한 번으로 끝나지 않는다. 직접 발표하는 과정뿐만 아니라 발표

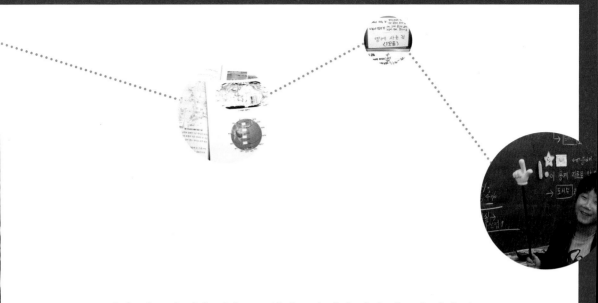

방법, 발표에 대한 평가도 모두가 공유해야 하기 때문에 깊이 있는 학습으로 계속 이어진다. 교사 또한 수업 준비와 수업 기록과 평가가 동시에 이루어지는 수업 과정을 연구 실천하는 노력을 꾸준히 이어간다.

수업은 소통이다. 아이들은 교사의 일방적인 가르침을 그대로 받아들이는 것이 아니라 함께 분석하고 종합해보면서 전체를 아우르면서 배우게 되고 교사도 발전하게 된다. 개인에서 모둠, 모둠에서 전체, 전체에서 다시 개인으로 이어지는 수업 흐름과 준비, 발표, 평가를 거치며 학습 내용이 반복된다. 방법을 달리해서 여러 번 보고 듣는 셈이다. 모둠 활동은 이런 과정에서 서로 점검하고 보충하는 관계를 만들게 된다.

1. 왜 모둠이 필요할까?

예전에는 학급에서 일제식 수업이 많았다. 일제식 수업이란 아이들이 모두 앞만 보며 교사의 설명과 지시에 따라 일제히 반응하는 수업이다. 모두 똑같은 자세에 똑같은 내용을 조용히 듣고 쓰고 풀었다. 대학이나 학원 수업에서도 자주 보는 모습이다. 이런 방법이 전혀 없을 수 없지만 아이들이 생각하며 참여하느냐는 고민해볼 문제다. 일방적인 전달 다음은 아이들 개인 몫으로 넘겨진다. 개인 반응의 결과는 교사의 일대일 확인과 점검을 거쳐 평가로 이어진다. 이런 일련의 과정에 대해 아이들에게 사고력과 학습동기, 참여 의욕을 불러일으키기가 힘들다는 비판이 많다.

소통으로 학습동기를 찾는 모둠 활동

모둠을 짜는 까닭은, 첫째, 아이들이 서로 소통 과정을 겪게 하는 것이다. 보통 아이들 네 명씩 한 모둠을 짓는다. 활동 주제를 정하면 아이들은 모둠에서 서로 번갈아 이야기하고 기록하고 한 가지 의견으로 모아간다. 그리고 다른 모둠에서 제기된 의견에 대한 반대 의견과 질문을 만들어가는 활동으로 이어진다. 모둠 아이들이 확인하고 정리하는 과정을 거친다. 저마다 다른 경험을 드러내며 한 가지 의견으로 모으는 과정에서 경청하는 습관과 학습동기를 함께 키울 수 있다. 넷 또는 다섯 명으로 묶었다고 다 모둠 활동이 되는 것은 아니다. 모둠별 책상 배치를 해놓고도 굳이 모둠이 아니라 혼자만으로도 해결 가능한 주제를 아이들에게 준다면, 오히려 모둠 구성이 집중력을 떨어뜨리게 할 수도 있다. 물리적인 배치와 모둠에서 해결할 만한 가치 있는 주제가 서로 맞물려야 한다.

예를 들어 읽기 수업을 모둠 활동으로 한다면, 협동학습의 '동시에 읽기 구조'가 좋다. 각 모둠에서 한 사람씩을 먼저 시킨다. 여섯 모둠이라면 여섯 사람이 한꺼번에 읽는다. 네 번 정도 하면 모두 한 번씩은 읽게 된다. 기회가 되면 모두 두세 번 정도 읽을 수도 있다. 이렇게 모두 읽고 나서 중요 문장 말하기를 진행한다. 각 모둠에서 아이들끼리 돌아가면서 말하게 한다. 간단한 발표인 셈이다. 서로 다른 의견이 나오면 의논해서 하나의 문장으로 의견을 모아간다. 국어 읽기 수업을 일제식 수업으로 하게 되면, 보통 번호대로, 한 줄씩, 또는 불특정하게 아이들을 시켜서 읽게 한다. 일제식 수업에서와 같이 전체로 하면 몇 사람만 읽는 것으로 끝나지만 모둠에서는 모두 참여하고 서로 이야기 나눌 기회와 여유를 갖게 된다.

국어 읽기 수업에서 '동시에 읽기'. 모둠별로 한 명씩 일어나서 동시에 읽는다.

또한 모둠 활동은 아이들에게서 부담감을 덜 수 있다. 반 아이들 전체를 대상으로 말하는 것보다 모둠에서 말하는 것이 훨씬 편안하다. 부담이 덜 해서 말 꺼내기, 의견 내기가 수월하다.

모둠 활동을 한다고 성공하는 것은 아니다

아이들은 의견이 있어도 틀리지 않아야 한다는 부담감과 나서서 말하면 잘난 채로 여기는 분위기, 친구들 눈치 때문에 입을 닫아버리기도 한다. 아이들은 학습 내용보다 이런 분위기와 눈치 때문에 일제식 수업을 오히려 선호하고 듣고 쓰기만 하는 상태에서 벗어나지 못한다.

예전에 모둠 활동을 하고 나서 설문 조사를 한 적이 있었다. 모둠 활동 경험에 대한 좋은 정보다. 모둠을 바꾸었을 때 좋지 않았던 점, 기억나는 점, 재미없고 지루한 점 등을 참고하면 좋겠다. 이것은 6학년 전체 학생들을 대상으로 조사한 결과이다.

---

1) 모둠을 바꾸었을 때 좋지 않았던 점

① 친한 친구와 헤어져서 (33)
② 괴롭히고 싫은 아이가 있어서(29)
③ 의견이 맞지 않는 아이가 있어 모둠이 제대로 안 되어서(21)

※ 어떤 아이?
더럽고, 구질구질한 아이, 준비물을 안 챙기는 아이, 공부 못하는 아이, 조장하기 싫어 떠넘기는 아이, 조장만 시키는 아이, 뭐든 하지 않으려고 하는 아이, 숙제를 안 해오는 아이, 교과서를 잘 가져오는 아이, 날마다 떠들기만 하는 아이, 청소 제대로 하지 않는 아이, 약속 어기는 아이, 뒤떨어진 아이,

※ 그래서?
우리 조가 바로 꼴등이 된다. 점수가 깎인다. 가장 늦어진다. 꾸중 듣는다. 선생님이 좋아하지 않는다. 모둠장 할 일이 더 많아진다. 기분이 나쁘다. 모둠장이 감당하기 힘들다. 스티커를 붙일 수 없다.

---

2) 모둠 활동 가운데 기억에 남는 것들

▶ 모둠끼리 보물 숨기고, 지도를 만든 뒤 다른 모둠 지도와 바꿔서 보물을 찾은 일
▶ 스케치를 다 같이하고 잘라서 각자 나눠 갖고 색칠해서 다 이어 붙이기(협동화)
▶ 모둠 헤어지기 전에 동무들 그림 그리기를 했다.
▶ 친구 집에서 연극 연습하기, 모둠끼리 연극했을 때
▶ 모둠끼리 시장조사(파는 것, 시장에 나오는 물건)를 하러 갔을 때
▶ 모둠 애들과 새 소리와 자동차 소리를 직접 녹음해서 듣고 정리한 것
▶ 방송국 흉내 내기 - 뉴스 하듯 한 사람이 나와 나머지 아이들이 현장 모습을 연출하는 것
▶ 모둠 동화책 만든 것- 동화책 읽고 표지 만들고 주요 인물을 그리고 재미있는 장면 그리기
▶ 아이들 생일에 모둠끼리 한 솥 밥 먹기-비빔밥
▶ 모둠 달력 만들기-모둠 아이들이 해야 할 계획과 과제, 생일 등을 붙임, 교실환경
▶ 모둠 동창회-처음 만난 모둠 아이들과 잔치를 벌인 것

3) 모둠 활동에서 재미없고 지루한 것

▶ 연극할 때 떠든다고 보지 않아서
▶ 국어 시간에 늦게 말해서 읽는 게 너무 많아서 기다리느라 너무 지루했다.
▶ 국어 시간에 발표할 때 계속 반복해서 재미없었다.
▶ 여자들만 글 쓰고 붙이고 칸 만들고 해서 우리 남자가 안하고 무시당해서
▶ 그림 그리는 여자 아이들이 거의 다 해버려서 재미가 없고 지루했다.
▶ 협동해서 그려야하는데 여자 애들만 그리고 남자 애들보고 가만히 있어라 해서 재미없고 지루했다.
▶ 만들기를 할 때 다 망쳐서 모둠장이 짜증내서 기분이 안 좋았던 일
▶ 모둠이 힘을 모아서 할 때에는 나를 보고 가만히 있으라고만 할 때
▶ 실력이 없다고 모둠 여자 아이들이 남자들은 뺐을 때
▶ 모둠신문 만들 때 다 하기 싫은데 자기 마음대로 하고 우리 의견을 무시할 때
▶ 모둠끼리 의논하거나 토론할 때 말을 하지 않아서
▶ 모둠별로 하면 나 때문에 점수가 깎여서 미안해서 모둠 활동 모두 재미없었다.
▶ 발표 연습을 할 때 아이들이 장난으로 대충해서 재미없고 지루했다.

아이들의 모둠에 대한 경험을 보면, 아이들은 모둠 경쟁이나 과제 해결을 위한 조건으로 모둠을 바꾸었을 때 좋지 않은 감정을 느꼈다. 모둠을 꾸리는 까닭 가운데 하나가 아이들끼리 두터운 관계를 맺게 하는 데 있다. 그런데 오히려 아이들끼리 경계심과 짜증, 배척감만 남길 수도 있다. 학습력을 높이려는 동기로 경쟁을 시키는 방법을 쓰면서 사람보다 과제와 성과에 집

착해 버리는 단점이 더 크게 드러날 수 있다. 미움과 서운함, 불이익의 대상으로 여기는 감정을 풀지 못하고 모둠을 바꾸면 여전히 감시와 불신의 관점으로 활동할 가능성이 남게 된다. 경쟁이 전혀 없을 수 없지만 모둠을 꾸리는 목표는 부담감 없는 관계 회복과 자신감에 있다. 서로의 믿음이 두터워졌을 때 모둠을 바꾸어야 한다. 과제 완성보다 관계의 완성이 더 중요하고 우선해야 한다.

경청과 배려가 참여와 학습을 돕는다

처음 모둠을 구성하면 서먹하다가 분위기가 익으면 오히려 말이 많아지고 주제에서 벗어나는 행동과 말이 나타나기 시작한다. 자연스러운 현상이다. 이렇게 편안한 분위기가 만들어지면 조금씩 수업을 위한 모둠 규칙들을 만들어가야 한다.

가장 먼저 가르치는 모둠 규칙은 경청과 배려다. 일제식 수업 때도 개인별로 잘 듣는 것, 조용히 듣는 것, 발표할 규칙 등이 있다. 모둠에서도 그대로 적용되는데 그 느낌이 다르다. 모둠에서는 듣고 모두가 반응해주고 덧붙여 말을 하도록 한다. 잘 들어야 한다. 그냥 듣는 것에 머물지 않고 들은 것에 대한 반응이 뒤따라야 한다. 또한 의견에 대한 무시, 틀린 것에 대한 비난을 하지 않고 어떤 말이든 말을 해준 것에 대한 칭찬과 격려, 끝까지 들어주는 배려가 필요하다.

경청과 배려는 아이들이 마음껏 말하고 편안하게 참여하게 만드는 기초가 된다. 이런 분위기가 익으면 자연스럽게 전체 활동도 편안해진다. 모둠은 학습 참여와 학습동기를 불러일으키고 경청과 배려를 익혀나가는 작은 공동체이다.

2. 모둠 활동을 위한 준비

모둠 칠판과 필기도구

모둠 칠판은 모둠 활동에서 가장 많이 쓰이는 도구일 것이다. 화이트보드, 보드마커, 지우개를 늘 준비한다. 아이들이 모둠 칠판으로 발표할 때 뒤쪽 아이들에게도 내용이 잘 보일 수 있도록 글씨를 크게 쓰는 연습을 자주 시킨다. 문제, 질문, 답을 나타내는 색을 다르게 해서 표시할 수 있도록 보드마커는 세 가지 색을 준비한다. 색깔 펜은 같은 모둠에서 함께 사용하는 활동지에 개인별 구분이 필요할 때 유용하게 쓰인다.

보드마커와 색깔 펜

화이트보드 지우개

모둠 칠판 화이트보드

모둠별 칠판인 화이트보드는 받침용으로도 쓰인다. 교과서 부록의 여러 가지 낱말 카드, 숫자 카드를 가지고 공부할 때, 카드 형식으로 낱말 분류할 때도 유용하다. 포스트잇을 붙여서 공부할 때도 좋은 받침대 역할을 한다.

아크릴로 만든 모둠 칠판도 있다. 미술용으로 나온 아크릴판 뒤에 자석을 붙여서 쓰는데 조금 오래 두면 깨끗하게 지워지지 않는 단점이 있다. 이와 비교해 일반 화이트보드보다는 가볍고, 칠판에 붙일 수 있다는 장점이 있다.

모둠 칠판은 이동이 가능해서 좋다. 칠판에 세워두었다가 수업이 끝나도 교실 한 곳에 세워두면 학습에 참고가 된다. 각종 계획서나 조사 방법을 쓸 때 며칠 세워두어서 다른 모둠을 참고하도록 공유한다.

모둠 칠판은 이동이 쉽고 장소에 상관없이 어디든 게시하거나 전시하기 쉽다.

요즘은 자석 장판 형식도 나온다. 가볍고 칠판에 붙일 수 있다. 칠판 붙임용이라서 다른 곳에 세워두지 못하고, 그 수업 시간이 끝나면 바로 지워야 하는 단점도 있다.

모둠 칠판은 수업 내용에 따라 다양하게 활용한다. 오래 세워두고 볼 것은 화이트보드와 아크릴판으로, 칠판에 붙일 것은 자석 장판으로, 들고 나와 보여주고 다시 들고 들어가 고칠 것은 화이트보드와 아크릴판을 활용한다.

개인 칠판

'골든 벨'과 같은 개별 의견이나 답안 쓰기는 개인 칠판을 활용한다. 단원 마무리 문제 풀이와 전체 참여가 필요할 때도 유용하다. 개인용이긴 해도 모둠 활동을 할 때에도 자주 쓰인다. 여러 의견을 모아서 모둠 의견을 한 문장으로 나타낼 때 작은 모둠 칠판 역할을 한다. 캐릭터 그리기, 수학 문제 풀기, 그림 구상하기, 사회 질문 만들기, 단원 '골든 벨' 문제 맞히기 등을 할 때도 쓰인다. 아이들은 이런 도구를 다룬다는 것만으로도 호기심과 재미를 느낀다. 다만 개인용 칠판에 자기 의견을 바로 쓰기보다는 공책에 먼저 쓴 다음 옮기도록 지도한다.

모둠 활동에 사용되는 개인 칠판

실물화상기와 타이머

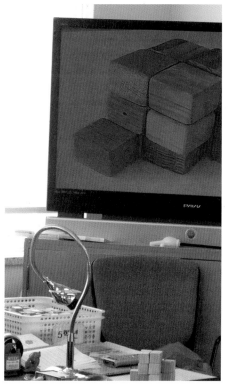

입체도형의 문제를 탐구할 때도 실물화상기를 사용할 수 있다.

우리 반 실물화상기는 주로 아이들 교과서나 공책을 비추어 보여주는 데 쓴다. 아이들이 문제를 풀이하는 과정이나 답안 작성하는 내용을 확대해서 보여주거나 공책이나 교과서에 쓴 의견이나 답안을 비추어 보이게 한다. 모둠 칠판이 아닌 교과서에 바로 글을 쓰기 때문에 시간을 아낄 수 있다. 공책 검사를 할 때도 공책을 확대해서 확인하는 데도 사용한다. 책에 줄 긋기나 공책 정리한 것을 살펴보는 데 사용되기도 한다. 수학 시간에는 실물화상기로 직접 입체도형을 비추어 모양이나 개수를 알아보기도 한다.

타이머는 두 가지를 쓴다. TV 화면용 플래시 타이머와 실제 타이머 시계다. TV 화면은 크게 보여서 가장 좋다. 하지만 TV화면에 다른 화면을 띄워 놓아야 할 때는 타이머 시계를 쓴다. 타이머 시계도 뒤쪽 아이들이 보이도록 해야 한다. 타이머 시계를 각 활동 위치별로 옮겨가면서 붙일 수 있어서 더 자주 쓰이고 있다.

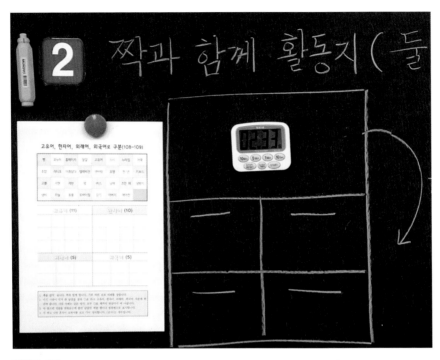

타이머 시계

나이머 플래시는 땀샘 학습운영 누리집(http://chamdali.edumoa.com/bbs/zboard.php?&id=M0_main_04)에서 구할 수 있다. 모둠 차례 뽑기 플

모둠 차례 뽑기 플래시   손가락 지시봉

래시 프로그램도 자주 쓴다. 모둠 발표를 할 때 무작위로 차례를 정해준다. 각 모둠별로 확인, 채점, 간단한 평가 기능도 있다. '손가락 지시봉'은 아이들이 나와서 설명할 때 쓰이는데 손가락 모양이 재미있어서 곧잘 장난감이 되어 자주 부러뜨리기도 한다. 다양한 지시봉은 설명 방법에서도 재미를 더해준다.

활동지와 보조 자료

교과서 그림을 그대로 컬러 인쇄해서 자주 쓴다. 직접 그리기도 하지만 너무 복잡한 그림이나 도표는 스캔해서 개인별 또는 모둠별 학습할 때 나눠준다. 체육 시간에는 책을 들고 갈 수 없어서 꼭 보여줄 동작이나 주의 사항 등은 확대 컬러 인쇄해서 보여준다. 말로 설명할 때보다 훨씬 집중력도 높고, 펼쳐 놓고 자주 보면서 익혀나갈 수 있다.

모둠 활동지도 있다. 미술 작품 감상평을 쓸 때 모둠 아이들이 한꺼번에 의견을 쓸 수 있게 협동학습의 창문 구조 학습지를 만든다. 체육 수업시간,

사회 교과 관련 지도, 그림, 그래프. 컬러 인쇄해서 공책에 붙일 수 있도록 한다.

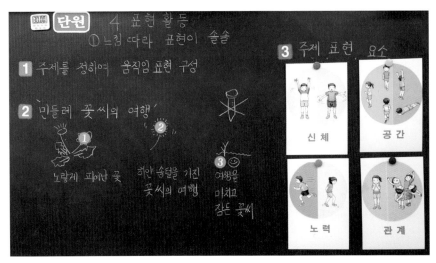

체육 표현활동. 실제 자료와 그림을 컬러로 크게 인쇄해서 체육 시간에 사용하고 한 곳에 두면 아이들이 자주 참고할 수 있다.

표현활동 공부 시간에도 사용된다. 계획을 짜는 시간에 활동을 직접 구상해서 만들어가는 데 도움을 준다.

국어와 사회 시간 조사 학습을 할 때도 활동지가 필요하다. 과정에 대한 기록이다. 이런 기록들을 잘 챙겨두었다가 학급 문집에 실어도 좋은 추억

미술 창문 구조 학습지   미술 작품 감상평

모둠 학습지   평가표

거리가 될 것이다.

그밖에 교과별 모둠 학습지가 있다. 일반 학습지는 개인이, 모둠 학습지는 둘, 셋이 번갈아가면서 푼다. 국어 시간 우리말을 찾는 공부나 수학 시간에 단원 마무리나 진단 학습을 할 때 함께 푸는 학습지가 된다.

평가표는 모둠 발표가 있을 때 꼭 만든다. 발표를 듣는 사람이 모두 평가를 해보는 것이다. 학습목표를 기준으로 종류를 만들어서 자주 보면 그 수업의 학습목표를 외우게 된다.

작은 스티커는 평가할 때 쓰인다. 마음에 드는 의견에 한 사람당 다섯 개이상 주고 붙이고 싶은 개수만큼 공감하는 의견이나 내용에 붙인다. 전체의견을 알아볼 때도 쓰인다.

3. 모둠 짜기

모둠 인원 구성

예전에는 한 반에 마흔 명 가까운 아이들이 있어서 여섯 명씩을 기준으로 한 모둠을 만들었다. 요즘은 도시 학교도 서른 남짓이라 기준을 네 명으로 많이 잡는다. 묻고 답하기, 발표하기, 책 읽기 등 아이 네 명에게 하루에 꼭 한 번씩은 돌아간다.

모둠을 구성하는 데에는 성별, 학력별 균형을 고려해왔다. 학습 능력을 기준으로 골고루 편성하여 늦은 아이, 부진 아이들을 보충하려는 뜻이기도 했다. 모둠을 짤 때 아이들에게 물어보면 남자끼리 여자끼리 해달라는 말이 자주 나온다. 예전에는 그대로 해주었다. 친구 관계를 살필 수 있는 정보가 되기 때문에 한 달 정도만 살펴본다.

벽신문 만들기, 모둠 주제 발표와 같은 모둠 활동이 이루어지면, 나중에는 아이들 스스로 변화를 요구한다. 남자애들 모둠에는 여자아이가, 여자애들 모둠에서는 남자아이가 필요함을 느끼게 된다. 발표나 보고서 작성과 같은 활동을 잘하는 아이가 골고루 필요하기 때문이다.

아이들이 알아서 정하도록 시간을 넉넉하게 주면 결국 대부분 여자아이들이나 남자아이들이나 모두 섞어서 제비뽑기로 하자는 결론이 나오기도 한다. 이런 식으로 처음 몇 번 정도는 아이들에게 기회를 주어보는 것도 좋겠다.

모둠 구성 변화

모둠 구성은 늘 고정된 것보다는 모둠 활동 주제에 따라서 순간순간 바꾸는 방식이 좋다. 요즘은 모둠을 교사가 정해준다. 모둠에 성별이나 학력이 골고루 섞이게 하고, 특정한 모둠에 부진한 아이들이 몰리지만 않도록 한다. 그리고 아이들 성격도 고려해서 짠다. 그렇게 하면, 아이들끼리 섞이고 싶지 않은 아이들이 드러나는 문제를 막을 수 있다. 모둠을 구성할 때마다 외톨이 아이가 드러나게 되면 오히려 아이들 사이의 관계를 더 멀어지게 할 수도 있다. 차라리 서운한 감정을 교사가 듣는 것이 나을 때가 있다. 어느 정도 학급 아이들끼리 신뢰감과 배려가 다져졌을 때 진지하게 다시 짤 기회를 주면 좋겠다.

모둠 구성은 한 달에 한 번보다는 두세 달에 한 번 꼴로 바꾼다. 모둠 아이들끼리 어울리려면 적어도 두 달은 걸린다. 그리고 모둠을 짜 놓고도 모둠 활동이 별로 없다면 의미가 없다. 학급운영에 따라 개학 첫 달인 3월에는 일주일에 한 번씩, 4월부터는 한 달에 한 번씩 모둠 활동을 한다. 2학기에는 보고서 활동이나 프로젝트 학습이 중심이 되면, 그 학기에 두 번 정도 모둠을 바꾸기도 한다.

모둠 이름 정하기

모둠을 만들고 나면 모둠 이름을 짓는다.

아이들에게 마음껏 하라고 하면 여러 가지 이름이 나온다. 모두 나름대로 뜻 깊게 만들지만 막연하게 유행을 따르는 경우가 많다. 영어를 섞어 쓰기도 하고 우리말도 영어도 아닌 이상한 말을 만들기도 한다.

처음 모둠 이름 정할 때는 어느 정도 기준을 잡기를 권한다. 그냥 맡겨 버리면, 텔레비전, 인터넷에 나오는 유행어에 익숙해서 대부분 비슷해지기 쉽다. 또는 그냥 즉흥적으로 몇몇 대표 아이가 이름 정하는 것을 맡게 된다.

모둠 이름을 결정하는 데에도 아이들에게 '주제'를 주어서 어느 정도의 범위를 정해주면 어떨까? 어렵다면, 처음에는 아이들 하고 싶은 대로 하고, 어느 정도 기간이 지난 뒤 두 번째 모둠을 만들 때에는 이름 주제를 주어보면 어떨까? 2학기 한글날 쯤 와서 지금까지 모둠 이름이 어떻게 바뀌었는지 정리해서 아이들과 함께 공유하는 것도 좋겠다.

〈모둠 이름 규칙〉

1) 순우리말로 찾기 위해 사전을 찾아봅시다.
2) 외래어를 쓸 때는 정확한 단어를 찾아 바르게 표기합니다.
3) 낱말의 뜻과 의미를 찾아봅니다.
4) 텔레비전이나 유행을 쫓는 우스갯말을 장난삼아 짓지 않도록 합니다.
5) 새로운 말은 본래 말뜻을 살려서 누구나 쉽게 알아들을 수 있게 한다.

〈모둠 이름 예〉

※ 장 이름(우리나라 전통 문화에 따른 주제): 쌈장, 초장, 된장, 간장
※ 나라 이름, 꽃 이름, 풀이름, 나무 이름, 우리 학교 시설물 이름
※ 통일에 얽힌 말: 우리가 남인가, 우리 함께 손잡고, 함께 가자 우리, 같이 하는 기쁨
※ 역사에 길이 남을 우리 조상 이름: 우리 땅을 그린 김정호, 자랑스럽다 이순신, 가자 만주벌판 광개토대왕
※ 어른들이 자주하는 말: 빨리빨리, 공부해라, 숙제 안하고 뭐 하나, 싸우지 마라. 너는 커서 뭐 될래

4. 모둠 활동으로 펼쳐지는 수업

모둠 수업 흐름 개괄

모둠을 짜 놓아도 평소에 책상은 교실 앞을 향하도록 배치한다. 전체 안내와 기본 학습은 앞을 보는 것이 좋다. 등을 지거나 몸을 옆으로 해서는 앞을 보기가 힘들다. 모둠 활동할 때만 책걸상을 옮겨서 맞춘다. 책걸상은 학기 초에 한 번 정해서 그대로 일 년 내내 쓰도록 한다.

수업 흐름은 다음과 같이 크게 세 가지로 나누어 볼 수 있다.

(1) 전체 ─ 개인 ─ 전체

(2) 전체 ─ 모둠 ─ 전체

(3) 전체 ─ 모둠 ─ 개인 ─ 모둠 ─ 전체

(1)과 같은 수업 흐름은 일제식 수업 형태다. 모둠 활동의 의미가 얕아진다. 짝 활동 정도만 이루어질 것이다. 전체 안내하고 옆 짝과 서로 소통하는 정도니까 앞만 보고 있으면 된다.

(2)에서는 짧게 전체 설명을 하고 바로 모둠 활동으로 이어진다. 책걸상 옮기는 시간이 번거러워서 아예 모둠별 책상 배치를 해두는 것이 좋다. 미술, 음악, 과학 시간에 자주 쓰인다. 국어 시간 모둠 조사 발표와 토의, 수학 시간 또래끼리 가르치기, 단원 마무리 학습, 사회 시간 모둠 질문 만들기와 같은 방법으로 교과 수업이 설계되었을 때는 미리 쉬는 시간에 아이들에게

말해 준다. 아침 시간에 그날 공부 방법을 말을 해주거나 칠판에 써주면 미리 책상을 맞추어 놓을 수 있다.

(3)과 같은 흐름은, 모둠은 활동과 점검, 개인은 정리 기록하는 형태다. 모둠에서 과정을 공유하고 개인별로 결과를 정리한다. 전체를 대상으로 과제 제시 하면 모둠에서 의논해서 1차 결론을 내고 개인이 정리 기록하면서 자기 의견을 낸다. 개인 의견을 다시 모둠에서 평가 종합하여 전체를 대상으로 발표한다. 시간이 많이 걸릴 것 같지만 습관만 들면 수업 집중도와 깊이 있는 공유로 소통할 수 있다.

짝과 함께 '분수와 소수의 혼합계산'

수학 '분수와 소수의 혼합계산' 수업이었다. 그전까지는 아이들 각자 나와서 풀고, 다른 사람이 나와 점검하는 방식으로 했는데 짝이랑 한 몸이 되어 풀기로 바꿨다. 개인별로 교과서 문제를 풀 시간을 먼저 주고, 그다음에 칠판에 두 문제씩 짝을 이뤄서 몇몇 개를 쓴다. 짝이 되는 아이들을 지정해서 함께 나와 칠판에 적힌 문제를 풀게 한다. 한 아이가 먼저 풀면 다른 아이는 옆에서 보면서 점검한다. 함께 고민하게 된다.

새 짝을 바꿀 시기에 짝과 함께 푸는 시간을 가지면 자연스럽게 서로 이야기 나눌 기회가 된다. 앉아 있는 아이들도 서로 물어가면서 푼다. 답만 찾는 것이 아니라 풀이 과정을 설명할 줄 알아야 한다. 꼭 짝이 아니라도 친한 아이에게 물어 보게 하면 풀이 과정에 집중한다.

수학 교과서 익히기 문제와 『수학 익힘책』 실력 기르기 문제는 공책에

짝끼리 서로 도와주면서 수학 문제를 함께 풀어간다.

옮겨서 푼다. 이 문제들은 다른 문제보다 까다로워서 자주 풀어봐야 한다. 짝끼리 함께 풀면 덜 부담스럽다. 옆에서 봐주니까 틀리거나 헷갈리는 부분이 나오면 자연스럽게 묻게 된다.

지켜보는 짝이 설명해주기 힘들면 다른 친구 한 사람을 더 불러도 된다. 외롭지 않게 풀 수 있다. 문제가 막힐 때 불러내는 친구를 보면서 믿고 의지하는 아이들 관계도 파악된다.

수학 시간에는 교사 설명 시간을 최소한으로 줄이려고 애쓴다. 서로 고민하면서 막히는 부분도 아이들끼리 해결할 수 있는 관계를 맺도록 옆에서 조언을 해준다. 짝끼리 함께 풀어도 잘못 푼다면, 그것은 다른 아이들에게도 풀기 힘든, '막히는' 문제가 된다. 이 문제를 집중 설명하면 아이들은 열심히 잘 듣는다.

모둠에서 풀이 과정을 서로 확인하기

수학 문제는 답을 맞추는 것보다는 답이 나오는 과정을 설명하는 데 시간

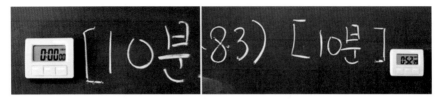

타이머를 사용해서 모둠에서 문제를 설명하는 데 쓰이는 시간에 제한을 설정한다.

을 많이 둔다. 넷이서 한 모둠이 되어서 '어깨 짝'(나란히 앉은 짝)과 '마주 짝'(마주 보는 짝)이 서로 설명하고 점검할 수 있다. 개인별로 문제를 풀고 나서는 서로 설명을 한다. 듣는 사람은 어떤 부분이 잘못되었는지 생각하면서 잘 들어야 한다. 이러한 과정은 모둠에서 문제를 풀이하는 대표적인 방법이다.

이런 활동에는 타이머가 쓰인다. 아이들이 문제를 풀고 설명하는 데 시간을 정해준다. 때로는 같은 모둠에 있는 네 사람이 서로 다른 문제를 풀어서 한 사람씩 발표하고 설명한다. A4 크기의 개인 화이트보드에 직접 써가면서 재미있게 설명할 수 있겠다.

어깨 짝, 마주 짝과 토의하고 모둠 발표로 이어지는 과정을 두 번 반복하면 한 시간 수업이 된다. 단원 정리나 여러 가지 문제 풀이를 할 때 여덟 문제 정도를 준비하면 좋을 것이다. 문제를 푸는 시간만큼 친구들에게 말로 설명하는 시간도 중요하다. 발표하는 아이가 설명을 하고, 나머지 아이들은 그 설명 들으면서 반복 학습이 된다. 또 다른 생각과 방법, 방식도 알게 되면 기록한다. 일제 수업에서는 자주 겪을 수 없는, 생각을 나누는 경험이다.

아이들의 개념 이해를 확인하기

의견을 내고 정리하는 과정은 어느 교과나 기본 흐름에 포함된다. 의견이 잘 나오지 않아서 처음에는 고민이 되지만 점차 익숙해지게 된다. 교사로서는 아이들 생각을 이끌어내는 방법에 대한 고민과 연구가 필요하다. 수업의 전체 흐름을 칠판에 써 놓으면, 아이들은 그것을 살펴보면서 자신의 학습 방법과 흐름을 생각해보고 그에 따라 마음가짐도 맞추게 된다.

악기를 분류하는 여러 기준을 찾아보는 수업이 있었다. 교과서에는 두 가지 분류 기준이 나와 있다. 다른 분류 기준을 찾아내는 것이 이 수업의 주요 과제이다. 악기의 소리를 내는 방법을 기준으로 하는 분류 방법과 악기를 사용하는 나라를 기준으로 분류하는 방법이 교과서에 이미 나와 있다. 이

모둠 과제를 해결하는 데 주어지는 시간을 정확히 지키도록 해야 한다.

두 가지를 빼고 다른 방법 한 가지를 찾아야 한다.

먼저 개인별로 자기 의견을 공책에 쓴다. 그리고 모둠끼리 의논해서 가장 나은 기준을 정한다. 그다음에 분류 기준과 그에 따른 종류들까지 화이트보드에 쓴다. 시간은 딱 5분! 5분이 짧으면 5분이 지난 뒤 추가 시간을 몇 분 정도 주면 된다. 시간이 되면 아이들이 다 못 해도 그대로 낸다. 모둠 칠판을 칠판에 세우거나 붙여둔다. 여섯 모둠이 쓴 의견을 다 읽어주고 살핀다.

실제 땀샘반 수업에서 두 모둠은 분류 기준이 아닌 종류만 썼고, 또 다른 한 모둠이 내세운 분류의 기준은 모호했다. 이렇게 '분류 기준'과 '종류'에 대한 이해 정도가 드러났다. 분류 기준이 무엇인지, 어떻게 써야 할지 생각하지 못하거나 헷갈려하는 모둠이 있다는 사실을 알았다.

이렇게 아이들 생각이 드러나면서 진짜 공부가 시작된다. 제대로 낸 의견보다 헷갈리거나 무엇인가 서툰 의견이 오히려 학습동기와 학습 효과를 끌어내는 데 좋다. 아이들이 각자 내용을 얼마나 이해하며 어떤 부분에서 막히는지 점검이 된다. 모둠 이견 가가에 별표(☆)의 X로 표시하고 고쳐 준다. 아이들도 각자 틀린 것을 빠뜨리지 않고 공책에 쓰도록 한다. 이것은 분류 기준에 해당되지 않거나 분류 기준과 맞지 않는 분류를 보여주는 본보기가 된다.

교과서에 본보기 자료가 하나 더 있다. 동물의 분류다. 그런데 분류 기준은 나와 있지 않으니 모둠에서 분류 기준을 찾아야 한다. 먼저 분류된 여러 가지 동물부터 생각해낸다. 교과서에 이미 나와 있는 동물 말고도 몇 가지 동물을 생각하게 한다. 생각이 나는 대로 공책에 바로 쓰도록 한다.

동물의 종류가 다 나왔으면 분류 기준을 만든다. 어떤 분류 기준을 잡느

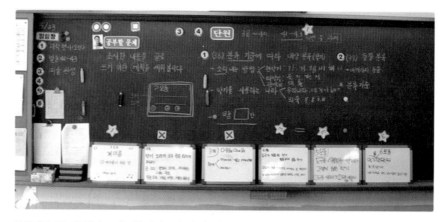

모둠에서 의논한 결과 그대로를 가지고 수업 내용을 풀어간다.

나에 따라 종류도 다르다. 다른 모둠과 중복될 수 있어서 모둠마다 분류 기준을 두 가지씩 잡도록 했다. 모둠 화이트보드에 써서 낸다.

"먼저 분류 기준만 정해보세요."

분류 기준을 보니 종류에 해당하는 것도 보인다. 아직 명확하게 기준을 잡지 못하고 힘들어하는 모둠도 있다. '분류'를 수업에서 다루는 것이 두 번째이기 때문에 먼저 개인 혼자 풀도록 했다. 분류 기준을 명확히 잡지 못하는 아이도 있다. 분류 기준에 대한 개념이 확실히 설 수 있도록 자꾸 해봐야 한다.

한 가지 의견이 정해질 때마다 되도록 전체가 공유하도록 한다. 중간에 잘못된 방향으로 뻗으면 시간과 노력이 많이 든다. 그래서 중간 점검을 해주는 것이다. 국어 수업에서 어려운 것 가운데 하나가 개념이 확실하지 않아 다음 활동이 막히는 문제다. 시키면 억지로라도 하지만, '했다'는 흔적만 남겨 검사를 받고 학습이 끝난 것으로 여기는 마음도 엿보인다. 학습이 아닌 학습한 것처럼 보이는 데 시간을 보낸 셈이다. 헷갈린다면 헷갈린다고 말을 하거나 그런 부분이 드러나도록 수업 진행 방법을 바꾸어야 한다. 몇몇 아이만의 이해를 모둠이나 학급 아이들 전체의 이해로 오해하면 안 된다.

모둠 의견을 종합해서 발표하기

딱히 정답이 없고 과정을 밟아가면서 겪어야 하는 학습 주제도 많다. 주로 토의, 토론 과정을 거치며 해결법을 찾아가는 공부다.

국어 수업에서 국어 훼손 실태를 조사하는 과제가 주어졌다. 1차 토의에서는 어떻게 조사할 것인지, 2차 토의에서는 어떻게 발표할 것인지가 주제였다. 절차와 방법은 책에 잘 나와 있어서 간단히 차례만 알리고 시간을 배당해주었다.

먼저 주제를 정하고, 토의한 결과는 도화지에 써서 칠판에 붙여 놓으면 다른 모둠에 참고와 본보기가 된다. 감을 잡지 못한 아이들이 어떻게 했나 살피러 온다. 다음은 각자의 역할을 나누는 것이다. 또 정리되면 칠판에 붙여 둔다.

사이사이 진행 과정을 교사뿐 아니라 다른 모둠에게도 보이도록 공개하는 원칙을 세워둔다. 다른 모둠이 보고 참고하기 때문에 체계 있게 정리가 된다. 계획표가 완성 되고 나서는, 뒤 게시판이나 창문틀이나 벽 쪽에 옮겨 붙인다. 며칠 동안 볼 수 있게 한다.

계획표에 따라 다음은 직접 조사를 한다. 컴퓨터실, 다른 반, 운동장, 교

프레젠테이션 1차 발표. 발표 내용보다 형식의 오류와 기술적 문제점이 많이 드러난다.

실 어느 곳이던 필요한 곳으로 간다. 주제와 방식이 다르니까 한 교실에 머물러 있을 필요는 없다. 스스로 고른 주제라서 아이들이 설레면서 참여한다.

조사를 마치고 나면 컴퓨터실에서 프레젠테이션 자료로 발표 준비를 한다. 셋째 시간에는 발표를 한다. 비판이나 문제점을 지적하지 않고 그대로 모두 들었다. 1차 발표다. 다 듣고 각자 자신의 소감과 고칠 점도 말하도록 한다. 쪽지로 쓰는 방법도 있다.

'발표 때 앞을 보지 않는다. 글자가 너무 많다. 배경 화면 때문에 글자가 잘 보이지 않는다. 애니메이션 자주 나오니까 귀에 거슬린다. 무슨 말인지

모르겠다.'

조용히 듣고 개인 쪽지로 기록한 문제점을 말한다. 이런 의견을 모아 프레젠테이션으로 발표할 때 주의할 점을 정리해 주었다.

(1) 한 쪽에 넉 줄 정도로 핵심 낱말만 쓰자(글자는 기본 글꼴).
(2) 애니메이션 효과, 화면 전환 효과는 한 가지만!
(3) 배경은 단순하게 한 가지 색으로 하자.
(4) 말할 때는 청중을 보고 말하자.

다음 날 고쳐서 다시 2차 발표로 이어진다. 고치는 과정이 공부가 더 된다. 첫 번째 발표 때 문제점을 스스로 찾았으니 고치는 것도 스스로 해본다.

프레젠테이션 발표도 효과 있게 하려면 시간이 걸린다. 도화지에 써서 읽기만 해도 빠듯한 시간이다. 시간이 걸려도 한 번 할 때 제대로 해야 다음 발표 때는 시간은 줄이고 내용과 질은 높일 수 있다. 알려내는 효과적인 기능과 기술, 방법을 초기에 함께 익혀간다.

개인 의견을 돌려서 학급 전체로 종합하기

모둠 칠판을 활용하여 같은 모둠 아이들이 서로 점검해주는 방법으로 수업을 한 적이 있다. 먼저 공부 방법을 칠판에 써 놓았다. 그다음에 모둠 칠판을 돌려서 의견을 덧붙여갔다.

먼저 축하 글이 필요한 상황을 정리해서 쓴다. 이때 교과서에 나온 상황을 빼고 다른 상황을 써야 한다. 모둠 칠판에 모둠 아이들 한 사람씩 생각을 다 쓰도록 해야 한다. 틀려도 좋다. 처음에는 생각이 잘 나지 않아 의견이 많지 않다. 그래서 먼저 낸 의견을 크게 몇 개 불러주어 아이들에게 생각해 내는 데 도움을 준다.

아이들 의견을 다 모으면 축하할 상황이 맞는지 전체적으로 점검한다. 점검할 차례를 정한 다음 모둠 칠판을 옆 모둠에게 건네준다. 다른 모둠 칠판이 오면 읽어보고 중복되지 않는 자기 모둠 의견을 덧붙여준다. 마중물 효과처럼 처음에는 떠오르지 않던 생각이 다른 사람 생각을 보면서 떠오르기도 한다. 그런 의견을 그때그때 덧붙여 주어도 된다. 여섯 모둠이니까 여섯 번 돌고 나면 모둠 칠판에는 의견들이 꽉 찬다.

한 반 아이들 의견이 다 모인다. 중복된 것은 뺀다. 이렇게 모인 의견을 이제 추려내야 한다. 주제에 알맞은 것인지 아닌지 평가해봐야 한다. 뺄 것 빼고, 남길 것 가운데 가장 마음에 드는 의견을 서너 가지 고른다.

최종 간추린 의견은 공책에 옮겨 쓴다. 의견을 모으고 고르면서 생각을 많이 하게 된다. 알맞지 않은 것과 알맞은 것을 구분하는 힘도 함께 생긴다. 교사가 일일이 답을 부르듯이 말하는 것보다 아이들끼리 의견을 모아가면서 말하는 것에서 더 많은 재미를 느낄 수 있다.

6장
교과 수업

　교과별 특색에 따라 수업 방법은 다양하다. 그렇지만 '참여, 공유, 기록'이라는 내 수업의 원칙은 모두 그대로 적용된다. 수업의 수단과 방법은 문화의 변화와 기술의 발달에 따라 바뀌지만 교육의 목적과 목표는 꿋꿋하게 지켜간다.

　국어 수업은 듣고 보고 말하고, 발표하는 과정이 많다. 학습 주제에 맞는 자기 경험과 다른 사람과의 관계에서 아이들의 많은 의견이 나온다. 이런 의견을 모아 정리하고 발표하는 과정에서 컴퓨터와 인터넷 서비스가 활용된다. 컴퓨터와 인터넷은 편리한 도구지만, 기능적인 기술에만 아이들의 시간과 노력이 집중될 수 있다는 단점을 조심해야 한다. 초점을 흐리지 않게 발표 도구의 활용 문제도 함께 고려해야 한다.

　수학은 개인별 수준 차이가 크다. 아이들이 자기 수준을 숨기고 싶은 마음에 학습 부진은 자꾸 쌓이게 된다. 수학 공부는 부담감을 없애야 한다. 모르는 것을 모른다고, 막히는 부분을 솔직하게 말할 수 있는 용기와 마음, 분위기가 학급 문화의 밑바탕에 깔

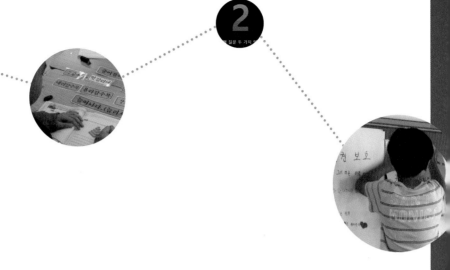

려 있어야 한다. '짝끼리 서로 봐주기', '모둠에서 살펴보기', '한 사람씩 나와 풀고 막히는 부분 도와주기'와 같은 방법을 통해 서로 협력하는 관계를 맺도록 하여 부담감을 줄이는 분위기를 만들어간다. 그런 다음 쉬운 이해를 돕도록 이미지, 실물, 그림, 플래시, 영상 같은 자료를 활용하면 큰 효과를 본다.

사회 수업에서는 어려운 낱말을 이해하기 위해 '질문 수업'이 필요하다. 예체능 교과는 '교과서를 안 보고 시작하기', '어려운 낱말을 그림으로 나타내기'와 같은 여러 방법으로 도전해볼 수 있다.

끊임없는 연구와 실천으로 새로운 방법과 아이디어를 찾고 교과 재구성, 교과 통합 수업으로도 발전시킬 수 있다. 교사는 수업으로 성장한다. 성장의 기쁨은 수업의 재미와 성취감으로 느낄 수 있다. 이것은 다시 교사 성장의 동기가 된다. 이런 노력의 결과를 교사 모임에서 공유하는 문화로 넓혀 갔으면 한다.

1. 국어

'국어'에서는 듣기, 보기, 읽기 활동이 먼저 이루어진다. 보거나 듣거나 읽은 내용을 확인하고 자신의 경험과 다른 사람의 생각에서 나온 의견을 모아내고 발표하는 과정이 많다.

요즘은 특히 파워포인트 등을 통해 프레젠테이션 자료와 동영상을 제작하여 인터넷 서비스를 통해 활용하는(UCC 제작) 방법도 많이 쓰인다. 실과나 재량 활동 시간에서 익힌 컴퓨터 기능 등이 주로 활용된다.

아이들이 과제 결과에 너무 집착하다 보면 주제에 벗어난 기능적인 기술에만 몰입하는 단점이 나타나기도 한다. 그래서 활용 기술과 학습 주제를 함께 익혀가도록 교과를 통합하여 재구성하는 노력도 필요하다.

돌려가며 읽고 댓글 달기

국어 첫 시간에 〈산수유꽃〉 시를 읽고 함축과 운율을 익혔다. 교실 밖으로 나가서 산수유꽃을 찾아 보여주고 그동안 찍어둔 사진도 보여주었다.

그리고 두 번째 시간에는 산수유꽃 말고 다른 꽃을 보여줬다. 봄기운이 들기 시작하면 일찍 나오는 광대나물을 보고 시를 쓰는 수업을 준비했다. 아이들이 시를 어떻게 생각할까, 시를 어떻게 쓸까 궁금했다.

꽃봉오리가 핀 꽃들의 모습이 들어간 사진을 보면서 그 꽃들의 특징을 하나씩 알려주었다.

둘레에서 쉽게 볼 수 있는 광대나물꽃을 사진으로 찍어서 보여주었다. 이 수업을 마치고 교실 밖으로 나가 광대나물을 찾을 수 있었다.

"어, 이거 길가에 있었다. 우리 아파트 화단에 있었는데요."

작은 텃밭 양지바른 곳이라면, 아파트나 길거리나 어디에서든 보라 빛깔을 드러낸다. 이름만 몰랐을 뿐 작지만 자주 볼 수 있는 꽃이다.

코넬식 필기로 시를 쓰고 발표하는 방법을 먼저 알려주었다. 자기 시를 쓰고 모둠에서 발표한다. 시를 고치고 다듬는 일은 모둠에서 해결하도록 한다. 각자 자신의 시가 적힌 공책을 하나씩 옆 짝에 돌리고, 자신이 받은 공책에 있는 다른 친구의 시를 봐준다. 이미지가 잘 떠오르지 않거나 마음에 와 닿지 않는 부분을 표시해준다.

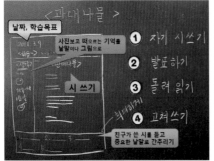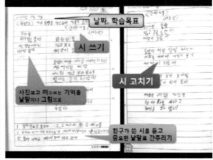

교과 첫 수업에 공책 쓰기 방법(코넬식)을 함께 익히면서 공부한다. 미리 공책 쓰는 법을 익히긴 하지만 적용해보는 첫 시간이라 자세히 설명하면서 함께 배운다.

공책을 받으면, 처음에는 그 공책에 있는 시를 다른 친구들에게 읽어준다. 자신이나 다른 친구가 말한 내용을 잘 듣고 그 시에 간단한 의견이나 소감을 남긴다. 그다음에 다시 공책을 돌린다. 이때 친구 공책에 바로 댓글로 남겨둘 수도 있다. 아이들은 각자 돌아가며 소리 내어 시를 읽어주고 공책을 옆으로 돌린 다음, 받아든 공책의 시를 조용히 읽는다. 시 낭송을 들을 때에도 귀로만 듣는 것이 아니라 들으면서 떠오른 생각을 한 줄이라도 꼭 남기도록 한다. 공책을 돌려가며 읽고 마음에 드는 표현에 밑줄을 쳐준다.

이렇게 한 바퀴 돌고나서 자신의 공책을 다시 받으면, 자신의 공책에 처음 시를 쓴 바로 다음 쪽에 자기 시를 고쳐서 다시 쓴다. 교사는 아이들이 시를 다 고쳐 쓰면, 공책을 거두어 점검한다. 공책을 거둘 때에도 긴장감과 함께 끝까지 마무리하는 마음을 지녀야 한다. 시간에 쫓겨 아이들이 알아서 하게 내버려두면 아이들은 자꾸 미루다가 결국 마무리 짓지 못할 수 있다. 되도록 학교에서 마치고 가는 것이 아이들에게 습관이 되도록 끝까지

친구가 쓴 글(시)를 모둠에서 돌아가면서 읽도록 한다. 읽으면서 댓글로 간단한 소감이나 고칠 부분에 대한 의견을 남긴다.

챙긴다.

공책 점검하면서 고친 시는 결국 교사만 읽는다. 무엇을 어떻게 고쳤고, 어떤 표현들이 있는지는 교사의 눈으로만 비교하고 판단할 수 있다. 이런 판단 기회를 아이들에게 줄 수 없을까? 그래서 예전에는 일일이 타자로 쳐서 인쇄해 복사해 주기도 했다. 시간과 열정이 많이 들었다.

요즘에는 시를 모으고, 저장하고, 감상하기 쉽게 컴퓨터를 활용한다. 학급 누리집 게시판에 올려서 반 아이들 모두가 친구가 쓴 시를 오랫동안 자주 볼 수 있다. 나중에 학급 문집에 싣기도 한다. 수업 한 시간 동안에는 시를 고치는 것까지만 진행하고, 누리집을 이용해서는 틈틈이 시간을 내어

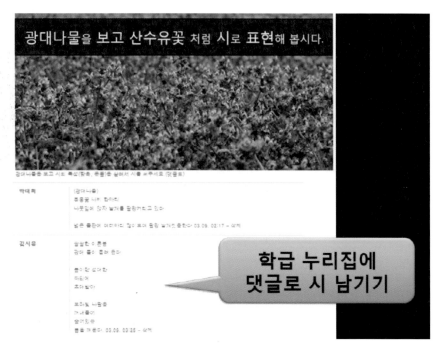

학급 누리집에 각자 시를 써서 올리고 서로 의견을 나누기도 한다.

기록, 저장, 비교, 평가까지 이어지도록 하고 있다.

처음 이런 수업은 낯설어서 오래 걸리지만 서너 번 하고 나면 아예 컴퓨터실에서도 할 수 있게 된다.

시 감상 수업을 할 때 게시판에 시 몇 편을 올려두고 각각 감상 댓글을 남기는 방법도 있다. 복사해서 붙이거나 비슷한 감상 댓글이 되지 않게 먼저 올린 글과 다른 글을 남기도록 하면 자세히 읽게 된다. 이런 방법으로 친구들의 여러 감상 글을 보고, 다양한 의견을 나눌 수 있다.

교과서를 덮고 다 함께 문제 풀기

고유어, 한자어, 외래어, 외국어를 구분해보는 수업이었다.

"자, 오늘은, 먼저 교과서를 보지 않습니다. 덮어 두세요. 펴면 반칙!"

이날은 교과서를 덮어 놓고 시작했다. 교과서 안에 답이 나와 있는 셈이라 보지 않도록 해야 한다. 칠판에 오늘 배울 내용만 써 놓았다. 그런 다음 교과서 질문 그대로 고유어, 한자어, 외래어, 외국어만 먼저 함께 맞춰 보고 설명했다. 이미 아는 듯한 아이도 몇몇 보였다.

교과서를 보지 않도록 하고 칠판만 보고 풀어가는 수업도 재미와 호기심을 자극한다.

한자어를 설명하면서 아이들에게 "한자어와 우리말이 붙은 낱말도 한자어일까?"하고 물었다. 헷갈릴까봐 물었는데, 아이들은 "당연히, 한자어"라고 답했다.

진짜 중요한 문제는 아이들이 과연 고유어와 한자어를 구분할 수 있느냐이다. 외래어와 외국어도 헷갈린다. 본래 다른 나라말인 것을 어떻게 알

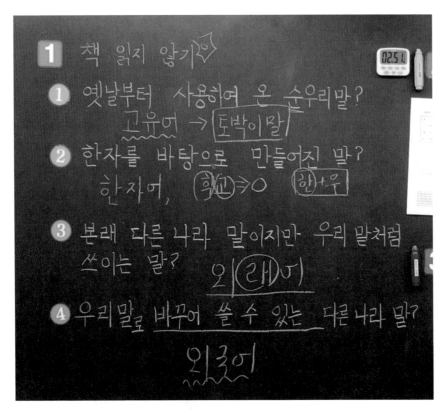

책을 보지 않게 하고, 기본적인 용어의 정의를 교사가 먼저 일러준다.

까? 어원에 따른 배경지식이 풍부하면 알겠지만 어른도 쉽지 않은 문제다.

외국어는 우리말로 바꿀 수 있다. 다른 나라 말에 대응하는 우리말이 있다는 전제가 깔린다. 대응하는 말이 없다면 외래어가 된다. 여러 가지 예를 들며 개념을 설명했다.

교사가 설명했다고 아이들이 개념을 이해한 것은 아니다. 고유어, 한자어, 외래어, 외국어를 실제로 구분할 수 있는지는 의심스럽다. 이제 이것을 깊이 있게 공부하는 것이다. 낱말에 대한 배경지식과 어원을 하루아침에 알 수 있는 것은 아니다. 배우면 된다.

고유어, 한자어, 외래어, 외국어로 구분(108-109)

빵	오누이	홈페이지	달걀	고유어	스시	누리집	어묵
초밥	라디오	아름답다	텔레비전	샛바람	오뎅	천 년	
고뿔	자판	계란	땅	버스	남매	즈믄 해	
냄비	하늘	동풍	토박이말	감기	아버지	에어컨	

고유어 (11)			한자어 (10)		
아버지					

외래어 (5)			외국어 (5)		

1. 책을 덮어 놓습니다. 짝과 함께 합니다. 가위바위보로 차례를 정합니다.
2. 이긴 사람이 먼저 한 낱말을 골라 ○표 하고 고유어, 한자어, 외래어, 외국어 가운데 한 곳에 씁니다.
3. 다음 차례는 같은 방식. 모두 ○표 때까지 번갈아서 써 나갑니다.
4. 다 썼으면 정답을 맞춰보는데 틀린 낱말만 색깔 펜이나 형광펜으로 표시합니다.
5. 다 하고 나면 혼자서 교과서를 보고 다시 정리합니다. (숫자)는 개수입니다.

그러나 교과서를 보고 구분하는 것은 정답지를 보고 답안지를 쓰는 것과 같은 형식이어서 아이들이 굳이 생각하고 고민할 필요가 없다. 우리에게 필요한 것은 정답이 아니라 생각하고 고민할 시간이다. 그래서 먼저 교과서를 보지 않고 짐작과 추측만으로 구분하는 활동에서 시작했다.

아이들의 실제 이해와 능력을 가늠하기 위해서 교과서 낱말을 섞어서 활동지를 만들었다. 고유어, 한자어, 외래어, 외국어의 본보기 낱말을 뽑아 담았다. 네 가지 말에 해당되는 말이 보기 중에서 몇 개인지도 표시했다.

이러한 과제는 개인별로 혼자 푸는 것이 아니라, 둘씩 셋씩 짝을 지어서 하도록 한다. 푸는 과정은 다음과 같다.

(1) 짝끼리 먼저 가위바위보로 차례를 정한다.

(2) 제한 시간으로 5~10분을 배정한다(타이머를 사용한다).

(3) 한 명씩 차례로 낱말을 하나 선택하여 그 낱말에 동그라미를 표시하고 아래쪽에 옮겨 쓴다(틀려도 좋다. 아직 답은 모른다).

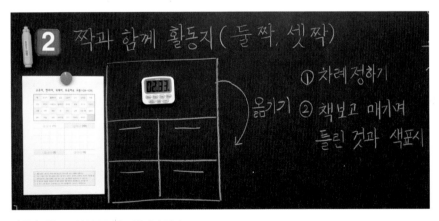

제한시간을 5~10분 정도 주고 짝끼리 푼다.

(4) 모두 다 정해진 개수를 채울 때까지 번갈아서 한다.

(5) 다 채우면 짝끼리 함께 의논해서 틀렸거나 이상한 부분을 고친다(이때 까지도 아직 정답은 모르는 상태다).

이제 교과서를 보고 답을 맞춰본다. 아이들 스스로 교과서를 보고 답안을 맞추도록 한다. 그러면 자연스럽게 책을 또 보게 된다. 교과서에 답이

짝끼리 번갈아가면서 푼다. 혼자 풀 때보다 더 집중할 수 있다. 답을 쓸 때까지는 상대방이 푼 문제에 대해서 평가를 해서는 안 된다.

다 있다. 혼란스러웠던 것, 모호한 것들을 맞추면서 감탄사가 나온다.

답안을 맞추면서 틀린 낱말만 색깔 있는 펜으로 표시한다. 이렇게 하면 아이들이 많이 틀리는 낱말이 잘 드러난다. 이런 낱말만 집중적으로 다시

보고 자세한 설명을 하면 된다. 단원 마칠 즈음 아이들이 많이 틀리는 낱말만 다시 학습지를 만들어 풀게 해도 좋다.

이제 아이들은 공책에 고유어, 한자어, 외래어, 외국어로 구분하는 표를 완성한다. 방금 한 활동지에 그대로 나와 있다. 교과서와 활동지도 다시 보

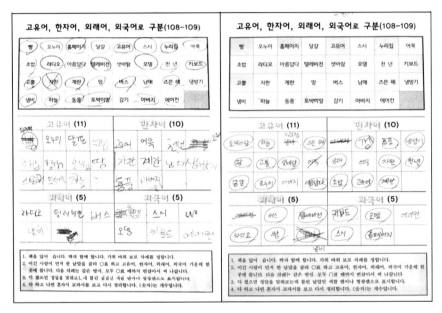

책을 보고 답을 맞추면서 아이들이 많이 틀리는 낱말이 드러난다.

면서 정리해 나간다. 아이들 질문이 나오기 시작한다.

"선생님, '냄비'가 왜 외래어예요?"

"음, 좋은 질문이다. 기다려봐 나중에 설명해줄게."

아이들 곁을 둘러보니 이런 질문이 들어왔다.

마지막으로 스스로 풀어보는 마음으로 개인 공책에 정리한다. 문제 풀 때, 답을 맞출 때, 혼자 정리할 때 이렇게 세 번 생각해볼 시간을 갖는다.

"말뜻을 모르거나, 왜 그 쪽에 속하는지 애매한 낱말을 칠판에 쓰세요."

아이들이 나와서 설명을 듣고 싶은 낱말을 쓴다. 이것은 아이들 눈높이에서 어려운 낱말과 개념이 무엇인지 살필 수 있는 좋은 기회다.

올해 우리 반 아이들이 궁금해한 낱말들이다. 이제 교사의 지식 전문성을 발휘할 시점이다. 어원이나 낱말 짜임을 분석해서 설명했다. 아이들이 한자어에 놓았던 '달걀'을 고유어로 옮기고 왜 '달걀'이 되었는지 알려주었

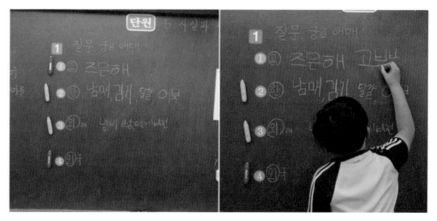

아이들이 많이 틀린 것, 궁금해하는 것을 칠판에 쓰게 해서 모은다. 이런 낱말을 설명한다.

다. 답은 틀렸어도 그 까닭을 알면 이해되어 기억에 오래 남는다. 공책에 이런 낱말을 표시하고 설명도 덧붙여 준다.

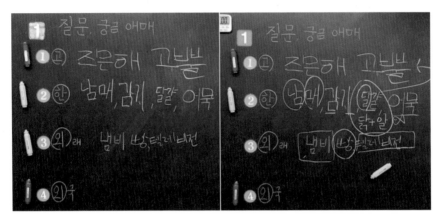

아이들이 많이 헷갈리는 말만 골라서 설명한다.

2. 수학

수학에서는 아이들이 직접 작도하거나 만들어보면서 개념을 이해하는 방법과 여러 가지 문제를 서로 협동해서 풀어가는 방법, 크게 두 가지 흐름이 있다. 이러한 과정에서 이미지, 실물, 그림, 플래시, 영상 같은 다양한 자료가 쓰인다. 식과 답만 있는 풀이가 아니라, 자르고 붙이고 만들면서 오감을 많이 느끼도록 수업이 이루어져야 한다.

또한 아이들끼리 문제 풀이 과정이나 그 결과를 함께 봐주고 점검해주는 관계와 분위기를 만드는 것도 중요하다. 수학은 아이들 사이에 수준 격차가 언제든지 드러나는 교과다. 그래서 못 푸는 것, 못 하는 것에 대한 아이들의 마음가짐에 따라서 수학에 대한 흥미와 관심, 적응력에 차이가 난다. 아이들은 '못 푼다.', '모르겠다.'는 문제나 상황을 부끄럽게 여기지 않는 마음과 용기도 배워야 한다. 그래서 잘하지 못하는 친구를 격려하고, 도와주는 말, 분위기, 소통을 위해 노력하는 것도 중요하다.

먼저 답을 말하는 것은 반칙!

교사는 혼합 계산에서 무엇을 먼저 계산해야 하는지 알고 있어야 한다. 그리고 아이들이 어떤 계산 과정을 거치는지도 살펴봐야 한다. 정해진 공식에 끼워 맞추는 방식으로 푸는 아이도 보인다. 답을 맞히는 방법을 익힌 '선행 학습자'가 있는 것이다. 하지만 선행 학습자도 풀이 과정을 써보라면 생각만큼 논리적으로 풀어내지 못한다. 분수와 소수의 혼합 계산은 아이들이 조금은 쉬운 듯 여기기도 하지만, 사실은, 아이들이 '답을 잘 맞힌다.', '답을 잘 찾는다.'는 말이 어울릴 듯하다.

처음부터 교과서를 펴지 않도록 하고, 교과서 문제는 컬러로 인쇄했다. 간단한 문제는 칠판에 분필로 직접 쓰지만, 긴 문장으로 되어 있거나 오래 읽어 보아야 할 문제는 하얀 종이에 인쇄해서 칠판에 붙이는 것이 좋다. 한눈에 더 잘 들어오기 때문이다.

처음부터 교과서를 펴지 않고 칠판을 먼저 보게 한다.

아이들 가운데 세 명을 먼저 시켰다. 아이들이 자주 교과서를 보게 되면, 풀이 과정이 아이들 눈에 먼저 들어와서 '생각'보다 '눈'으로 답을 찾으려는 버릇이 들게 한다.

이러한 식만으로도 할 이야기가 많다. '어떤 것이 맞나' 앉은 아이들에게 생각해보라고 했다. 손가락으로만 표시하고 말로 답을 하지 않도록 했다. 잠시 기다리고 있는데 한 아이가 바로 "3번이요!"라고 외쳤다. "에이, 야!" 하면서 야유가 나온다. 다른 친구들보다 먼저 답을 말해 버려서 모두 생각할 수 있는 기회를 빼앗았기 때문에 나온 야유였다.

이제 우리 반 아이들은 답을 빨리 말하는 것이 좋은 것이 아니라는 것을 안다. 아이들마다 이해 속도가 다르다. 여럿이 함께 공부하는 자리에서는 그 차이를 인정하고 기다려 주어야 한다. 그것이 학습에 대한 예의다. 아이들에게 배움이 일어나기 위해서는 아이들의 고민 시간이 필요하다. 먼저 말하면 반칙이다. 그래서 바로 야유가 나왔다.

먼저 답한 아이가 머쓱해진다. 습관적으로 자기도 모르게 튀어나온 것이 잘못임을 자기도 아는 듯하다.

풀이 과정을 가지런히 쓰기!

어느 식이 맞는지 알려주고 이제 개인별로 공책에 풀게 했다. 그와 함께 두 아이를 나오게 해서 칠판에 문제 풀이를 하도록 했다. 이때 한 아이가 먼저 칠판에 문제 풀이를 하면, 다른 아이는 그것을 보면서 먼저 문제를 풀고 있는 아이의 칠판에 쓴 풀이 방법과 다르게 문제를 풀도록 했다.

먼저 문제 풀이를 쓴 아이는 처음에는 암산을 하더니만 답만 달랑 쓰고 들어갔다. 그래서 그 아이에게 풀이 과정도 덧붙여 쓰라고 말했다. 그 정도 문제는 아이들 대부분이 답을 맞힌다. 그 아이도 답은 맞혔는데, '풀이 과정'을 쓰라는 말에 한참 고민했다. 두 아이 모두 더 이상 못 쓰겠다고 포기하고 들어갔다.

일단 먼저 풀이 과정과 계산 과정을 구분해 주었다. 아이들이 답을 내기 위해 낙서하듯이 구석에 써가면서 하는 것은 계산 과정이다. 간단한 것은 암산으로도 가능하다. 풀이 과정은 풀어내는 식, 논리적인 과정이 담겨서

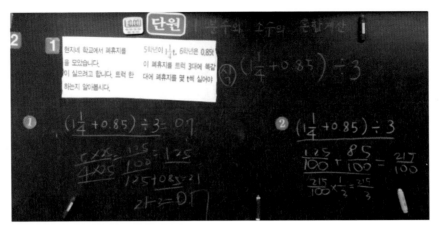

풀이 과정을 가지런히 쓰는 습관을 들이도록 한다.

다른 사람들에게 증명해 보이는 수학식이다.

그래서 풀이 과정을 가지런히 체계 있게 써야 한다. 공책에도 가지런히 쓰는 습관이 들게 한다. 풀이 과정을 보면 어느 곳에서 막히고 혼란을 겪는지 원인 분석이 된다. 원인을 찾아 고쳐가는 과정이 수학 시간에 가장 중요하다. 틀려도 좋다. 좋은 공부거리다.

아이들에게 답만 쓰라고 하면 어찌어찌해서 계산 과정을 거쳐서 푼다.

나는 어떤 곳에 빨간 분필로 밑줄을 그었다. 칠판에 적힌 식에서는 괄호 안의 수식만 계산하고 바로 등호를 붙였다. '나누기 3'(÷3)이 빠진 것이다.

"어떤 것이 이상하지? 이상한 부분이 무엇인지 찾아보자."

아이들이 고민한다. 이상한 부분을 찾은 아이는 손든다.

하나, 둘, 셋 정도가 손을 들고 조금 더 기다린다. 넷, 다섯, 여섯 정도 손을 들었을 때 한 명을 지정해 칠판 앞으로 나와서 설명하게 했다.

그 아이는 차근차근 문제를 풀어갔다. 분수로 계산할 때는 분수로, 소수

칠판을 자세히 보면 격자 모양 줄이 그어져 있다. 그 줄에 맞추어 왼쪽 정렬이 되게 한다.

로 계산할 때는 소수로 나오도록 수식을 표현했다. 그리고 수식이 한 줄씩 바뀔 때마다 왼쪽 정렬이 되도록 가지런히 정리했다.

첫 번째 아이가 문제를 풀고 들어가자마자 바로 다른 아이에게 다른 문제를 같은 방식으로 칠판에 풀어보라고 시켰다. 제대로 듣지 못한 아이 둘을 시켰다. 역시나 앞 설명을 이해 못한 모양이었다. 낙서하듯이 계산 과정만 나오고, 올바른 등식이 성립되지 않는다. 친구들에게 가서 물어서 다시

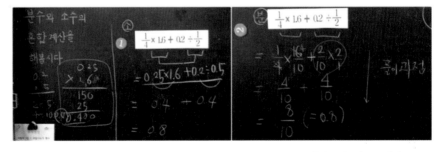

같은 문제를 다른 방식으로 풀게 하고, 칠판의 격자 모양 가로 세로 줄에 맞춰 쓸 수 있도록 한다.

풀어보라고 했다. 시간이 좀 걸려도 기다려준다.

그 아이 둘은 다시 한 번 더 풀어나갔다. 이번에는 풀이를 가지런히 썼다. 첫 번째 문제는 소수와 분수로 고쳐서 풀 때 연산 기호는 그대로 두면 편리하다. 그다음에는 상황에 따라 분수는 소수로, 소수는 분수로 고치면 된다. 다시 그다음에는 곱셈이나 나눗셈을 하고, 마지막으로 덧셈과 뺄셈으로 끝내면 된다. 이 과정에서 암산하기 힘든 수식은 빈자리에 계산한다. 이 계산 과정을 굳이 남겨둘 필요는 없다. 공책 빈자리에 낙서하듯이 편하게 쓰면 된다.

수식을 풀어가는 순서를 정확하게!

수식의 풀이에서는 계산 순서를 고민해야 한다. 모두 눈을 감게 하고 문제 3개를 붙였다. 문제를 칠판에 모두 붙이고 나서 아이들에게 눈을 뜨라고 말한 뒤 어느 것이 맞는 것이라고 생각하는지 손들게 한다. 아이들이 너무 빨리 손을 들지 않도록 타이머로 시간을 정해서 정해진 시간이 끝나면 동시에 손들게 한다. 반 아이들 전체에게 동시에 답을 물으면 어떤 아이들은 다른 친구들 눈치를 보고 답할 수 있다. 그래서 이를 고려하여 손가락으

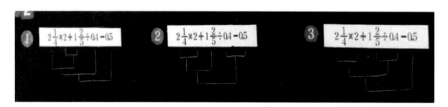

세 가지 문제를 한 문제씩 풀기 보다 단계별로 동시로 푼다.

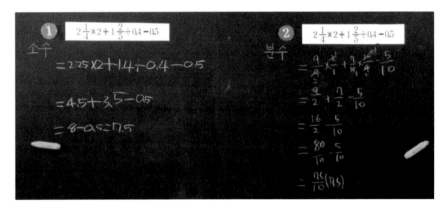

왼쪽 정렬과 함께 아래위 줄 간격을 가지런히 일정하게 한다. 칠판과 마찬가지로 공책에 쓰도록 본보기를 보이는 셈이다.

로 동시에 표시하거나 다른 사람 눈에 잘 보이지 않도록 공책에 풀이를 쓰게 하기도 한다.

역시 마찬가지로 아이 두 명을 지정하여 각각 다른 방식으로, 한 아이에게는 소수로 풀고, 다른 아이에게는 분수로 풀라고 말했다. 풀이 과정에서 수식의 줄을 가지런히 맞춰 푸는지도 살폈다. 두 번의 본보기가 효과가 있었는지 가지런해졌다.

아이들은 소수의 계산은 소수로, 분수의 계산은 분수로 답했다. 여기에서 다시 아이들에게 이야기를 해주었다.

"답을 꼭 소수 계산은 소수로, 분수 계산은 분수로 하라는 것은 아니다. 먼저 그렇게 해보고 복잡해지면 쉬운 방법으로 선택하면 된다."

그리고 또 한 번의 고민거리를 던졌다.

"풀이 과정을 줄일 수 있는 부분이 어디일까?"

알겠다고 생각하는 사람은 나와서 내 귀에 귓속말로 말하면 된다. 먼저

식을 다 쓰고 나면 전체를 보고 줄일 수 있는 방법도 생각해본다.

나온 두 아이가 맞히었다. 세 번째, 네 번째 아이는 틀렸다. 5분 정도 기다리고 있으니 아이들 모두 앉아서 서로 속삭이기 시작했다.

두 번째 풀이 과정에서 분모가 2인 분수가 둘이고, 나머지 분수인 5/10도 분모를 2로 약분해서 만들 수 있다. 식 전체를 살필 수 있으면 보일 것이다. 모든 식이 다 그런 것은 아니지만 이번 문제에서는 한두 단계를 줄일 수 있었다. 아이들은 문제를 풀면서 식 전체를 보고 줄일 수 있는 방법도 생각해 보게 되었다.

이렇게 아이 두 명을 지정해서 문제를 칠판에 풀 때는 반 아이들은 모두 칠판에 문제 풀이 과정을 끝까지 보고 나서 공책에 다시 개인적으로 풀게 한다. 칠판에 풀이 과정이 나와 있으니 그것을 정답지로 삼으면 된다. 눈으로 보는 것과 자신이 직접 실제로 풀어가는 것은 다를 수 있다. 다시 풀어가면서 빠뜨리는 부분이 없는지 살피고 칠판에 푼 것과 맞춰본다. 틀린 부분이 있다면 표시를 해두고 복습하면 된다.

관점에 따라 입체도형 묘사하기

어떤 사건이나 사물, 모양을 말로 설명하기 곤란하다면, 그것은 인식의 관점과 분류의 기준이 뚜렷하지 않기 때문일 것이다. 살면서 수많은 것을 보고 듣는다. 하지만 그것이 보이고 들리는 것인지, 보고 듣는 것인지는 관점과 기준에 따라 차이가 난다.

수학 교과에는 사물을 보고 뚜렷하게 말하는 수업이 포함되어 있다. 또한 말을 듣고 다시 그 모양을 만드는 과정도 있다. '자세히 뚜렷하게 말하기', '이미지가 머릿속에 선명하게 그려지도록 말하기'다.

우선 교과서에 쌓기나무 첫 번째 모양을 함께 이야기해본다. 그림을 크게 확대해서 칠판에 붙여 둔다. 쌓기나무로 만든 입체도형이 보이는 모양을 말하고 규칙을 찾는 것은 '수학의 관점으로 말하기'라는 표현이 어울린다. 국어 수업에서 배운 '관점', 미술 감상 수업에서 배운 '관점'이 다 한 가지 맥을 이루는 것 같다.

교과서 익히기 문제를 모둠에서 해본다. 어떤 반응과 문제점이 나올까 기대를 한다. 완벽하게 맞히기보다 아이들이 빠뜨리거나 모호하게 표현하

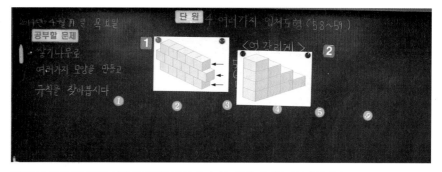

똑같은 모양을 모둠에서 어떻게 표현할 것인지 미리 모둠별 자리를 만들어 두었다.

는 부분을 찾는 진단 학습인 셈이다. 3분 정도 짧게 시간을 주고 마음껏 말하게 한다. 아이들은 설명할 때 어떤 말을 쓸까? 어느 말이 정확하고 뚜렷하게 기억하게 할까?

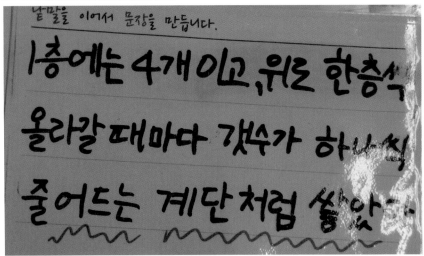

한 문장을 만들기 때문에 개인 발표판을 이용했다.

모둠별로 쓴 자료를 보면 아이들이 쓰는 말(용어)를 알 수 있다.

아이들이 쓴 말을 다 함께 읽는다. 특징 있는 말이나 문장을 줄을 그어둔다. 모두 '엇갈리게'라는 말을 썼다. '계단식'이란 말도 나온다. 이런 말들을 알기는 쉽지 않다. 국어 교과에서 말하는 비유법, 직유법이 쓰이기도 했다. 방향과 개수도 나온다.

두 번째 모양은 좀 복잡하다. 말하기가 까다로워진다. 피라미드 모양으로 쌓여 있는 입체도형이 4층으로 이루어져 있다. 이런 모양을 말로 할 때 기준을 잡고 말하면 편리하다. 기준이 되는 말을 만들었다.

(1) 방향: 위로 올라가면서, 아래로 내려오면서
(2) 변화: 엇갈리게, 무슨 모양으로, 가장자리에, 모서리에

기준이 되는 말 카드를 모둠 수만큼 만들었다. 이런 카드는 동학년끼리 또다시 활용이 가능하겠다.

(3) 개수: 몇 개씩, 몇 줄씩

(4) 양: 줄어든다, 늘어난다

이와 같은 낱말을 가지고 모양에 알맞은 말을 만들어본다. 모둠별로 낱말 카드를 만들고 기준 말 카드를 색깔별로 만든다. 두 가지 도형을 확대해서 크게 붙여둔다. 모둠에서 낱말을 조합해 문장을 만들어간다. 아이들이 똑같은 모양을 어떻게 표현하는지 살펴본다. 칠판에 두 가지 쌓기나무 모양 아래로 여섯 모둠 아이들이 문제 풀이에 쓸 자리를 비워 놓도록 한다. 정리가 되면 나와서 모두가 함께 써본다.

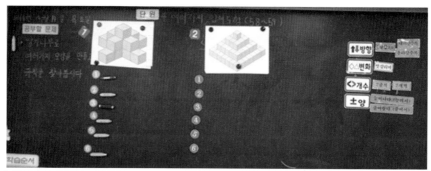

쌓기나무로 만든 두 가지 모양의 규칙을 한꺼번에 답하도록 한다.

이제 아이들이 쓴 말을 점검한다. 똑같은 모양인데 다양한 문장이 나왔다. 한 문장씩 분석한다. 모두 큰 소리로 읽게 하고, 어떤 표현이 정확한지 질문한다. 문장이 지시하는 바에 따라 나무를 쌓았는데, 원래 모양이 아니라 다른 모양으로도 만들어진다면, 정확한 표현이 아니라는 증거가 된다.

'올라갈수록 한 줄씩 줄어든다.'와 '내려갈수록 한 줄씩 늘어난다.' 이 두 문장은 같은 뜻이다. 그런데 높이를 정확히 알 수 없다. 층수를 밝히지 않아서이다. 아이들이 많이 빠뜨리는 부분이다. 층수를 밝히도록 한다. 기준 말 카드에 층수를 넣지 않아서 그런가 보다. 이 자료를 6학년 교사와 학생들이 함께 쓰기 때문에 이 부분을 보충해서 만들어야겠다.

아이들은 정확한 문장보다 여러 가지 빠뜨리는 부분이 많을수록 생각을 많이 하게 된다. 공책에 자기가 쓴 문장, 자기 모둠에서 쓴 문장, 정확한 문장을 함께 써놓고 비교해보면 무엇이 부족한지 알 수 있다.

아이들이 쓴 문장을 함께 읽어보며 빠뜨린 부분을 확인해준다.

어림으로 도형의 넓이 구하기

도형 단원에서는 직접 모양을 만들어서 쓴다. 그리는 것보다 입체적으로 한눈에 들어온다. 떼어 내거나 덧붙이기도 하고 옮기거나 돌려서 모양을 바꾸어야 할 때도 있다. 원, 원에 외접한 정사각형, 원에 내접하는 마름모를 만들었다. 해마다 이 차시는 아이들이 많이 헷갈려한다. 세 도형을 교과서대로 겹쳐 그리면 보기에 헷갈리고 설명을 하면 무슨 말인지 못 알아듣거나 감을 잡지 못하기도 한다. 뚜렷하게 보여줄 방법이 없을까 고민하다 도형을 직접 만들어 움직여가면서 설명하는 것을 생각했다. 부직포로 도형을 만들어서 뒤쪽에 자석을 붙이면 쉽게 만들 수 있다.

원의 넓이는 모르는 상태로 가정하고, 원에 외접하는 정사각형을 나란히 붙였다.

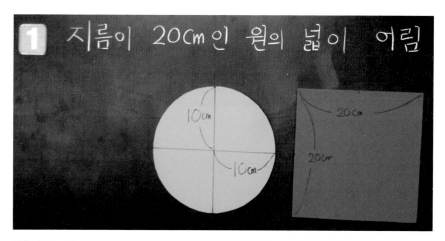

지름이 20cm인 원(왼쪽)과 그 원에 외접하는 정사각형(오른쪽)

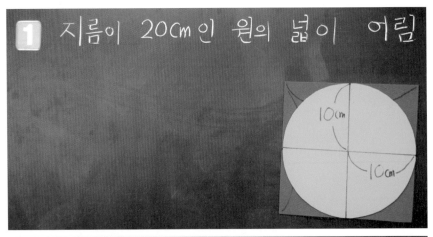

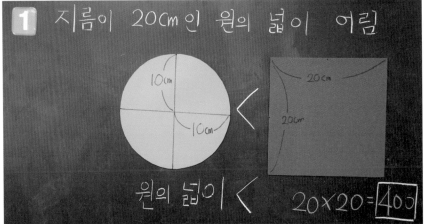

실제 모양을 만들어서 겹쳤다가 떼어내어서 비교해 본다.

"어느 것이 더 커 보이지?"

당연히 정사각형이다.

그다음에는 원을 정사각형 위로 겹쳤다. 그래 놓고 보니 더 확실해졌다. 다시 원과 정사각형을 나눠서 붙이고 정사각형의 넓이가 원의 넓이보다 크다는 기호(〈)를 표시했다.

"이 정사각형 넓이를 구할 수 있겠네?"

평소 수학을 잘 못하는 아이를 하나 시켰다.

"이거 식을 불러 줄래?"

"20 곱하기 20이요."

"얼마?"

"400!"

따라서 썼다. 원과 정사각형의 비교가 쉽다.

이번에는 마름모를 원에 겹쳤다.

"이 마름모는 원보다 커, 작아?"

"작지요!"

당연한 말씀. 다시 마름모를 떼어 내어서 왼쪽에 붙였다. 원이 크다는 기호(〈)를 표시한다.

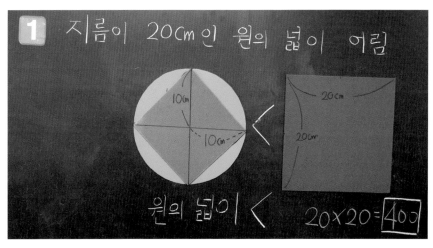

원에 내접하는 마름모 모양을 원과 겹쳐서 넓이를 비교한다.

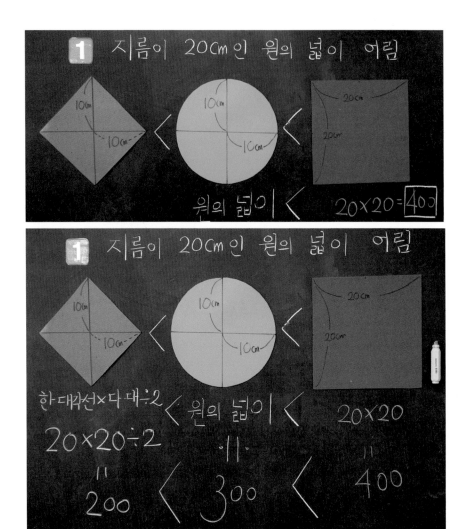

마름모와 정사각형의 넓이는 정확히 내고 그 사이 값을 논리적으로 어림해야 한다.

"○○야, 마름모 넓이 구하는 공식이 뭐지?"

"……"

머뭇거린다. 공식을 잊은 모양이다.

"다 같이 해보자."

"한 대각선의 길이 곱하기 다른 대각선의 길이 나누기 2!"

마름모 밑에 공식을 써 놓았다. 다시 아까 머뭇거린 아이에게 물었다.

"이제 숫자로 불러봐!"

"20 곱하기 20 나누기 2!"

"그래, 잘했다."

"이러고 보니 원의 넓이는 무엇보다 넓고 무엇보다 작지?"

"마름모보다 크고 정사각형보다 작아요!"

"숫자로는?"

"200보다 크고 400보다 작아요."

"원의 넓이가 얼마쯤이라고 할까?"

"300요!"

"왜?"

"200 더하기 400 나누기 2 하면 돼요."

"아, 그렇게 하면 되겠네."

"어림이지만, 처음부터 막 아무 숫자나 찍어서 하는 게 아니라 이렇게 200과 400이라는 정확한 숫자를 구하고 수학 계산을 해서 정확히 짐작하는 것이 어림이다. 누구나 인정할 수 있는 방법이지."

"이제 교과서 것을 다시 풀어보자."

이때까지 교과서를 보지 않고 칠판만 보고 함께 풀었다. 그 후에 교과서를 다시 보고 답하면서 되새김을 한다.

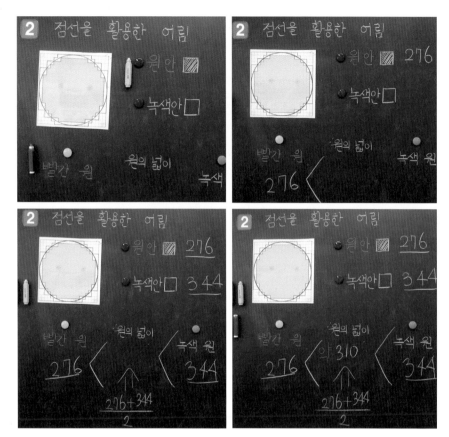

완전히 채워진 네모 크기만 센다.

　이번에는 원에다 점선을 그려서 채워진 네모를 세어 원의 넓이를 어림하는 방법이다.　교과서 그림 그대로 A3 크기 마분지로 컬러 인쇄했다. 뒤에 자석을 붙였다. 이것은 교과서를 펴서 함께 확인한다. 먼저 원 안에 포함되는 빨간 선 안 네모 개수를 센다. 다음은 원을 품는 녹색 선 안 네모 개수를 센다. 두 수 사이에 원의 넓이가 있다. 이것도 평균을 내서 원의 넓이를 어림했다. 어림은 정확하지 않으니 '약'이라고 붙이도록 했다.

"약 310!"

이제 『수학 익힘책』을 풀면 된다. 『수학 익힘책』 내용은 교과서와 이어져 있다. 그래서 『수학 익힘책』에 제시된 문제를 풀면, 두 번째 반복 연습과 응용문제 풀이를 하는 셈이 된다. 문제를 풀이하는 데 5분 정도 시간을 주었다. 5분이 흐르고 나서 정답을 불러주었다.

짐작을 통해 추론하려는 노력이 공식 암기보다 소중하다

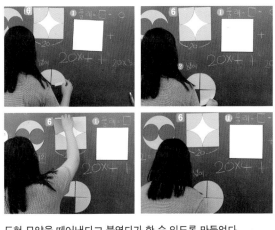

도형 모양을 떼어냈다고 붙였다가 할 수 있도록 만들었다.

아이들은 특히 넓이와 둘레를 묻는 문제에서는 늘 헷갈려 한다. 넓이와 길이가 한꺼번에 나와서 한 박자만 놓쳐도 막혀버린다. 도형 넓이 구하는 문제에서는 도형을 만들어서 직접 떼어 내어 다른 모양으로 만들어 풀면 쉽게 풀 수 있다. 도형 모양을 떼어내었다가 붙였다가 하면서 설명해주는 것은 아이들이 개념을 이해하는 데 효과적이었다. 이 과정을 함께 풀고, 교과서를 보고 다시 확인하고, 공책에 쓰면서 세 번 정도 되풀이했다.

이런 문제를 말과 그림만으로 설명하다보면 이야기 초점을 놓쳐버리기도 한다. 이럴 때 직접 자료를 만들어서 움직여가면서 보이면 확실하게 기억되고 이해도 쉽다.

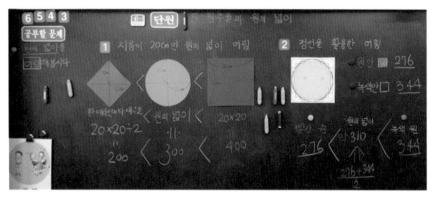

직접 옮기고 겹칠 수 있게 도형의 모양을 만들어서 활용하면 아이들이 이해하기 쉽다.

아이들이 원의 넓이를 구하는 방법을 선행 학습하여 외운, '반지름×반지름×3.14'라는 공식을 적용하는 것만으로 수업을 해서는 안 된다. 원의 넓이를 구하려고 노력한, 옛날 사람들의 방식을 경험해야 한다.

첫 수업에서는 두 가지 방식을 먼저 배우고, 그다음 수업에서는 원을 쪼개서 넓이를 구하는 방식을 배우게 된다. 이것은 인류가 원의 넓이를 구하기 위해 수백 년 동안 탐구해온 역사를 배우는 과정이기도 하다. 그런데 여기서 그 발전의 오랜 과정은 추적하지 않고 그 결과만 외우고 나면 아무런 감정, 노력, 느낌도 얻지 못할 것이다. 수학 공부에서도 수학 감정을 함께 느껴야 하지 않을까?

3. 사회

사회 교과서에는 어려운 낱말이나 개념, 의미가 한꺼번에 나와서 해석과 설명으로 시간을 많이 보내기도 한다. 역사 흐름이나 사회, 경제 관련 용어를 일일이 설명하다 보면, 아이들이 그것을 듣고 쓰기만 하는 일제식 수업이 되기 쉽다.

수학 문제만큼이나 사회도 아이들의 의식 수준에 따라서 생각의 폭과 깊이 차이가 많이 난다. 어떤 사건이나 문제를 해석하는 수준 차이가 크다. 아이들을 한 명씩 일대일로 알려 주려하기보다는 모둠이나 또래 아이들끼리 서로 설명하면서 스스로 궁금한 점을 알아나가는 시간이 필요하다.

아이들이 어떤 부분을 모르는지 찾는 것도 중요하다. 아이들은 스스로 개념과 문맥을 파악하는 힘도 길러야 하지만 자신이 모르는 부분을 찾는 방법도 알아야 한다. 교사는 아이들이 이런 것을 알 수 있는 방법이 무엇인지 연구해야 한다. 교사가 일일이 다 알려 주려하기보다 아이들이 스스로 궁금한 부분을 찾아 모둠에서 한 번 걸러내는 과정을 겪도록 해야 한다. 무엇보다 알려는 의지와 모르는 것을 모른다고 말할 수 있는 마음가짐을 길러야 한다.

질문으로 배우는 우리 현대사

사회 수업에서는 민주 정부 수립, 4.19 혁명, 5.18 민주화 운동, 6월 민주

항쟁, 민주화 진전, 민주화 과제로 이어지는, 우리나라의 민주화 과정을 공부한다. 8 · 15 해방에서 민주화 과정으로 이어지는, 현대사가 교과서 두 쪽을 차지한다. 현대사가 겨우 두 쪽! 버겁다. 민주화 과정을 알아본다지만 사건 하나하나가 역사적으로 큰 줄기다. 많은 이야기와 사연이 응축되어 있다. 관련된 배경지식이 너무 방대해서 대학생이라도 공부하기 쉽지 않다.

예전에는 아이들에게 조사하라고 과제만 주었는데, 그것이 무책임했던 것 같다. 아이들은 막연한 사건에 대해서 개념도 모른 채 보고 베껴 쓰기만 할 뿐이었다. 그러다 아이들 팔만 아프게 해서 사회 교과에 대한 감정이 나빠진다. 아이들이 '사회는 외우는 방법밖에 없다.' 하소연만 학습하는 꼴이 아니었는가 하고 반성된다.

아무리 열심히 아이들에게 설명해도 한 차시로는 너무도 부족하다. 아이들에게 사회 교과에 대한 재미와 좋은 감정을 느끼게 해주고 호기심을 자극할 방법이 없을까 여러 가지 고민을 해보았다.

그래서 보고, 듣고, 읽고, 느끼는 수업을 짜 보았다. 관련 동영상을 찾아 누리집에 링크를 걸어두지만 함께 보지 않으면 아이들이 굳이 스스로 찾아보지는 않는다. 아이들이 이미 알고 있는 지식은 없는가? 아이들은 어떤 것을 궁금해할까? 수업을 아이들이 궁금해하는 것, 아이들이 의문을 갖는 내용을 찾아 질문하는 과정으로 풀어보려고 했다.

첫 시간은 교과서 그대로 설명했다. 두 번째 시간에는 아이들이 각자 자신의 의문점을 질문으로 만들었다. 먼저 쪽지에 적힌 개인의 의문점을 모둠에서 모아 해결해보도록 노력한다. 해결할 수 없는 것을 모아서 모둠 칠판에 쓴다. 해결되지 않은 의문점들을 모아서 다른 모둠이 답할 수 있는 시간을 준다. 사실을 몰라도 추측과 상상을 해서라도 아이들이 자신의 생각

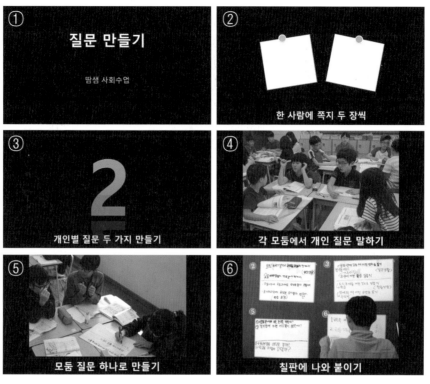

질문 만들기 순서

을 공유할 수 있게 해본다.

우선 책을 읽어보고 각자 의문점 두 가지를 질문으로 만든다. 모둠에서 돌아가면서 자기 질문을 발표한다. 질문 가운데 모둠에서 토론해서 만족할 만한 답을 얻는 것은 제외하고, 여전히 의문스러운 것만 가려낸다. 그런 질문들만 모아서 모둠 칠판에 쓴다.

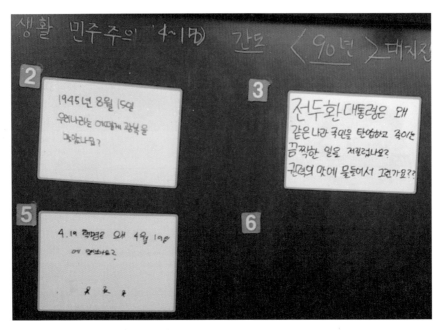

모둠에서 의논해서 한두 문제만 정한다.

여섯 모둠에서 질문이 하나씩 나왔다. 하나씩 따져가면서 설명한다. 아이들 스스로 골라낸 질문이어서 교사의 설명에 대한 집중도가 높다. 원래 수업설계에서는 다른 모둠이 질문에 답하게 하려 했다. 정확히 모르더라도 상상과 짐작으로라도 답을 생각해내게 하려고 했지만, 다음으로 미뤘다. 처음이라 본보기 차원에서 내가 설명해주는 것이 낫을 듯싶었다. 이렇게 해도 두 차시가 빠듯했다. 그래서 한두 시간 했지만 여전히 수박 겉핥기 같은 느낌이다. 아이들에게 좀 더 깊숙이 빠져서 꾸준히 할 수 있는, 보고 느낄 그 무언가가 있으면 좋겠다. 배경지식이 필요하고 늘려줄 필요가 있는 이런 수업 때문에 학급운영 차원의 변화도 일어난다. 일주일 정도는 관련 책도 읽고, 영화, 영상 감상 같은 다양한 활동으로 선수학습과 같은 과정을

한 학기 교과서 내용에 관련된 책을 전시해 두었다. 그밖에 도서실에 빌려온 책도 아이들 수 만큼 준비해서 일주일 동안 아침 시간마다 읽도록 했다.

담아야 하지 않을까 싶다.

학급 누리집에 민주화 과정에 일어난 사건 영상을 모아 두었다. 아이들한테 알려서 알림장에 써서 보라고 했지만, 그렇게 해서는 보는 애들이 거의 없다. 스마트폰이 있어도 잘 보지 않는다. 스마트폰만 스마트하고 스마트한 행위(!)는 아직 삶에 녹아들지 못하고 있다. 아침 시간이나 틈틈이 학교에서 함께 직접 보고, 그런 다음 다시 집에서 보도록 해야 한다.

학교 도서관에서 이 단원에 관련된 책들을 찾았다. 다행히 아이들 수만큼 있었다. 현대사에 얽힌 영화 한 편을 보고 바로 근현대사 관련 책을 읽었다. 영화에 나왔던 사건 사진도 있었다. 15분 정도 읽으니 다 볼 수 있었다. '오늘 일기'도 감상한 영화와 읽은 책을 글감으로 쓰게 했다. 자주 되새겨야 오래 기억에 남는다. 그러다 보면 식구들과 시사성 있는 이야기도 나누게 될 것이다.

시민 단체를 만들어 소개하는 발표 수업

사회 수업에서는 민주주의 정치에 선거, 인터넷, 시위, 시민 단체를 통해 참여하는 방법을 배운다. 아이들과 함께 교과서를 읽어가면서 이야기를 나누고 『사회 탐구』 책에 나오는 시민 단체를 만들어 보기로 했다.

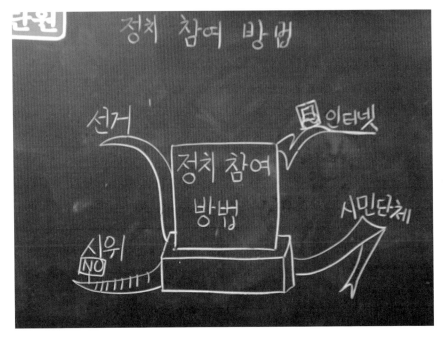

정치 참여 방법을 크게 네 가지로 알아본다.

이때는 기존 모둠이 아니라 새로운 모둠을 짜서 모인다. 만들고 싶은 시민 단체별로 임시 모둠을 만든다. 무엇을 주장하고 어떤 활동을 할 것인지 모둠에서 의논해서 모둠 아이들 수를 달리할 수 있다.

아이들이 시민 단체를 만들고 자신들이 만든 시민 단체를 소개하는 자료를 반절 종이로 만든다. 시민 단체 이름, 하는 일, 그밖에 알리고 싶은 것 등을 쓴다. 수업 중 교과서 내용을 살피는 데 15분 정도를 쓰고, 나머지 시간에 이런 활동을 수행하는 것인데 시간이 턱없이 모자란다. 한 시간이 더 필요하다. 그래서 결국 한 시간 더 했다. 사회 교과서대로 제대로 수업을 해보려면 교과서에서 배정한 시간보다 이렇게 더 많은 시간이 필요하다. 두 시간 가까이 걸리는 활동이 되어서 교과서 내용을 재구성할 필요를 많이 느낀다. 아이들과 교사의 능력에 따라 아이들이 소화할 수 있도록 시간 조절이 필요한 부분이다.

아이들이 만들고자 하는 시민 단체를 생각해내는 데 보통 30분가량 걸린다. 아무래도 공부에 대한 스트레스와 텔레비전에서 폭력 이야기가 자주

시민 단체 만들기 활동을 할 때는 뜻이 맞는 아이들이 모이도록 임시 모둠을 만들기도 한다.

나오니 이와 관련된 단체가 많다. 아이들은 마음껏 할 수 있게 해달라는 뜻이 담긴 시민 단체도 만든다. 안전하게 학교에 다녔으면 하는 바람으로 시민 단체를 만들기도 한다. 이렇게 수업을 통해 아이들 마음을 들여다 볼 수 있는 기회도 얻었다.

모둠에서 아이들이 공부한 결과, 토의·토론 결과, 의견 모으기 결과 등을 모둠 칠판이나 각자 자신의 공책에 써 놓은 것과 교실 앞으로 나와서 그것을 발표하는 것에는 많은 차이가 있다. 공개수업과 보통 수업의 관계와 비슷하다. 마음가짐도 달라 집중력도 높다. 직접 몸으로 드러내 보이며 익히는 과정이다. 그래서 활동 중심 수업에 아이들은 집중하고, 몰입하고, 재미를 붙인다.

처음 이런 수업을 할 때는 아이들이 어른들에게 바라는 점, 학교에 기대하는 점과 같은 요구 사항 등이 많았다. 단체를 만든다는 의미와 목표에서

모둠 아이들이 만든 시민 단체를 나와서 발표한다. 다른 모둠은 이런 내용을 공책에 기록한다.

벗어나서 다른 방향으로 돌아갔다.

"바라는 점을 적는 게 아니라 단체, 사회단체를 만드는 거야, 너희가. 그래서 그 단체에서 하는 일, 내세우는 주장을 쓰면 돼."

시민 단체를 만들면, 그다음에는 시민 단체를 소개하는 발표를 한다.

"발표하기 전에 한 가지 알립니다. 발표할 때는 발표한다고 자기 모둠 것

발표 뒤에는 교실 게시판 뒤에 붙여 놓는다. 이렇게 붙여 놓으면 다른 모둠 아이들이 그 내용을 보고 빠진 부분을 쓸 수 있는 시간을 번다.

에만 신경을 쓰기 쉽죠. 듣는 사람은 다른 모둠 발표를 듣고 쓰임새가 있고 제대로 될 것 같은 단체를 손을 들어 뽑겠으니 잘 들으세요. 다 발표하고 나서 뽑겠습니다."

이렇게 발표할 때 평가 기준을 하나 잡아 놓는다. 발표를 마치고 발표 자료는 교실 뒤 게시판에 붙여 놓는다. 나중에 투표를 해서 손 든 수만큼 스티커로 붙였다. 가장 많은 표를 받은 모둠은 어린이 인권 보호 시민 단체였다. 발표할 때 이런 말이 남는다.

"어린이 인권 보호 시민 단체를 만든 까닭은?"

"우리나라 아이들이 너무 많이 공부만 하는 같아요."

"그럼, 어떤 활동을 할 것인가요?"

"캠페인과 언론에 우리 생활을 알리고, 설문도 알리려고요."

"인권 보호 시민 단체를 하면 왜 좋을까? 이런 활동을 할 필요성이 있을까?"

"왜, 우리가 이런 일을 하느냐면요? 행복해야 되잖아요!"

뜻밖의 대답이 반가웠다. 그래, 행복하려고 이런 공부한다.

견제와 균형, 3권 분립을 짝과 함께 배우는 수업

민주주의를 실현하는 기관으로 국회, 정부, 법원에 대한 내용을 두 시간에 세 차시 수업으로 준비했다. 우선 아이들에게 학습 주제에 대해 궁금증을 키우고 넓히려면, 교과서에 너무 얽매여서는 안 된다. 그래서 교과서는 보지 않도록 덮어두었다.

그리고 미리 만들어놓은 활동지 두 가지를 아이들에게 나눠주었다. 첫
번째 활동지 뒷면에 두 번째 활동지를 담아 한 장으로 준비한다. 짝과 함께
풀이하는 학습지다(수업 마지막쯤 똑같은 활동지 문제를 혼자 다시 풀 것
이라고 미리 알려준다). 국회, 정부, 법원이 하는 일을 각기 따로 배우기보

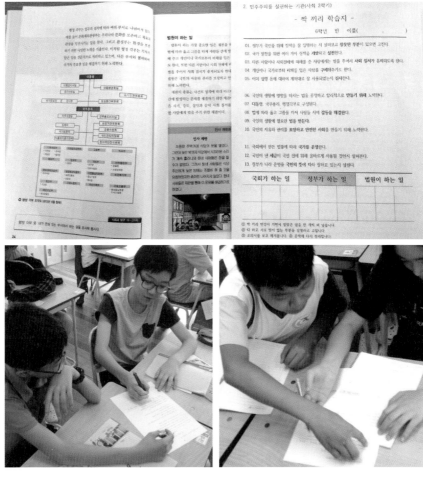

교과서를 보고 하면 글은 보지 못하고, 글자만 보게 된다. 그래서 교과서를 덮어두고 활동지로 한다. 활
동지 문장이 바로 교과서에 그대로 담긴 내용이다.

다 한꺼번에 알아보는 것이 나을 것 같았다. 그래서 세 기관의 일과 특징을 한눈에 알아보도록 학습지를 만들었다. 교과서 문장 그대로 뽑아 무작위로 섞어서 번호를 붙였다.

그다음에 아이들은 짝과 함께 국회, 정부, 법원이 하는 일을 찾는다. 책은 계속 덮어둔다. 기관별로 여섯 칸씩 비어 있다. 시작할 때 기관별로 맞는 문장이 몇 개인지는 알려주지 않는다. 짝끼리 번갈아가면서 분류한다. 가위바위보로 먼저 할 차례를 정하고 1번 문장부터 해나간다. 1번 문장이 어느 기관에서 하는 일인지 아래 빈칸에 숫자로 쓴다. 다음은 다른 짝이 2번 문장 아래 빈칸을 채운다. 이렇게 해서 13 문장을 다 채운다.

아이들은 아직 기관별로 해당되는 문장이 몇 개인지 모른다. 말해 주지 않았다. 둘러보니 짝마다 개수가 다르다. 열세 문장을 다 분류했으면, 이제 기관별로 맞는 문장의 개수를 알려준다. 우리 반 아이들에게 국회는 여섯, 정부는 셋, 법원은 네 문장이 맞는 것이라고 알려주었다.

"아, 아아~!"

탄성이 나온다. 아이들은 다시 생각한다. 선택한 문장의 개수가 맞지 않는 기관에서 문장 몇 개를 빼거나 넣으려고 다시 읽고 맞춰나간다. 교사는 아이들에게 고칠 수 있도록 시간을 준다. 아이들은 개수에 맞게 답안을 조정한다. 읽고 고민하고 짝끼리 의견을 나눈다.

그다음에는 두 번째 활동지의 문제를 푼다. 문장이 올바른 설명인지 ○ X로 표시하는 문제이다. 첫 번째 활동지의 답은 두 번째 활동지를 하고 나서 함께 찾아볼 것이다. 각각 번갈아가면서 ○ X 표시를 하고, 자기 이름을 쓴다. 자신의 상식 수준에서 문제를 풀도록 한다.

"선생님, '사법부'가 뭐예요, '민사재판'이 뭐예요, '형사재판'이 뭐예요,

2 민주주의를 실현하는 기관

민주주의 국가에서는 국민의 정치 참여를 통해 정책을 토의하고 결정한다. 그러나 국가의 영토가 넓어지고, 인구가 많아지면서 모든 국민이 정치에 직접 참여하는 것이 어렵게 되었다.

그래서 오늘날 대부분의 민주주의 국가에서는 국회, 정부, 법원 등의 기관이 국민을 대신해 정책을 결정하고 집행하고 있다. 이 세 기관이 국민을 위해 어떤 일을 하고 있는지 살펴보자.

◉ 국회

◉ 정부

◉ 법원

● 국회, 정부, 법원이 하는 일을 살펴보고, 이러한 일이 우리 생활과 어떤 관계가 있는지 알아봅시다.

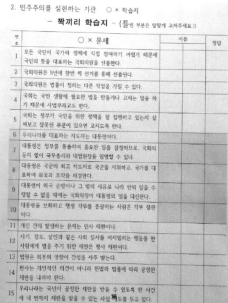

2. 민주주의를 실현하는 기관　○ × 학습지

－ 짝끼리 학습지 － (틀린 부분은 알맞게 고쳐주세요!)

번호	○ × 문제	이름	정답
1	모든 국민이 국가의 정책에 직접 참여하기 어렵기 때문에 국민의 뜻을 대표하는 국회의원을 선출한다.		
2	국회의원은 5년에 한번 씩 선거를 통해 선출된다.		
3	국회의원은 법률이 정하는 다른 직업을 가질 수 있다.		
4	국회는 국민 생활에 필요한 법을 만들거나 고치는 일을 하기 때문에 입법부라고도 한다.		
5	국회는 정부가 국민을 위한 정책을 잘 집행하고 있는지 살펴보고 잘못된 부분이 있으면 고치도록 한다.		
6	우리나라를 대표하는 지도자는 대통령이다.		
7	대통령은 정부를 통솔하여 중요한 일을 결정하고, 국회의 동의 없이 국무총리와 대법원장을 임명할 수 있다.		
8	대통령은 국군의 최고 지도자로 국군을 지휘하고, 국가를 대표하여 외국과 조약을 체결한다.		
9	대통령이 외국 순방이나 그 밖의 사유로 나라 안의 일을 수행할 수 없을 때에는 국회의장이 대통령의 일을 대신한다.		
10	대통령을 보좌하고 행정 각부를 총괄하는 사람은 각부 장관이다.		
11	개인 간의 발생하는 문제는 민사 재판이다.		
12	사기, 강도, 살인과 같은 사회 질서를 어지럽히는 행동을 한 사람에게 벌을 주기 위한 재판은 형사 재판이다.		
13	법원은 외부의 영향이나 간섭을 자주 받는다.		
14	판사는 개인적인 의견이 아니라 헌법과 법률에 따라 공정한 재판을 내려야 한다.		
15	우리나라는 국민이 공정한 재판을 받을 수 있도록 한 사건에 네 번까지 재판을 받을 수 있는 사심제도를 두고 있다.		

OX 형식으로 짝끼리 번갈아 하면서 집중도와 호기심을 높인다.

'집행'이 뭐예요?"

문장 하나하나, 낱말 하나하나에 밑줄을 그어가면서 읽는다. 모르는 것이 나오면 짐작으로 찍기도 한다. '궁금하겠지……' 잠시 뒤 교과서를 찾아보면 알 수 있다. '집행' 같은 간단한 낱말은 일러준다.

"더 물어볼 내용, 궁금한 것 있으면 말해주세요."

"……"

모두 문제를 풀었으면, 이제 짝끼리 교과서에서 정답을 찾아본다. 교과서 문장을 활동지에 그대로 옮겨놓은 것이기 때문에 찾기 쉽다. 교과서에서 정답을 다 찾아보고 나서 반 아이들 모두에게 답을 불러 준다. 다 함께 한 문장씩 읽어가면서 틀린 부분을 찾아 바르게 고친다. 이러면서 또 한

짝끼리 다하고 교과서를 보고 답을 맞춰 본다.

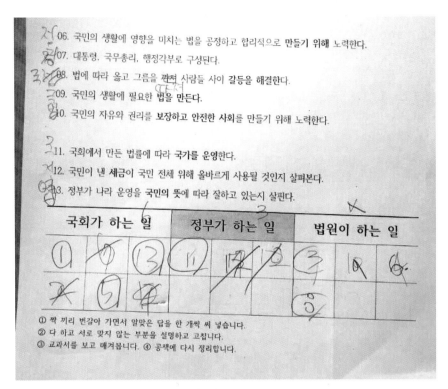

06. 국민의 생활에 영향을 미치는 법을 공정하고 합리적으로 **만들기 위해** 노력한다.

07. 대통령, 국무총리, 행정각부로 구성된다.

08. 법에 따라 옳고 그름을 따져 사람들 사이 **갈등을 해결한다.**

09. 국민의 생활에 필요한 **법을 만든다.**

10. 국민의 자유와 권리를 **보장하고 안전한 사회를** 만들기 위해 노력한다.

11. 국회에서 만든 법률에 따라 **국가를 운영한다.**

12. 국민이 낸 **세금이** 국민 전체 위해 올바르게 사용될 것인지 살펴본다.

13. 정부가 나라 운영을 국민의 뜻에 따라 잘하고 있는지 살핀다.

국회가 하는 일	정부가 하는 일	법원이 하는 일
① ⑩ ⑬ ⑪	⑫ ⑩ ③	⑭ ⑥
⑦ ⑤ ⑨	⑪	⑧

① 짝 끼리 번갈아 가면서 알맞은 답을 한 개씩 써 넣습니다.
② 다 하고 서로 맞지 않는 부분을 설명하고 고칩니다.
③ 교과서를 보고 매겨봅니다. ④ 공책에 다시 정리합니다.

틀린 것을 표시하고 정확한 자리에 숫자를 덧붙인다.

번 더 읽게 된다. 자신이 문장에 직접 ○Ⅹ 표시를 할 때, 짝과 함께 점검할 때, 교과서를 보고 정답과 맞출 때, 학급 전체 아이들에게 자신의 답안을 말해줄 때 적어도 네 번은 보고 읽고 생각할 수 있다.

그다음에는 지금까지 공부한 것을 공책에 정리한다. 한 쪽에 한 기관씩 간추려 쓴다. 다섯 번째 읽는 셈이다. 중요한 낱말을 중심으로 간추려 쓴다. 시간이 넉넉하지 않아서 집중해서 적어야 한다.

이렇게 두 번째 수업 시간 마무리로 들어갈 때 아이들 각자 개인의 활동지를 다시 풀도록 한다. 두 번째 시간, 10분쯤 남겨두고 똑같은 활동지 새

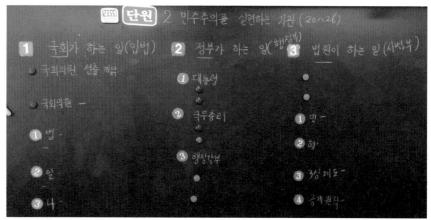

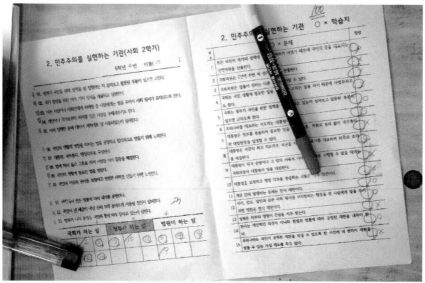

OX 형식의 문제로도 만들어서 짝끼리 푼다.

것을 건넸다. 짝끼리 함께 풀이한 활동지 그대로다. 이제는 혼자 한다.

조금 전에 했는데도 또 틀리기도 한다. ○X 문제보다 기관별로 하는 일을 분류하는 것이 까다롭다. 교사는 아이들에게 마지막에 개인별로 한다고 알리고 실제로도 그런 모습을 보여준다. 아이들은 개인별로 또다시 문제를 푼다는 것을 미리 들어서 알고 있기 때문에 짝이나 모둠끼리 학습을 할 때 더 집중한다. 평소 학습 방법과 습관이 수업 집중력을 높인다. 마지막으로 복습을 위해서 틀린 문제로 공부 카드를 만든다.

"선생님, 다했는데요!"

빨리 해결하는 아이가 나온다. 아이마다 속도 차가 나는 것은 당연하다.

"다 한 사람은 이제 공부 카드를 만들어 주세요. 틀린 문제를 중심으로 해서 만들어요. 오늘은 한 장에 두 문제씩, 세 기관이니까 여섯 문제쯤 만

빨리 끝난 아이들은 자기가 틀린 문제를 공부 카드로 만든다.

공부 카드는 일종의 오답공책이다.

들어 두면 좋겠다."

2학기 시작하면서 자투리 시간에 공부 카드 만들기를 했다. 하루는 여섯 문제씩(한 시간에 한 문제씩) 만들게 했는데, 시간이 빠듯해서 늦더라도 다 하게끔 했다.

이런 수업에서 교사의 큰 설명은 없었다. 다 교과서를 읽으면서 할 수 있다. 몇몇 낱말 해석만 해주었다. 짝과 함께 서로 문장을 읽으며 맞추는 과정에 초점을 두었다. 고민 시간을 오래 가지면서 답안을 작성하는 재미와 설렘을 지녔으면 좋겠다. 답하고 점검하고 의견 나누고 찾아서 맞추면서 내용을 자꾸 보고 읽게 된다.

4. 미술

    미술 수업은 크게 작품 활동과 감상 활동이 주를 이루는데, 작품 활동에는 아이디어를 내는 시간, 감상 활동은 친구들끼리 낸 의견을 공유하는 시간을 갖는다. 작품 만들기 전에 구상 단계가 중요하다.

작품 활동 전에 미리 다양한 작품을 볼 수 있도록 컬러 인쇄 자료를 만들어 두었다.

    아이디어를 내는 방법으로 본보기 작품을 많이 준비한다. 마분지로 컬러 인쇄를 해서 붙여 두기도 한다. 작품을 다 완성하면 사진도 찍고 칠판 앞에도 붙인다. 먼저 완성한 사람 작품을 붙여두면 늦은 아이들에게 좋은 본보기와 참고 자료가 된다.

모두 다 되면 뒤쪽 게시판으로 옮겨서 자주 보게 한다. 찍은 사진은 학급 누리집에 올려서 저장해서 모은다. 학기 말에 개인별로 미술 작품 UCC 만들기와 학급 문집에 싣기도 한다.

감상 활동 수업

미술 첫 시간은 자연의 아름다움을 관찰하는 시간이다. 옛 그림을 보며 작품의 주인공이나 그린 이가 어떤 생각으로 작품을 만들었는지 각자의 생각을 나눈다. 그런 다음 교실 밖으로 나가 나무를 그려본다. 다음에는 그 나무를 모티브로 그다음 주에는 입체 작품도 만들 것이다.

프레젠테이션 자료로 그림을 준비하고 예체능 공책도 따로 준비한다. 먼저 그림을 보고 자기 생각을 적는다. 다음은 모둠끼리 돌아가면서 발표한다. 듣고 공책에 간추려 쓴다. 그 과정을 칠판에 써 놓는다. 늘 교과 첫 시간은 자세한 안내가 필요하다.

이번에는 모둠에서 한 가지 의견으로 모아 화이트보드에 적도록 했다. 다 되면 앞으로 가지고 나온다. 모둠별로 서면 모두 함께 읽거나, 그 모둠 아이들이 읽기도 한다. 번갈아가면서 읽기도 한다. 어떻게 하든 입으로 말하도록 한다. 아이들 의견이 여러 가지 나왔다. 의견 하나마다 '이런 생각도 있구나!' 하면서 되짚어준다. 앉아있는 아이들도 설명을 들으면 자기 공책에 다른 모둠 의견을 적도록 한다.

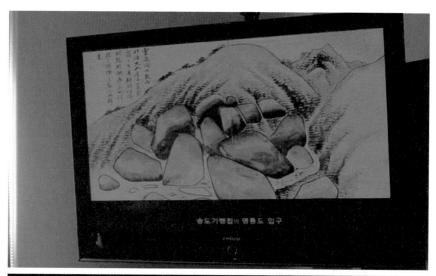

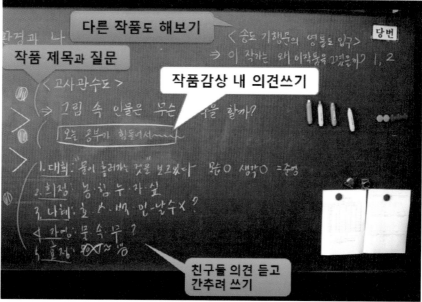

감상 수업 때는 예체능 공책을 활용하여 쓰도록 한다. 자기 의견뿐 아니라 친구들 의견도 쓸 수 있도록 공책을 만든다.

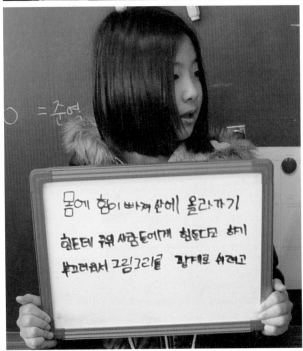

모둠 칠판에 모둠별 의견 한 가지씩을 가지고 나와서 발표한다.

여기까지 서로 이야기 나누고 나면 이번에는 다른 그림을 본다. 두 번째 그림은 개인별로 의견을 써서 과제로 학급 누리집에 댓글로 남기도록 했다. 이렇게 모은 댓글을 나중에 문집에 싣기도 하고, 아이들 수만큼 복사해서 나눠주기도 한다. 똑같은 그림을 보고 어떻게 서로 다른 감상을 표현하는지 알아볼 수 있다.

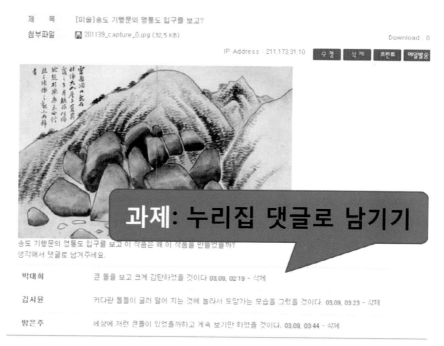

학급 누리집에 감상 작품을 다시 보고 댓글도 남길 수 있도록 해두었다. 해마다 이런 활동을 하기 때문에 지난 해 의견도 함께 볼 수 있다.

작품 활동 수업

수업 전날 미리 주제를 정해오도록 시간을 주었다. 계획서를 짜고 오늘은 색칠만 하면 된다. 아침 칠판에 자기가 정한 환경문제에 이름표를 붙이도록 했다. 아침에 오자마자 이렇게 해두면 하지 못한 아이들이나 빠뜨린 아이들을 하나둘씩 챙길 수 있다. 아이들은 주제를 다시 바꾸기도 한다. 또다른 생각이 떠오를 수 있기 때문이다.

작품 활동 전 날 미리 주제를 생각해오게 한다. 학습지(본보기 자료)를 미리 만들어 주기도 한다.

주제를 정하고 나서 스케치를 시작한다. 우리 반 수업할 때는 미리 계획서 학습지를 만들었다. 구상 그림을 두 가지 정도 그리게 한다. 계획서를 보고 스케치한다. 글자를 먼저 그리기도 한다.

아이들을 가만히 보니까 색칠하는 방법이 여러 가지다. 글자를 먼저 하는 아이, 검정부터 칠하는 아이도 있다. 되도록 바탕부터, 옅은 색부터 하라고 했다.

"선생님, 바탕색 칠해야 해요?"

어김없이 나오는 질문이다.

구상하는 그림을 간단히 두 개 그려보고 한 가지를 정한다.

"바탕은 네가 정해서 하는 거야. 바탕의 효과를 내거나, 의미를 넣어서 칠하기도 하지. 그런데 색칠하기 귀찮아서 그대로 두는 것은 그렇지?"

바탕에도 의미가 있다. 바탕이 하늘이나 바다가 될 수 있다. 어둠이 될 수도 있다. 그런 의미를 담아서 한두 가지 또는 또 다른 그림으로 표현하기도 한다. 귀찮거나 하기 싫어서 그대로 둔다는 것은 다른 문제다. 선택은

바탕에도 의미가 있다.

자신이 정한 의미에 따라 바탕을 비워두기도 한다.

어디까지나 아이들에게 있다. 설명하되 최종 의견은 존중해준다. 비워두어
도 된다. 비워두는 의미도 가졌으면 좋겠다.

　완성 작품 계획서를 내고 자신의 작품을 들고 사진을 찍고 마친다. 그런
다음에 교실 뒤 게시판에 꽂는다. 그날 완성하지 못한 아이들은 집에서 내
일까지 마무리해서 가저와야 한다.

완성한 그림을 사진으로 찍어서 확인을 마친다.

5. 교과 통합 수업
– '나무 프로젝트'

새내기 시절, 각종 행사에 쫓겨 교과서 진도 맞추기 어려운 때가 잦았다. 학교 행사는 행사대로 학급 행사는 또 학급 행사대로, 행사 따로 교과 따로 하려니 늘 시간에 쫓겨서 내용의 깊이가 얕아졌다. 무슨 조사, 토의를 제대로 끝내려면 적어도 일주일은 걸렸다.

몇 년을 같은 학년을 하다 보니 반복된 행사와 교과별 공통된 요소와 주제가 보이기 시작했다. 교과를 통합하여 이어가는 방법으로 수업을 해보았다. 주로 국어와 사회 교과가 중심이 되어서 풀어가는 방법이 많았다. 먼저 학습목표에 맞는 주제를 국어와 사회 시간에 공부하고, 그것을 표현해내는 내용은 미술, 음악 시간에 넣고, 방법이나 수단은 실과 시간에 배우고 익힌 것을 썼다.

학기 초에 미리 교육과정을 재구성하면 좋겠지만 한두 교과씩 묶는 '교과 통합'은 교과 내용을 해마다 반복하면서 알게 된 방법이다. 같은 학년을 여러 번 하면서 여러 가지 방법에 대한 고민과 연구를 하면서 배우고 익히게 되었다.

교과별로 통합할 수 있는 주제는 수업을 하면서 공통분모로 찾게 되었다. 따로 공부하기보다는 묶어서 함께 익히는 것이 더 효과도 있고, 시간도 줄어든다. 줄어든 시간만큼 응용하고 심화할 수 있는 기회를 얻을 수 있다.

국어+미술	발표하는 장면 그리기, 친구가 그린 작품 해설하기, 감상
국어+음악	시에 곡을 붙여 만들기 대사에 어울리는 효과음 만들기(무거운 느낌, 기쁜, 슬픔 등)
국어+사회	자연 환경과 보존에 대한 조사활동 우리 고장에서 일어나는 사건을 정리하고 토의 해 보기
음악+미술	감상곡을 듣고 느낌을 그림으로 나타내기 그림을 보고 느낌을 리듬으로 만들어 부르기
국어+미술 +실과+수학	학교 나무의 종류와 조사하기, 학교 나무와 풍경 그림 그리기 나무 도감을 보고 비유법 찾아보기 조사한 나무 통계 내고 스프레드시트 작업, 프레젠테이션 발표

학교 나무 이야기를 시작으로 꼬리에 꼬리를 물면서 그림 그리기, 나무 이름표 달기, 이름 조사, 자료 통계, 발표 준비를 위한 작업까지 이어졌다. 처음부터 계획하기보다는 교과별로 자연스럽게 이어진 수업이었다.

'우리 학교 나무' 이야기

학교에 있는 나무를 공부했다. 몇 해 동안 도감과 환경 모임, 연수를 다니며 여러 가지 나무에 대한 정보를 얻었다. 이제는 웬만한 학교에서 자라는 나무는 이름이 떠오른다. 학교를 옮길 때마다 새로운 나무가 없나 살펴보는 것도 재미있다. 2010년도 학교에서는 당종려나무, 중국단풍, 아왜나무, 태산목, 팔손이나무, 뿔남천을 새롭게 알았다.

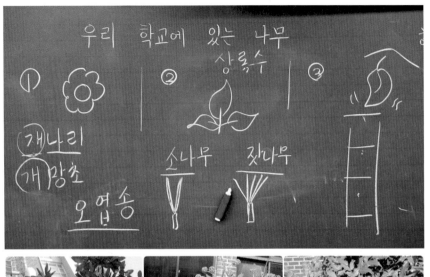

학교 나무가 있는 곳과 나무 이름의 의미를 설명한다.

이제는 다니는 학교마다 아이들에게 '우리 학교 나무'란 주제로 한 시간씩 수업을 해주고 있다. 여유가 되면 옆 반에서도 한다. 교실에서 학교 나무 사진을 보여주고 나서는 직접 밖에 나가서 하나하나 만져보고, 얽힌 이야기를 들려주었다. 실과 시간에 관련된 주제이기도 했다.

나무와 풀 사진을 찍어서 땀샘 학급운영 사이트에도 올리고 프레젠테이션 자료도 만들어 두었다. 나만의 수업 자료이기도 하지만 저장할 만한 가치가 있는 정보이기도 하다.

당종려나무   중국단풍   아왜나무

아이들이 이름은 몰라도 자주 보아온 나무다. 하나하나 이름과 얽힌 이 야기와 정보를 알려주면 신기해하고 새롭게 본다. 이름은 몰라도 큰 문제 가 없지만, 모르고 보는 눈과 알고 보는 눈에는 큰 차이가 있을 것이다. '관 심'이 눈을 뜨이게 하고 알게 한다. 다음은 마음을 주는 일이다. 마음은 마 음을 낳는다. 사랑하는 힘이 그래서 생기는 것이다.

학교 나무를 다 살펴보고 마지막으로 남기는 글은 '아는 만큼 나무 사랑' 이다. 늘 보면서도 알지 못하거나 관심 두지 못한 나무들 이름부터 불러보 자. 늘 보면서도 관심 두지 못한 친구에게도 말 붙여 보자. '아는 만큼 나무 사랑'이 '아는 만큼' 친구 사랑, 우리 사랑, 나라 사랑이다.

봄을 교실에 담다

엊그제까지만 해도 얼얼하던 날씨가 언제 그랬느냐는 듯 따뜻한 기온이

저녁까지 남는다. 벚꽃이 정말 팝콘 같다. 교실 골마루 쪽 창문을 보고 교실이 벚나무에 걸려 있는 듯하다. 창문을 열면 벚꽃이 손에 잡힐 듯이 어른거리고 있다. 하얗게 포실포실한 덩이가 바람에 흔들거리며 나오라고 손짓한다.

미술 시간에 우리 학교에 있는 나무를 그렸다. 미술 수업의 주제가 '관찰하여 그리기'라서 저번 실과 시간에 나무 이야기와도 어울리게 '학교 나무'를 잡았다. 지금 한창 꽃이 절정이고 바람과 기온도 좋다.

그냥 바라만 봐도 넉넉했다. 마음에 드는 나무를 하나 골랐다. 줄기 그리고 꽃잎 그리고, 밝은 색을 넉넉히 칠했다. 벚나무, 당종려나무, 중국단풍, 오동나무, 향나무를 그렸다. 두 시간 넉넉하게 그리고, 교실 뒤 게시판을 몽땅 바꾸었다. 저번 시간 친구 얼굴 그리기로 흑백 그림이었는데, 이번에 꽃이 핀 나무가 가득하니 환해졌다. 봄을 교실에 담았다. 가득!

벚꽃이 한창이던 날 미끄럼틀에 앉아 학교 나무를 그리고 있다.

나무 이름표 달기

학교 나무에 이름표를 달았다. 나무 사진을 찍고 이름을 알아내고, 수업도 했으니까 이제 직접 보러 나간다. 전날 만든 학교 나무 동영상을 만들어 여러 선생님께도 나누어 드렸다. 4학년에서도 수업 시간에 쓰고, 5학년도 실과 '화초'가 나온 단원에서 활용할 수 있다. 운동장 둘레로 아이들이 돌아다니며 나무와 이름을 살펴본다. 그런 모습이 예쁘다. 전담 시간에 운동장에 나가서 코팅한 이름표를 들고 한 바퀴 돌았다.

이름을 다 조사해서 간단한 설명을 넣어 코팅한 것을 나무에 묶어 두었다.

돌아다니다 보니까 아직 조사하지 않았던 나무가 보였다. 오동나무, 장미, 누운 향나무, 무궁화다. 사진을 찍을 때 그냥 지나가 버린 모양이다. 왕

벚나무는 체육관 뒤쪽에도 숨어 있었다. 학교 구석구석 숨어서 피는 것 같다. 몰래 자라는 것인지, 우리가 몰라주는 것인지. 그래도 어김없이 잎을 낸다. 동백꽃과 벚꽃이 한창이다. 아직 이름표를 붙이지 못한 나무를 사진으로 찍어두었다.

나무 조사와 나무 통계 자료 만들기

아이들에게는 표를 만들어 조사하도록 했다. 학교 앞, 뒤, 옆, 뒤 동별로 나무 개수를 알아본다. 어떤 나무가 있나 알아봤으니 얼마만큼 있나 세어

학교 나무의 종류별 개수를 조사한다.

표를 만들어 나무 개수를 찾아 표시한다.

본다. 나무 이름을 보고 돌아다니며 같은 종류끼리 세어본다. 자꾸 보고 말하니까 자연스럽게 외워진다.

우리 학교 나무로 알아보기

번	이름	개수	번	이름	개수	번	이름	개수
1	동백나무	5	11	구골 나무	3	21	아왜나무	2
2	매실나무	1	12	가이즈까 향나무	25	22	개나리	105
3	백목련	3	13	벚나무	30	23	태산목	1
4	자목련	1	14	석류나무	2	24	팔손이나무	1
5	소나무	5	15	등나무	10	25	전나무	1
6	오엽송	2	16	은행나무	2	26	벽오동	2
7	주목	4	17	느티나무	3	27	장미	20
8	사철나무	4	18	화살나무	3	28	남천	4
9	꽝꽝나무	11	19	당종려나무	1	29	개잎갈나무	1
10	회양목	45	20	중국단풍	2	30	무궁화	10

1. 우리 학교에 가장 많이 있는 나무는?

....

2. 지금 꽃이 피어 있는 나무는?

....

3. 늘푸른잎 나무는?

....

4. (어른 키보다) 키 큰 나무와 키 작은 나무로 나누어보세요.

　① 키 큰 나무:

　② 키 작은 나무:

5. 가장 많이 있는 나무와 적게 있는 나무 수의 차이는?

6. 한 그루 이상, 다섯 그루 이하인 나무 수는?

7. 5그루 초과, 10그루 이하인 나무 수는?

8. 10그루 초과, 20 이하인 나무 수는?

9. 20그루 초과인 나무 수는?

10. 오른쪽 표를 완성하시오.

범위	나무 수
1 이상-10 이하	
10 초과-20 이하	
20 초과-	

학교에 있는 나무

번	이름	정면	동상	체육관	정문	뒷동	합계
1	동백나무	1			2	2	5
2	매실나무	1					1
3	백목련	2		1			3
4	자목련	1					1
5	소나무	1			2	2	5
6	오엽송	2					2
7	주목			4			4
8	사철나무		4				4
9	꽝꽝나무	1	9		1		11
10	회양목		3	42			45
11	구골나무	1			2		3
12	가이즈까 향나무	8	10		7		25
13	벚나무		14	10		6	30
14	석류나무	2					2
15	등나무			8	2		10
16	은행나무		1			1	2
17	느티나무			3			3
18	화살나무				1	2	3
19	당종려나무			1			1
20	중국단풍				2		2
21	아왜나무	2					2
22	개나리					105	105
23	태산목	1					1
24	팔손이 나무					1	1
25	전나무	1					1
26	누운 향나무						0
27	맥문동						0
28	수선화						0
29	오동나무(벽오동)	1	1				2
30	장미						20
31	남천						4
32	뿔남천						1
33	히말라야시다						1
34	무궁화						10

나무 개수를 조사하고 수학 시간에 통계 결과를 알아본다. '이상', '이하', '초과', '미만'으로 나무 개수를 표현해 보았다. '정보와 생활' 시간에는 스프레드시트로 합계 내는 방법도 이어서 한다. 실과 교과 '나무 알아보기'를 배우면서, 국어 교과의 '묘사', 미술 교과의 '관찰 그리기'를 배우고, 나무를 조사한 결과를 토대로 수학 교과와 '정보와 생활'까지 이어서 공부를 한 셈이다.

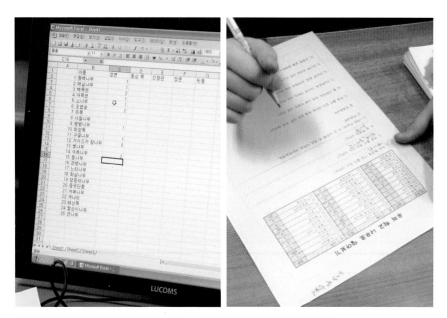

조사한 자료로 스프레트시트 작업을 하거나, 간단히 학습지 형태로도 활용한다.

학교 나무 조사표로 학습지를 만들었다. 우리 학교 나무 가운데 가장 많은 나무, 가장 적은 나무, 늘푸른나무, 지금 꽃이 핀 나무, 몇 그루 초과, 이하인 나무 수 등을 알아보았다. 수학 시간에 이상, 이하, 초과, 미만을 알아보도록 재구성해 보았다. 그리고 컴퓨터실에서 스프레드시트 프로그램인 엑셀로 가로세로 합계를 내는 기능을 익혔다. 자동 채우기 기능과 합계 함수, 글자색, 선 긋기 기능도 함께 익혔다.

다른 교과와 이어지는, 함께하는 공부는 기억과 흥미, 실천에 모두 도움이 된다. 학교 나무 사진은 프레젠테이션 자료와 동영상으로 만들어서 누리집에 올려두었다. 언제든지 볼 수 있다. 복습이 된다. 방법을 달리해서 되풀이하면서 방법과 지식을 굳게 한다.

나무 수를 세다 보면 여러 번 셀 기회가 오면서 이름을 반복해서 되새긴다. 수학 학습지에서도 보고 엑셀로 작업하면서 이름을 치면서 보고 읽게 된다. 그냥 달달 머리로 외우는 것이 아니다. 보고 듣고, 말하고, 타자치고, 확인하고 조사하고 쓰는 과정에서 몸에 익어간다.

'나무 공부'라는 큰 주제를 잡고 교과별 목표를 자연스럽게 엮어 한 가지 이야기가 만들어졌다. 이런 수업을 위해 교사는 전체를 아우르는 활동거리를 찾아 준비하는 시간과 노력이 필요하다. 배경지식과 교양도 필요하고 끊임없이 공부해야 한다. 이렇게 해서 교과 재구성과 통합 수업으로 풀어내는 실천이 해마다 하나씩 늘었으면 한다. 그것이 재미있게 가르치는 또 하나의 기쁨이 아닐까?

컴퓨터 활용

말하기 · 듣기 시간에 묘사하는 부분, 읽기에는 글을 요약하는 주제가 나왔다. 묘사하고 요약 결과를 담은 표가 교과서 나왔다. 정보와 생활시간에는 프레젠테이션 기능 익히기가 이어진다. 이번에는 워드아트(WordArt)

기능과 표에 행 삽입, 행 삭제, 동영상 넣기 기능이 나왔다. 그다음 단원은 표 계산 프로그램이다. 지난 시간 합계 함수를 익혔으니 이번에는 평균 함수 활용법과 셀 서식에서 소수점 두 자리 수가 나오게 하는 기능도 익힌다.

교실에서 본보기로 한 번 하고 컴퓨터실로 갔다. 학급 누리집에 그동안 안내 자료와 아이들이 실천한 결과물을 차곡차곡 올려두었다. 이 자료를 내려받아서 합계, 평균 함수를 익혔다.

묘사하기와 요약하기 결과를 파워포인트의 표 기능으로 다시 정리하도록 했다. 묘사하기에는 표의 행과 열 개수를 정해주었지만, 요약하기에는 스스로 나누게 했다. 표 만들기와 늘리기 기능을 함께 익힌다. 본보기 자료에는 세 문단만 있어서 행을 더 늘려야 한다. 행 삽입과 행 삭제 기능이 쓰인다. 제목에는 워드아트(WordArt) 기능을 쓰도록 했다.

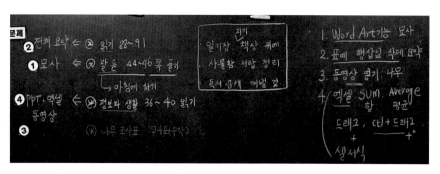

미리 컴퓨터실에서 해야 할 일을 칠판에 써준다.

나무 조사표도 다시 꺼내서 자기가 기억하고 싶은 학교 나무 네 종류를 골라 인터넷에서 검색해서 간단한 소개 자료를 만들게 했다. 미술 시간 그린 나무 그림도 사진으로 찍어서 올려두었다. 나중에 학급 문집에 실을 수도 있다.

이렇게 교과 학습 결과물을 컴퓨터로 처리하는 것도 재미있다. 조사한 것을 다양한 방법으로 여러 번 되새겨준다. 치고 쓰고, 기록하면서 되풀이하는 움직임이 지루하지 않다. 갖가지 기능도 함께 익혀서 즐겁게 참여했다.

먼저 한 아이는 늦거나 못하는 아이를 돕는다. 컴퓨터로 쓸 때는 늘 두 가지 정도 과제를 주고, 다하고 난 뒤 활동도 일러준다. 학급 누리집에 못 올린 낱말, 독서 공책, 별표 일기장을 준비해서 가지고 다닌다. 다 끝났을 때 남은 시간 활용법도 익힌다. 그래서 컴퓨터실에서는 누구 하나 빠짐없이 주제에 집중한다. 시간이 남아 인터넷 서핑이나 게임 같은 것을 할 겨를이 없다. 빠듯하므로 다 완성 못하기도 한다. 그러면 집에서 하게 한다. 결과물을 올리는 곳이 있기 때문에 집에서 확인 가능하다.

컴퓨터는 활용 도구다. 쉴 겸 또는 보상으로서 게임을 허용하기도 한다. 쉴 겸 하는 게임이 한두 시간이 넘어가면 앞뒤가 바뀌게 된다. 게임을 하다 쉴 겸 '공부'하는 꼴이 되기 쉽다. 게임에만 치우친 컴퓨터 활용을 고쳐볼 기회가 되었으면 한다. 빨리 나아지지 않겠지만 여러 가지 쓰임새 공부에는 도움이 될 것이다.

문단 요약하기, 묘사 찾기, 적용해보기

국어 시간에는 단원 마무리로 문단 나누기와 전체 요약, 묘사 부분을 찾기가 나온다. 교과서 예문보다 식물도감에 나오는 나무 이야기를 복사해서 줄을 그으며 묘사한 부분을 찾도록 준비했다.

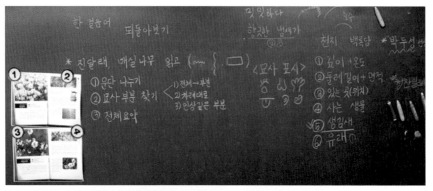

국어 수업에서 배웠던 묘사 부분을 도감 글에서 찾아본다.

학교에서 가장 많은 나무를 찾아, 그 나무를 소개한 이야기를 복사했다. 아이들은 이 이야기를 읽어가면서 묘사한 부분을 찾아 줄을 긋는다. 진달래와 매실나무를 많이 골랐다.

먼저 전체 문단을 나눠 중심 문장과 묘사 부분을 찾는다. 문단은 묶음 괄호 표시를 하고 중심 문장에 밑줄을 긋는다. 중심 문장이 나타나지 않으면

책에 표시하는 기호

주요 낱말을 엮어서 만든다. 다음에는 묘사한 부분을 오감 표시(눈, 귀, 코, 입, 손) 작은 그림으로 나타내게 했다. 주로 생김새 이야기에서 묘사가 잘 드러났다. 유래나 쓰임새는 설명이 많다.

나무 이야기에서 그리기, 환경 구성, 나무 수 조사, 도감 읽기까지 이어진 긴 과정이었다. 나무 이야기를 중심으로 펼친 다양한 방법이 적용, 응용, 활용되었다.

7장
탐구와 발표

모둠 학습과 교과 학습 방법으로 관찰, 조사, 프레젠테이션, 영상 제작, 사진 촬영과 같은 다양한 방법과 수단이 이용된다. 각각의 기능들이 교과서에 포함이 되기도 하지만 따로 시간을 내어서 가르쳐야 할 때도 있다.

갖가지 방법과 도구가 학습목표에 이르게 하는 좋은 수단으로서 장점을 지니지만 '활용'보다는 '소양' 교육에 더 많은 노력과 힘이 쏠릴 수 있다. 그래서 기능적이고 기술적인 기법에 집착해 정작 학습 주제의 중심을 잡지 못하고 1차 발표로 끝나버리기도 한다. 이런 방법과 도구들이 아이들의 개성과 특기를 살리는 데 중심을 두고 흔들리지 않도록 분위기와 마음도 함께 잡아주는 노력이 있어야 한다. '소양' 교육에 따로 시간을 내기보다 '활용'을 하면서 또래들끼리 서로 알려주고 익히는 관계를 만들어가는 학급을 세우는 것이 중요하다.

아이들이 모둠 활동을 통해서 의논하고 발표 하더라도 결국

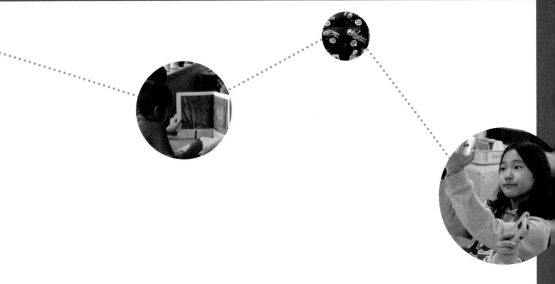

은 스스로 혼자 힘으로 할 수 있는 힘과 용기, 기회를 자주 가져야 한다. 관찰, 탐구하면서도 다른 친구들의 참여 과정을 공유해서 자신을 객관적으로 볼 수 있는 시간도 갖는다. 아이들이 해마다 조사, 탐구, 발표와 같은 방법으로 학습에 참여하지만 늘 익숙지가 않기 때문에 교사는 다시 처음부터 시작하는 마음을 갖도록 한다.

교사에게 평가받기보다는 또래 아이들에게 평가받거나 평가하면서 함께 공부하는 마음도 키우고, 객관적인 비판도 받는 과정을 겪게 한다. 읽고, 쓰고, 토의하고, 종합하고, 평가하는 일이 학습의 과정이다. 이 과정을 공유하면서 생각하고 고민하면서 자신을 검증하기도 한다. 평온한 감정으로 의문을 제기하고 비판하는 힘도 함께 길러나간다.

1. 관찰

대상을 있는 그대로 본대로 들은 대로 관찰하는 일은 모든 교과에서 공통으로 필요한 과정이면서 중요한 활동이다. 자세히 보고 들은 것들을 솔직하게 그대로 쓰는 것이 중요하다. 다음으로 대상에 대한 공감, 대화, 관심, 감정을 담는다. 이 두 가지 활동만 잘 드러나도 보는 재미, 읽는 재미가 붙는다. 누구나 겪지 않는 자기만의 삶 이야기가 된다.

주의 깊게 관찰하고 대상에 대해 이야기하고 감정을 지니다 보면 무엇인가 삶의 원리를 찾는다. 새롭게 아는 것이 생긴다. 남이 말하거나 책에서 본 것이 아니라 스스로 우러나는 새로움이다. 비판과 희망, 다짐, 용기로 드러나기도 한다. 감동이 일어나 읽는 이의 마음을 따뜻하게 데우기도 한다.

여기서는 '관찰'을 중심으로 한 수업을 소개한다. 우리 반에서는 교과서에 담긴 글 말고도 따로 자료를 준비해서 읽게 했다. 이미 쓴 글과 작품을 서로 보게 하는 활동도 이어진다. 공유하면서 관찰하고, 분석과 해석으로 이어진다.

자세히 관찰해서 그리기

미술 시간에 대상을 관찰하여 그리기가 꼭 있다. 저학년 '상상과 풍경'에서 고학년 '정물과 추상화'로 이어진다. 요즘은 그림을 그리는 것뿐만 아니라 퍼포먼스, 입체물, 영상으로 만드는 방법도 많이 나온다.

1. 연필화에 대해 알아보기

가늘게 긋기	굵게 긋기	눕혀서 긋기	세워서 긋기
어둡게 칠하기	중간 밝기	밝게 칠하기	어둡게+중간+밝게

2. 관찰하여 그리기1(명암 단계에 따라 밝은 색부터 어두운 색까지의 변화를 파악하여 표현하기)

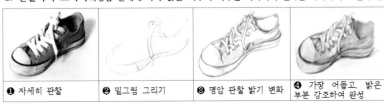

| ❶ 자세히 관찰 | ❷ 밑그림 그리기 | ❸ 명암 관찰 밝기 변화 | ❹ 가장 어둡고, 밝은 부분 강조하여 완성 |

3. 관찰하여 그리기2 (빛의 방향에 따라 달라지는 그림자의 방향을 표현하기)

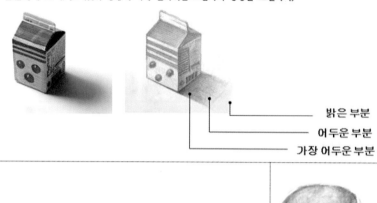

밝은 부분
어두운 부분
가장 어두운 부분

미리 예시된 그림을 그려보면서 색의 변화, 무늬를 살핀다.

학용품과 같은 정물은 무엇보다 보이는 그대로 그리는 노력이 필요하다. 간혹 눈앞의 대상을 보고도 만화 캐릭터나 도안 같은 꼴로 일관되게 그리는 아이가 있다. 미술 주제에 따라 캐릭터와 도안도 한 가지 방법일 수 있지만 풍경화, 정물, 수묵채색화와 같은 그림을 그리는 과정에서도 그러한 모습이 변함없이 나타난다면 한 번쯤 생각해볼 일이다. '정물 그리기' 시간에는 평소에 그림을 그릴 때 습관적으로 도안 형식으로 그리는 것이 어떠한 문제가 있는지를 이야기하고 자세히 관찰해서 그린 자료를 먼저 한번 그려보고나서 자기가 대상물을 정해서 그리기 시작한다.

어두운 부분과 밝은 부분을 미리 그려본다.

운동장 풍경을 그릴 때는 특별한 준비를 갖추지 않고 아이들과 함께 밖으로 나가도 된다. 구도를 잡는 방법이나 과정만 안내하고 마음껏 그리면 된다. 물론 이때에도 그 전에 그린 아이들 작품을 감상해보는 시간을 갖는다. 아이들 개성에 따라서 다양한 작품이 나온다. 나무를 자세히 그리기도 하고, 놀이 기구, 건물이 중심이 되기도 한다. 그리기 전에 미리 그림의 중심이나 자기가 눈여겨본 곳을 정하는 기준을 잡아두면 전체 구도를 잡기도 쉽다.

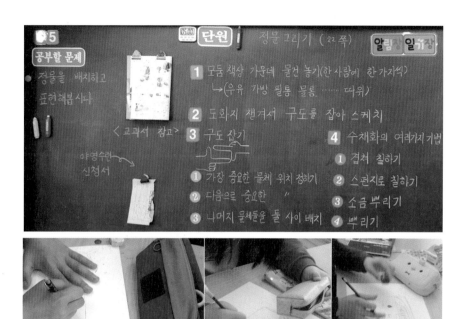

미리 그려보고 나서는 직접 물건을 보고 그린다.

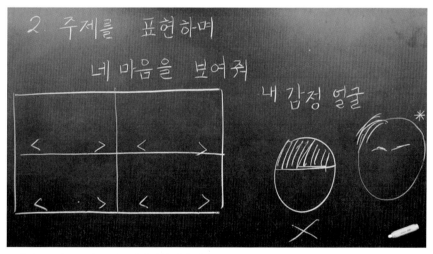

도안 같은 모습으로만 그리는 것에 대해 먼저 생각해 보게 한다.

명도, 채도 표현을 위해 색종이를 활용하여 만들어 붙인다.

미술 수업은 아이들이 작품 활동을 하기에 앞서 지금까지 그려온 형태 습관, 관찰, 기분 등을 먼저 생각하며 이야기를 나누는 것에서 시작한다. 미리 또래 작품을 감상하고 나면 자기 작품에 대한 구상과 아이디어가 활발하게 펼쳐진다.

자기 얼굴이나 친구 얼굴을 그려야 할 때 특징적인 표정을 사진으로 찍어서 활용하기도 한다. 스마트폰으로 스스로 찍거나 찍어주면서 감정이 담긴 자기 모습을 그려낸다. 예전에는 서로 마주 보면서 하기도 했는데, 자기 얼굴 그리기는 힘들었다. 물론 거울을 보면서 할 수도 있지만 요즘은 편리한 스마트폰으로 직접 다양한 표정을 잡아 그릴 수 있다. 스마트폰으로 찍

스마트폰 사진으로 자신을 찍어서 그려보기도 한다.

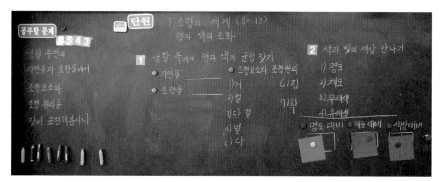

명도, 채도를 잘 표현하기 위해서는 색이 균일한 색종이를 활용한다.

컴퓨터 사진 편집 프로그램의 채도 조절 기능을 사용하여 채도의 변화를 직관적으로 관찰할 수 있다.

은 사진을 확대 축소하면서 세밀하게 관찰해서 그릴 수 있다.

명도, 채도에 대해 배우는 수업에서는 색종이로 두 가지 색을 배치해서 공책에 붙였다. 물감으로 색을 칠하는 방법도 있지만 일정한 색의 농도와 진하기를 유지하기 까다롭고 색을 섞는 과정에서 탁해지기도 한다. 그래서 색종이의 색을 대비시켜서 명도와 채도를 알아본다.

컴퓨터 사진 편집 프로그램으로 채도와 명도 조절 기능을 활용하면 채도와 명도의 높낮이를 조절하면서 색의 변화를 한눈으로 쉽게 확인할 수 있다. 빛깔과 색깔의 차이점은 있지만 진함과 연함, 탁하기, 밝기의 다양한 정도와 변화를 직관적으로 확인하고 쉽게 관찰할 수 있다.

작품 제작 과정 관찰

석고를 가지고 양각 판화 만들기 수업을 할 때였다. 석고 파기가 생각보다 쉽지 않았다. 고무 판화보다는 더 깊게 파야 양각의 입체감이 산다. 음각으로 파거나 너무 얕게 파서 고무판과 별 차이가 느껴지지 않는 작품도 보였다.

작품 제작 활동 중간쯤 멈추게 해서 또 모두 둘러보게 했다. 친구들 작품의 진행 상태를 관찰하고 공유한다. 빨리 마친 아이들 작품도 칠판에 세워두어 누구나 나와서 만져보게 한다. 깊이와 파는 방법을 관찰하고 느껴보란 뜻이다.

작품을 만들면서 진행 속도와 상태, 주제, 방법 등 개성이 드러난다. 그런 부분이 존중되어야 하지만 주제에서 벗어나거나 잘못된 방법을 창의적인 방법으로 오해해도 안 될 일이다. 양각이어야 하는데 음각으로 한다면 잘못된 방법인 것을 깨치게 해야 한다. 말로 일러주기보다는 이렇게 다른 아이들 것을 직접 보고 만져보게 하면 훨씬 이해가 쉽다.

중간에 멈춰서 각자 작업한 과정을 직접 손으로 만져보게 한다.

중간에 잠깐 멈추었다가 친구들 작품을 관찰하면 참고해서 따라 하거나 잘못된 부분을 고치기도 한다. 깊이와 진행 과정, 전체 구도도 관찰된다. 아직 명확한 주제를 잡지 못한 아이들에게는 좋은 참고가 되기도 한다. 주제를 잡기 위한 관찰도 있지만 이렇게 중간에 멈추고 다른 작품의 제작 상태를 참고하여 자기 작품을 고치거나 확인해보는 관찰도 유용하고 효과적이다.

미술 작품 감상

미술 감상 수업에서는 교과서 작품을 확대 인쇄해서 모둠끼리 큰 그림을 볼 수 있도록 준비한다. 첫 감상 시간에는 자기 마음껏 느낌대로 쓰기를 해

교과서 그림을 확대해서 모둠별로 준비한다.

보고 감상 본보기 글도 읽어보게 한다. 본보기 글은 어른들이 쓴 것이지만 작품 감상 글을 어떤 식으로 쓰는지 참고가 된다. 그런 다음 다른 작품을 보고 아이들 말로 감상을 글을 써보게 한다.

미술 수업 시간, 우리나라 미술과 다른 나라 미술을 비교해서 공통점과 차이점을 알아보는 공부가 있었다. 비교할 그림을 컬러로 인쇄했다. 두 그림을 함께 보면서 작품 보는 기준을 세 가지 정도 잡아 주었다. 첫눈에 떠오른 인상, 쓰인 재료, 배경 처리를 어떻게 했느냐는 공통된 기준을 주었다. 공통점과 차이점은 모둠에서 이야기를 나누며 적는다.

교과서 그림은 작아서 관찰하기에 불편하다. 텔레비전 화면으로 띄워 두 작품을 번갈아 보기도 까다롭다. 그래서 컬러 인쇄해서 크게 천천히 가까이서 관찰하게 했다. 실물 크기의 그림이 있으면 좋겠지만, A4 용지 크기도 혼자 들고 볼 정도로 좋다.

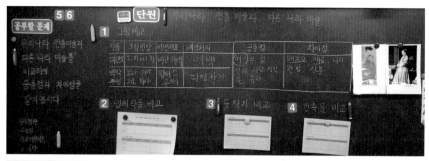

미술 감상에 필요한 관점(기준)을 먼저 잡아 말해보고, 두 번째는 기준도 마음껏 바꾸어서 말하게 한다.

수업을 마치고 나온 아이들 활동 결과물은 옆 반과도 함께 공유한다. 다양하게 보는 관점도 늘 것이다. 동학년 친구들끼리 자료를 공유하면서 아이들의 다양한 관점을 모아서 다음 해에는 더 폭넓고 깊이 있는 자료로 쓸 수 있도록 만들어둔다. 실천하면서 교재 연구도 함께해 나간다.

여러 관점에서 쌓기나무 관찰하기

'쌓기나무로 쌓은 모양을 말하기', '규칙 찾기'는 수학적인 관점으로 관찰하는 공부다. 사물의 모양을 보고 어떻게 말을 해야 정확하게 다른 사람에게 전달할 수 있는지 알아보는 일이기도 하다. 처음에는 마음껏 관찰해서

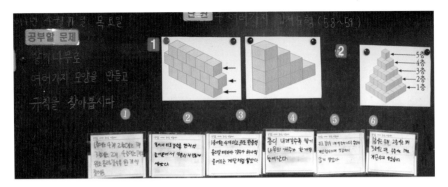

처음에 기준이 없이 생각나는 대로 말해보게 한다.

아이들이 표현하는 말을 꺼내도록 한다. 어떤 말로 표현하는지 살펴본다. 말에 차이가 있지만, 의미가 비슷하게 들리기도 한다. 아이들이 쓴 말 가운데 자주 쓰이지 않는 말이나 특이한 말을 줄을 그어가면서 함께 이야기 나눈다.

이번에는 관찰하는 기준, 말할 때 기준을 카드로 만들어서 해보았다. 방향, 변화, 개수, 양, 높이를 기준으로 대상을 관찰하여 말로 풀어낸다. 기준 말 카드를 모둠별로 나눠 준다. 새로운 두 가지 도형을 보이고 모둠끼리 해결하도록 한다. 관찰하는 기준을 잡아주고 말하는 공부다.

이 수업에서는 낱말 카드를 활용했다. 쌓기나무를 보고 말할 수 있는 기준이 될 만한 말을 고르는 것이다. 수업 시간 안에 기준 없이 말하는 것이 너무 시간도 많이 걸리고 풀어야할 문제가 많아서 생각해낸 것이 기준 낱말 카드였다. 이런 기준도 아이들과 함께 고민하면서 만들어가면 좋겠다. 말할 수 있는 기준을 찾는 수업을 먼저 하게 되면, 다음 시간은 훨씬 줄어들 것이다.

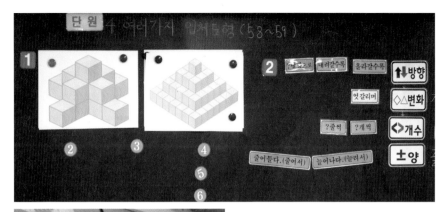

기준 낱말을 만들어서 나무가 쌓인 규칙을 찾는다.

모둠별로 찾아낸 규칙을 칠판에 다 쓰게 한다.

2. 조사

'조사'는 수업 시간 학습 활동이나 과제로 자주 필요하다. 수업 시간에는 주로 아이들이 현재 지닌 상식 수준을 드러낼 수 있게 각자의 의견을 알아본다. 과제로 낸 조사는 시간이 넉넉해서 깊이 있고 폭넓게 이어질 수 있다. 그렇다고 수업 시간 조사하는 것과 과제로 조사한 것이 크게 다르지는 않다. 문제는 시간이 아니다. 조사 방법이나 조사한 내용을 어떻게 다룰 것인가에 대한 고민과 학습이 핵심이다.

책에서 찾아보기

교과서 글을 읽는 모습을 확인하는 것만으로는 학습목표에 도달했는지 알 수 없다. 교과서 예문만 보고 답을 찾는 식의 학습으로 변형이 되기 쉽기 때문이다.

공부한 것을 적용해보아야 한다. 그 가운데 자주 쓰이는 방법은 다른 책에서 자료를 찾아보는 일이다. 책으로 어떤 관찰 기록을 검토하거나 깊이 있는 조사 결과를 살펴볼 수도 있다. 수업 시간에 여러 책을 보려면 그림책이 제격이다. 서론, 본론, 결론으로 이야기 흐름이 이어져 짧은 시간에 여러 권을 볼 수 있다. 책을 깊이 읽으면서 찾고자 하는 주제를 생각해낼 수도 있다.

찾아야 할 정보를 정확히 알리고 도서관을 활용한다.

　어떤 주제에 대해 조사할 때 다른 책을 참고해서 적용해보기는 사나흘 정도 더 걸린다고 할 수 있다. 학교에 있는 책 수준과 분량의 자료를 집에서도 구하기 힘들다. 그래서 학급운영 차원에서 교과 시간이 아닌 아침이나 오후 시간에 짬을 낸다. 과제로 아이들에게 낼 수 있겠지만, 요즘 아이들은 방과 후에도 바쁘기 때문에 과제를 할 시간이 거의 없다. 학교 안에서 시간을 효과적으로 운영하고 풀어가는 노력, 끈기가 중요하다.

수업에 필요한 책을 도서관에서 한꺼번에 빌려오기도 한다. 직접 주제에 알맞은 책을 교사가 직접 골라서 수업 자료로 준비한다. 알지 못하는 책이라면 교사가 읽어가면서 준비할 시간이 오래 걸릴 것이다. 그래도 도전해 볼 만하지 않은가. 학습목표에 맞는 주제나 내용의 책을 골라내는 '독서력'이 갖추어질 것이다. 생활이 되어야 할 것이다. 이런 교재 연구를 해마다 하면서 교사 또한 성장하고 준비 시간도 줄어들 것이다. 사서교사의 도움을 받아서 주제에 맞는 책을 준비할 수도 있다.

사회 수업은 다른 교과와 비교해서 시간이 많이 모자란다. 특히 낱말이 까다롭다. 이것이 교사와 아이들을 힘들게 한다. 그래서 사회 수업이 든 날 아침 시간에 미리 아이들에게 어려운 낱말을 국어사전에서 찾게 하고 있

교사가 미리 준비해온 책들 가운데 한 권을 골라서 정보를 조사한다.

다. 처음에는 어려울 것 같은 낱말을 정해주었지만, 조금씩 스스로 낱말을 선택해서 찾도록 하고 있다. 이것만 하더라도 간단한 예습이 된다.

사회 시간에는 기본으로 늘 국어사전을 준비한다.

그림책에서 찾기와 분석

시와 동화에서 갈등을 알아보고 공부하는 수업을 했다. 교과서 시와 동화를 다 읽고 갈등 인물과 내용을 그림책에서 다시 찾아본다. 학교 도서관에서 그림책을 한 바구니 빌렸다. 사서교사에게 부탁해서 갈등이 담긴 그림책을 30권 정도 준비했다. 갈등이 확실한 것, 모호한 것, 없는 것도 있다.

며칠 동안 20권을 골라 읽고 갈등 인물과 그 까닭을 찾아 쓰면 된다. 작년에는 책 목록을 만들어 아이들 수만큼 돌려보았다. 올해는 직접 책 이름을 쓰도록 했다. 자기가 직접 책 제목도 써보는 것이 나은 것 같다. 모둠 아이들끼리 서로 바꿔보면서 쓴다.

갈등 대상이 뚜렷한 것도 있고, 자기 혼자 마음으로 갈등을 일으키는 것도 보인다. 여러 작품을 보면서 글을 보는 기준과 관점이 설 것이다. 누구랑 갈등하는가, 무슨 일로 갈등할까? 기준이 있으면 보는 것이고, 기준이 없으면 보이는 것이다.

작년에도 이런 수업을 해보아서 올해는 조금 변화를 주었다. 아이들이 소화할 만한 분량과 속도를 알 수 있다. 같은 학년을 여러 번 하면 이런 점이 좋다. 아무리 좋은 방법과 자료가 있어도 분량, 속도, 분위기가 맞지 않으면 실천과 학습 효과가 떨어진다. 아이들 눈높이와 상황, 성향은 해마다 조금씩 다르다. 똑같은 단원을 똑같은 방법으로 해도 나타나는 효과와 받아들이는 능력과 분위기 차이가 있다. 그래서 상황별로 변화의 조절이 필요하다.

기행문 읽기와 분석 : 여정, 견문, 감상

국어 기행문을 공부를 한 시간하고 교과서 본문이 아닌 다른 책(기사)에서 뽑은 글로 여정, 견문, 감상 부분을 찾아 줄을 긋게 했다. 프레젠테이션

○ 여정 ○ 견문 ○ 감상

□ 기행문 예시 작품

백제의 향기를 느꼈던 여행

초

　지난 9월 8일. 우리 학교는 옛날 백제의 영토였던 충청남도의 공주와 부여시로 수
을 갔다. 수학여행을 가기 전날 밤. 나는 백제에 대한 기대감과 호기심에 사로잡혀
전에서 백제에 대하여 찾아보았다. 백과사전에는 '백제는 우리나라 고대 국가의 하
구려의 시조 주몽의 자손인 온조가 지금의 서울인 위례성 부근에 나라를 세웠다. 박
세기의 근초고왕 때가 전성기였으며. 663년에 나당 연합군에 의하여 멸망하였다.'리
인었다. 나는 백제가 더욱 궁금해졌고. 수학여행을 기대하며 잠에 들었다.
　출발할 때. 날씨는 쌀쌀하였다. 나는 친구들과 즐겁게 떠들며. 백제의 역사를 찾
다. 공주에 도착한 뒤. 앞으로 3일 동안 우리를 지도하여 주실 안내원 선생님을 만
리는 맨 처음 공산성에 갔다. 공산성은 한성 시대에 고구려의 장수왕이 백제를
전쟁에 진 뒤 수도를 빼앗기고 천도한 곳이라고 한다. 공산성은 원래 웅진성이었
이 아닌 토성이었는데. 조선 시대에 공산성으로 이름을 바꾸고 석성으로 건축되

필요한 정보를 찾아 형광펜이나 색펜으로 색을 구분하여 표시한다.

으로 글을 띄워서 직접 시범을 보인다. 글은 복사해서 나누어 주었다. 여정
은 노란색, 견문은 파란색, 감상은 빨간색(또는 짙은 분홍색으로) 표시한
다. 밑줄을 긋거나 형광펜으로 표시한다. 그다음에는 아이들 각자 스스로
해보게 한다.

　몇 분 있다가 모두 일어나게 해서 다른 사람들 글을 보게 한다. 자기가
한 것과 견주어본다. 틀린 것도, 비슷한 것도, 생각하지 못한 부분을 보기
도 한다. 다른 사람 내용을 관찰하고 공유한다. 이런 줄 긋기를 한 사람씩

중간중간 다른 친구가 한 것들을 공유할 수 있게 한다.

일일이 봐주는 데 시간이 많이 걸린다. 그래서 여럿이 함께 볼 수 있도록 해서 스스로 깨치도록 한다. 다른 친구들 것과 비교해보면 차이가 드러난다. 많은 아이들이 같이 생각하는 부분에 대해 자기는 왜 다른지 차이점을 질문하고 토의해야 한다.

방송 뉴스, 신문 기사를 보고 분석하기

먼저 수업 시간에는 텔레비전 뉴스를 본다. 뉴스의 짜임새를 공부하면서 신문 기사 읽기도 덧붙인다. 진행자는 신문 기사의 요약문처럼 다음에 이어진 내용을 간단히 요약하고 핵심 내용을 알려준다.

기자의 보도 구성에서 처음 시민을 인터뷰 할 때에는 문제점이 드러난다. 통계 자료와 시각 자료는 조사해서 찾아보아야 한다. 사실이다. 뉴스 만들기 할 때 많이 노력해야 할 부분이기도 하다. 정성과 연구, 탐구 흔적을 볼 수 있는 부분이다. 전문가 인터뷰는 일종의 해결점, 대안점을 제시한다. 이름 있는 그 분야의 전문가에게 말을 듣기 때문에 설득력이 있다.

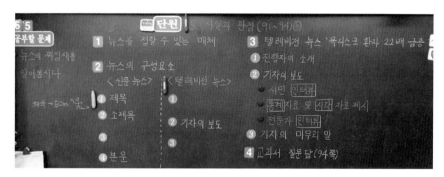

뉴스에 대한 기본 정보를 알아본다.

마지막 기자 마무리 말에는 여러 가지 문제에 대한 해결방법, 대처법 등이 소개되고 정리된다. 논설문과 비슷한 짜임이다. 인터뷰에 여러 사람이 나온다. 서로 다른 관점의 사람들에게 물어서 한쪽으로 안 쏠리게 한다. 그래서 균형감 있게 하려고 인터뷰를 보여준다. 생생하게 보는 방법이기도 하다. 교과서 질문 넷을 풀어가는 과정으로 마무리하고 뉴스의 짜임새를 다시 확인하는 시간을 갖는다.

수업에서는 두 가지 신문 기사를 준비했다. 짜임새를 기준으로 나누어 보았다. 신문 기사의 짜임새를 살펴보면서 색깔 펜으로 표시한다. 제목과 소제목, 요약문, 본문으로 이루어진 짜임새를 눈에 익히도록 한다. 요약문이 어디까지인지 구분이 안 되는 아이도 있다. 문맥을 잘 읽어보면 드러난다. 짜임새 공부한 것을 실제 신문으로 적용해보는 일이다.

교과서 글이 아닌 실제 생활 속 글을 이제 조금씩 자주 다룬다. 교과서에서 배운 것은 교과서 밖의 것에도 적용, 응용하면서 배운 것을 쓰는 재미와 활용으로 뻗어 가야겠다. 학습하는 재미가 붙는다. 배우고 익히는 재미가 솟는다. '재미'가 붙어야 무엇이든 깊이 넓게 간다.

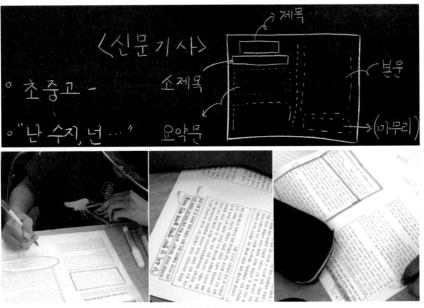

아이들의 관심을 끄는 신문 기사를 복사해서 분석해본다.

사회 통계, 그래프 읽기와 분석

사회 교과에서는 지도와 그래프, 통계 자료가 자주 나온다. 여러 가지 자료를 읽어내는 능력이 많이 필요하다. 교과서에 그래프를 해석하는 부분이 나오지만, 그래프와 문장이 연결되어 있음을 잘 파악하지 못하기도 한다.

사회 수업은 시간표 짤 때 되도록 하루에 두 시간을 이어서 잡는다. 그리고 사회가 든 요일 아침 시간에는 미리 어려운 낱말을 찾아보도록 사전도 준비해둔다. 그래프나 통계, 도표 자료도 인쇄해서 공부 시간에 공책에 붙일 수 있게 한다. 지도, 분포도, 그래프 같은 자료는 책에 나온 해설에 따르기보다는 아이들의 모둠 의논에 붙인다.

"유소년층 인구 비율 지도입니다. 여기에는 진한 색이 무엇을 뜻하죠?"

"어느 지방이 진한 색이죠?"

"왜 진할까요?"

"노년층 인구 비율 지도입니다. 진한 색 부분은 어느 지방이 많나요?"

"왜 이런 지방에 노년층이 많나요?"

질문을 몇 가지 던지고 모둠 아이들끼리 관찰해서 분석한다.

빈칸 채우기 형식 활동지를 만들고, 작은 모둠 칠판에 한 문장으로 나타내는 방법도 쓴다. 빈칸 학습지 형태를 만든 까닭은 평소에 쓰지 않는 용어 때문이다. 사회현상을 나타내는 용어로 정의를 내려 본다. 주로 한자말이다. 아침 시간 사전으로 어려운 낱말을 뜻풀이했을 때 나온 말이기도 하다.

그래프 해석만으로도 한 차시 수업을 거뜬히 이어갈 수 있다. 인구 변화 그래프에서 인구의 증가와 감소 원인을 찾는 것만으로도 사회문제의 원인을 찾을 수 있다. 이런 고민은 아이들이 해야 할 일이다. 특정 낱말로 정의

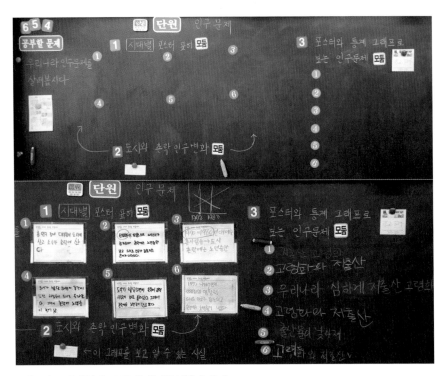

그래프나 그림 해석만으로도 한 시간을 넘길 수 있다.

를 내려야 하는 것도 있지만, 문장으로 풀어서 이야기해야 할 경우도 있다. 처음에는 한 문장으로 해보고, 다음은 되도록 알 수 있는 사실을 많이 찾도록 노력한다. 그래프를 보고 관찰하는 힘이 사회 교과에서 큰 부분을 차지한다.

조사를 위한 질문 만들기

사회 수업에서는 질문 만들기를 많이 한다. 책을 읽어보고 모둠끼리 꼭 묻고 싶은 질문을 만든다. 이런 질문을 조사해서 수업 방향을 바꾼다. 각자 자기 질문을 만드는 개인 질문과 모둠에서 의논해서 한 질문만 만드는 모둠 질문이 있다. 모둠에서 한 가지 질문을 정하는 과정에서 서로 묻고 답하면서 한 번 걸러진다. 모두가 궁금한 것, 모르는 것을 찾아서 질문거리를 완성한다. 이런 질문을 칠판에 써서 모으면 질문이 자연스럽게 조사가 된다.

질문을 만들거나 하나의 문장으로 요약하는 활동은 아이들의 호기심과 궁금증을 자극한다.

'인터넷 검색'은 자기 생각을 하는 데 써야 한다

수업에서 해결하지 못하고 집에서 따로 시간을 내어서 조사해야 할 과제가 있다. 주로 이럴때 인터넷 검색으로 찾는 경우가 많다. 이때 주의할 점이 참 많다.

웬만한 내용은 누군가 교과서 질문대로 검색해서 가져온 내용을 답으로 달아놓는다. 요즘은 아예 과제를 대신 해주는 사이트나 교과서 문제를 검색어로 올리면 친절하게(?) 답이 나온다. 생각하고 참고할 필요가 없어진다. 자기만의 생각과 의견이 아니라 누군가의 의견이 무한 반복되고 복사되어 돌고 있다. 인터넷 검색의 악용이라고 생각한다.

심지어 검색한 자료를 그대로 복사하거나 인쇄해서 가져오기도 한다. 자기가 노력으로 만든 것은 단지 표지 정도밖에 되지 않기도 한다. 그래서 검색 과제는 인쇄하지 말고 직접 써서 가져오도록 한다. 참고했다면 참고 사이트나 주제를 쓰고 참고한 문장이나 내용을 별도 표시(줄 긋기, 색깔)를 하도록 한다.

물론 이렇게 검색해서 여러 가지 의견을 모아 자기 생각을 발전시키는 데 참고로 사용한다면 의미가 있겠지만, 그렇지 않고 정답을 맞히는 데 초점을 둔다면 베껴 쓰기에 급급할 것이다.

수업 시간에 한 번씩 스마트폰을 활용할 때가 있다. 스마트폰으로 인터넷 검색이 가능하다. 현재까지는 글 검색보다는 그림 이미지 검색으로 많이 써왔다. 실과 수업에서 품질인증마크 찾기, 미술 수업에서 환경, 금연, 학교 폭력과 관련된 포스터 찾아보기, 사회 수업에서 시대에 따른 문화재, 유물 찾아보기 등을 할 때 자주 활용했다. 학습 과정에서 스마트폰을 사용

1 세계화가 정치, 경제, 사회·문화, 환경에 미치는 영향은 무엇인지 써 보자.

영역	긍정적 영향	부정적 영향
정치		
경제		
사회·문화		
환경		

세계화의 긍정적인 영향 ▾ 검색 · 상세검색 ·

블로그

[사회]세계화의 긍정적/부정적 영향 2011.12.08 ✏ 검색어표시
세계화의 긍정적 영향과 부정적 영향 세계화의 장단점 세계화의 긍정적, 부정적 측면 세계화가 정치,
미치는 영향 6학년 2학기 사람 79쪽 . . .
blog.naver.com/hanna000111/12014708324B Check It Again~ 블로그 내 검색

세계화의 긍정적 영향 발표 2009.04.11 ✏ 검색어표시
목 차 ◆ 세계화의 개념 및 방향 ◆ 세계화에 대한 우리나라의 여론 분석 ◆ 세계화의 긍정적 영향 ◆
세계화의 개념 및 방향 국가와 국가, 사회와 사회 사이의 경계선을...
blog.naver.com/nakyoungmin/100065156645 해피스 블로그 내 검색

세계화의 장단점 (세계화의 긍정적, 부정적인 영향) 2008.02.21 ✏ 검색어표시
세계화가 미치는 긍정적 영향 3. 세계화가 미치는 부정적 영향 ※ 사례 1. 삼성의 세계화 전략 2. 스크
역협정 (Free Trade Agreement) Ⅲ. 결론 1. 지속가능한 세계화를 위한 방안 2. 결론 1).
blog.naver.com/swan526/80048561567 잊혀져 가는 것들에 대한.. 블로그 내 검색

카페

사회과탐구 세계화의 긍정적 영향과 부정적 영향 2011.12.09 ✏ 검색어표시
정치 긍정적 영향 전쟁, 테러, 기아, 질병등 공동내용 부정적 영향 개념류가의 주권 위험, 강대국 위주
영향 자유로운 경ㅇ제 활동을 통한 상호 이익 부정적 영향 금융 자유화로 인한 경제 위기 사회...
cafe.naver.com/everyhomework/223222 숙제 고민 해결터 카페 내 검색

[올백맞기 프로젝트/초6] 6학년 2학기 사회 3.2 세계화와 우리 생활 2011.12.03 ✏ 검색어표시
문화에 영향을 미치고 있다. 2. 서로 다른 문화가 만나 새로운 형태의 문화가 만들어지기도 한다. 3.
부정적인 측면 긍정적인 측면 부정적인 측면 1. 자유로운 경제활동이 보장됨. 2. 당사나...
cafe.naver.com/jdk479/45292 노트필기 Study Bank 카페 내 검색

200550011 한유진-정보화 사회와 세계화 2006.11.22 ✏ 검색어표시
세계화의 긍정적 영향 - 자유시장경제를 통한 국가간 교역 증대로 비교우위에 (따른 무역과 재화증
가(지역, 사회)간 상호이익 도모를 통한 세계 전체의 부 증진 - 다른 나라의 다양한 물품...
cafe.naver.com/lifelong/6908 ♡ HRD & 평생교육실천포럼♡ 카페 내 검색

사회과탐구 세계화의 긍정적 영향과 부정적 영향   초등 6학년

정치
긍정적 영향
전쟁, 테러, 위기, 질병등 공동내용
부정적 영향
개념류가의 주권 위협, 강대국 위주의 국제 정치

경제
긍정적 영향
자유로운 경ㅇ제 활동을 통한 상호 이익
부정적 영향
금융 자유화로 인한 경제 위기

사회·문화
긍정적 영향
문양한 문화의 교류, 새로운 행태의 문화창출
부정적 영향
전통문화 위협, 민족, 인종, 성대간 문화 융합 심화

환경
긍정적 영향
환경 환경문제에 대한 공동내용 노력
부정적 영향
환경 문제의 책임 소재문제, 선진국과 개발 도상국간의 입장 융합

[사]세계화의 긍정적/부정적 영향 사회 / 학습 참고

영역	긍정적 영향	부정적 영향
정치	세계화를 통한 글로벌 스탠더드가 형성됨으로써 정치적 발전이 수반된다.	다양한 정보의 취득으로 쉬워져 정치 지도자들의 리더십으로 국민을 이끌어나가기 곤란해지고, 국민의 다양한 욕구를 만족 시켜 주기 힘들다.
경제	무한 경쟁을 통하여 효율성을 높인다.	외부세력의 영향력이 국내에 크게 작용하게 된다.
사회 / 문화	지역 및 국가간의 다양한 문화 교류를 가져와 문화를 더욱 풍성하게 할 수 있는 기회를 가져온다.	선진국의 문화를 제대로 수용하지 못 할 경우 우리 고유의 문화가 사라지고 선진국의 문화에 종속될 수 있다.
환경	상대적으로 경제적 가치가 있는 농산물에 대한 집약 농업 기술이 촉진됨으로써 과잉생산이 일어난다.	세계화로 인한 무역의 증가로 화물 연료 사용이 증가하여 지구온난화가 가속된다.

인터넷 검색으로 교과서 문제를 치기만 해도 금방 답을 쉽게 찾을 수 있다.

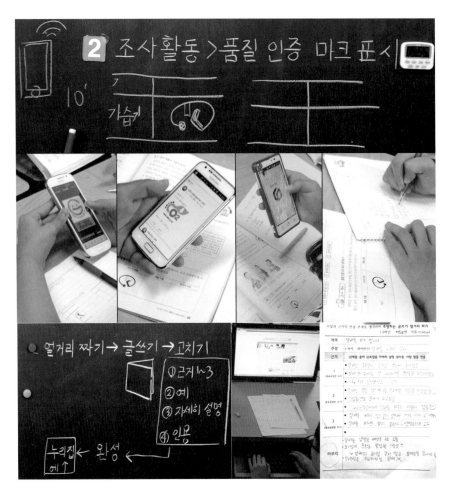

수업 시간에 인터넷 검색을 할 때는 꼭 목적에 맞는 것만 검색하도록 인터넷 활용 규칙을 만들어 놓는다.

할 때는 오래 쓰지 않도록 꼭 시간을 정해준다. 사용하기 편한 만큼 언제든
지 다른 쪽으로 빠질 위험과 유혹이 따르기 때문이다.

국어 시간에 논설문, 주장하는 글을 쓸 때 신문 기사 검색을 많이 한다.
근거를 찾기 위해서 기사나 전문 기관의 의견을 찾아보기도 한다. 현재의

주제와 인용해야 할 정보가 맞는지 내용을 읽어보아야 한다. 이런 검색은 그대로 복사해서 붙일 수는 없다. 통계 자료와 그래프, 몇 문장만 따와야 한다.

인터넷 검색은 아이들의 조사 학습에서 대부분을 차지한다. 그래서 복사하기, 붙이기 기능의 유혹에 빠지기 쉽다. 또한 몇몇이서 같이한다면서 한가지 자료만 공유해서 이름만 바꾸어 내기도 한다. 이런 점을 조심해야 한다. 자기 힘으로 생각하는 과정이 없어지고, 인터넷에서 떠돌아다니는 글을 모아 포장만 하는 편법 학습이 되어서는 안 된다.

조사 학습은 시간과 노력이 많이 든다. 시간과 노력이 많이 드는 것이 당연하고, 결과로 나오는 내용이 적더라도 이런 과정을 겪는 것이 중요하다. 자기 의견을 정하고 그 의견을 뒷받침하는 근거 자료에 집중해야 한다.

3. 프레젠테이션

요즘은 발표 도구로 프레젠테이션 프로그램인 파워포인트가 많이 이용된다. 실제로 아이들은 재량 활동 교재나 실과 수업에서 자주 프레젠테이션 프로그램을 배운다. 학원에 다니며 익히는 아이들도 많다. 그런데 알고 있다는 것이지 활용을 제대로 한다는 것은 아니다.

아이들은 발표 주제를 정하고 조사 내용을 찾아 정리하는 데 많은 시간을 들인다. 처음 발표에서는 내용보다는 발표 도구의 기능과 기술적인 부분에 너무 힘을 많이 쏟기도 한다. 너무 많은 글, 지나친 전환 효과와 효과음이 오히려 발표를 방해하기도 한다. 발표하면서 아이들한테 자주 나타나는 현상과 개선 방법을 여러가지 사례로 알아보자.

발표 자료는 간결하고 명확하게

발표 자료를 만들면서 자료 화면에 너무 글자가 많다는 것이 첫 번째 문제점으로 꼽힌다. 인터넷 자료를 그대로 복사해서 붙이거나 발표 때는 그대로 따라 읽다 보니, 발표가 아니라 읽기가 돼버린다. 아이들이 읽기와 발표를 제대로 구분 짓지 못한다. 이런 현상은 프레젠테이션 발표 때마다 고정적으로 나타나서 요즘은 미리 화면에 4줄 이상 넘지 않도록 아예 처음부터 말해준다.

두 번째로는 어려운 말, 자기도 모르는 말이 많다는 것이다. 그래서 듣는 사람도 제대로 알지 못하는 문제다. 발표 준비하면서 읽어보고 자기도 모르는 말은 넣지 않도록 한다. 또한 자신이 그 말을 이해하고 있다고 생각하더라도 다른 사람들이 들었을 때 어떻게 들릴 것인지 생각해서 다른 사람들이 이해할 수 있는, 알기 쉬운 말로 고쳐야 한다. 누구나 소화할 수 있는 말로 써야 한다.

마지막으로 지나친 배경과 그림, 너무 많은 글꼴, 전환 효과, 효과음의 문제다. 모두 꾸밈의 효과이다. 배경을 멋있게 꾸미려다 보니 정작 글이 제대로 보이지 않는다. 또한, 많은 글꼴 때문에 전달하려는 내용도 한눈에 들어오지 않는다. 여러 가지 움직임 효과와 효과음도 많아서 오히려 어지럽고 시끄럽게 만들어 보는 사람들이 집중하지 못하게 한다. 그래서 꼭 필요하지 않으면 단색 배경과 기본 글꼴을 사용하고, 전환 효과와 효과음은 넣지 않도록 한다.

이런 문제점은, 교사가 아이들에게 발표 전에 주의를 주더라도, 실제 발표를 하게 되면, 매우 자연스럽게 나온다. 프레젠테이션 발표는 1차로 끝나지 않고 2차, 3차로 다시

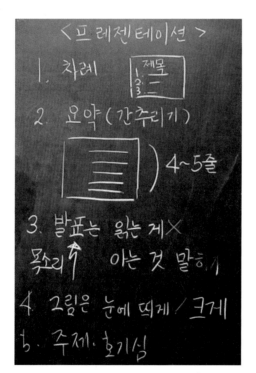

1차 발표 때 빠뜨리거나 모자란 부분을 하나씩 칠판에 써둔다.

이어진다. 그래서 1차 발표는 '발표의 문제점'을 찾는 수업이 된다. 일부러 '주의해야 할 사항'을 알리지 않고 겪어 보게 한다. 아이들이 각자 발표할 때마다 교사는 문제점을 칠판에 적어가면서 정리한다. 2차 발표 때는 그런 단점을 고쳐서 발표해야 한다.

두 번째 발표 때부터는 조금씩 고쳐진다. 목차도 생기고, 컴퓨터 기본 글꼴만 쓴다. 1차 발표에서 나오는 문제점을 정리하여 규칙을 정한다.

(1) 글은 넉 줄을 넘기지 않는다.
(2) 글자는 기본 글꼴만 쓰고, 제목과 본문만 구분하는 글꼴을 쓴다.

배경이 글을 읽지 못하게 할 수 있다. 화면에 그림 하나, 넉 줄 정도가 보기에 적당하다.

(3) 배경, 전환 효과, 효과음은 꼭 필요한 경우가 아니면 넣지 않는다.

(4) 발표할 때는 앞을 보고 읽는 것이 아니라 말하듯이 한다.

두 번째 발표부터는 깊이 있다. 글자보다 이미지 중심으로, 그림이 있을 때는 글자는 두세 줄 정도만 하도록 한다. 또한, 여러 가지 통계 자료, 그래프로 활용하면 좋다. 이렇게 해서 결국 3차 발표까지 이어진다. 1차 발표는 형식, 2차 발표는 내용의 변화를 요구한다. 3차 때부터는 발표자의 말 빠르기, 자세, 내용의 깊이까지 보게 된다.

발표는 앞을 보고 뚜렷하게

발표자는 자신의 모둠 이름을 칠판에 쓰고 다음과 같은 순서로 진행한다.

① 발표하기

② 청중으로 앉아 있는 아이들에게 단점 묻기

③ 청중으로 앉아 있는 아이들에게 장점 묻기

④ 청중으로 앉아 있는 아이들에게 질문받기

⑤ 청중으로 앉아 있는 아이들에게 만족도 묻기(평가)

⑥ 인사하기

한 모둠에서 개인이 발표를 끝내면, 그 사람이 소속된 모둠이 장단점을 칠판에 간단히 정리해준다. 발표를 하지 않는 아이들을 위해서다. 발표하는 모둠이나 사람도 중요하지만, 발표를 듣는 사람도 중요하다. 그래서 발표와 동시에 평가가 이루어진다. 평가는 아이들 스스로 하도록 준비한다.

모둠 발표는 모둠 소개, 역할 소개, 목차, 내용 설명, 느낀 점, 평가로 이어진다. 발표가 있는 날에는 아침에 발표 주제와 차례를 보조 칠판에 미리 적어준다. 모둠 발표를 마치면 바로 손가락 표시를 해서 간단한 평가를 한다. 모두 3점 이상 받으면 통과되지만, 그 미만 점수면 다시 2차, 3차 발표를 그 다음 날 해야 한다. 첫 발표 기회 때는 모두 2차 발표까지는 한다. 그때는 교사가 평가하고 두 번째 발표 기회부터 아이들에게 평가 기회를 주기도 한다.

발표를 듣는 아이들도 각자 자신이 가진 평가표에 발표하는 아이에 대한 평가 항목별 평점을 매긴다. 평가표에 제시된 항목은 학습목표이면서 발표 방법이기도 하다. 평가할 때마다 자꾸 읽게 된다.

모둠 발표는 평가로 이어진다.

평가표를 보면서 다른 개인이나 모둠 발표를 평가한다.

  1차 발표에서는 발표 경험을 통해 읽기와 발표의 차이점을 깨닫고 앞에 있는 청중을 보고 말해야 한다는 것을 알게 한다. 2차 발표에서는 1차 발표에서 드러난 문제점을 주의해서 바로잡아 발표하도록 한다. 이때부터 수업 내용이 제대로 보이고 들리기 시작한다. 발표를 듣는 아이들은 평가도 해 보면서 전체 흐름과 내용이 잘 전달되는지 가늠할 수 있다. 1차 발표 때는 프레젠테이션 발표를 하는 기본자세를 학습하는 것이었다면, 2차, 3차 발표 때는 발표 내용과 그 내용을 효과적으로 전달하는 방법을 학습하는 것에 초점을 맞추는 것이다.

기록하고 평가하며 듣기

발표를 교실이 아닌 컴퓨터실에서 하기도 한다. 발표 자료를 미리 학급 누리집 게시판에 올려두면 모두 내려받아 같은 화면을 보고 넘기면서 들을 수 있다. 발표가 끝나면 바로 그 자료 밑으로 감상과 평가를 댓글로 남겨준다. 웬만한 컴퓨터실에는 빔 프로젝터가 있어서 큰 화면으로 발표하면 느낌도 색다르다. 앉아서 듣는 아이들도 발표자가 프레젠테이션을 하는 자료와 같은 자료를 각자 자기 자리의 컴퓨터 화면으로 보면서 들을 수 있다. 파워포인트 펜 기능을 써서 그려가면서 들어도 좋다. 발표를 다 듣고 댓글을 남기면서 다른 친구들 의견도 볼 수 있다. 교사에게는 이러한 내용이 다음 해 수업 자료를 생산하는 데 활용할 수 있는 좋은 바탕이 된다. 그리고 다음 차례 발표자는 이런 댓글 반응을 보면서 발표할 때 자세, 주의할 점을 미리 챙겨볼 수 있다.

컴퓨터실에 빔프로젝터를 써서 실감 나는 발표 분위기를 만든다.

제목   세계 여러 음식 보고서 발표 댓글 수업을 하고 나서

세계 여러 음식 보고서 발표 댓글 수업을 하고 나서
이 수업 소감, 단점, 장점, 보충할 점 따위를

댓글로 달아주세요.

IP Address : 112.162.181.2

: 이 수업을 하고 나서 많은것을 알게 되었고   2012/11/30
단점은 슬라이드를 너무 적게 해서 아쉬웠고
장점은 목소리가 커서 좋았던것 같아요 ㅋ

: 이제 농작물로 만들수 있는 음식은 거의 다 알것이다.   2012/11/30
그리고 밀과 쌀 도 잘알았음

: 음식보고서를 만들면서힘들었고 너무 화면만본것같아요ㅠㅠ   2012/11/30

: 친구들끼리 말하면서 댓글을 달아주는것도 좋았고 편안하게 댓글을 하는게 매우   2012/11/30
인상적이고 댓글수업 뭔은 아이디어 인것같지만 조금 친구들이 떠들거나 게임
사이트에 들어가는 부작용이 있어서 블루이지만, 다른아이들 댓글로달면서
좋고 이렇게 하는것을 인상적이었고 , 다른친구가 애니메이션이 너무
복잡하게 해놓은것같다 그리고 컴퓨터 실 화면이 커서 좋지만 다른 컴퓨터로 인해
다른 친구들 발표에 방해 가 된게 많아진것같다.

: 다른 수업이랑 다르니까 색다른 느낌이 들고, 댓글을 많이 손적은 이번 뿐이었는데   2012/11/30
재미있었다.

: 자신이 조사한 곡물이나 작물을 조사해서 직접 발표해서 재미있었고,   2012/11/30
컴퓨터실에서 댓글을 달아주며 발표를 하니 좀더 색다르고 ㅆ재미있었다.
그런데 다른 애들이 발표도 시작 안했는데 댓글을 달아주는 부작용이 있었다.
파워포인트를 먼저 앞서가는 친구도 있었다.
하지만 이러한 방법이 신기하고, 재미있었다.

: 스스로 pp를 만드니 힘들었던 점이 많고 아ㅠ으로 더 고쳐야 할 점이 많은 것 같습   2012/11/30
니다.

: 화면이 커서 좋았지만 아이들이 집중을 안 하는것 같다. 정말 이해되고 한번더 하고   2012/11/30
싶은 수업이다.

: 세계여러나라의음식의종류와특징에대하여만이배웠다...   2012/11/30

발표한 친구 자료를 동시에 학급 누리집에서 다운받아 보고, 발표 뒤에는 댓글로 바로 감상을 써 준다.

컴퓨터실이 아닌 교실이라면, 들으면서 공책에도 기록한다. 발표가 이루어질 때마다 발표 내용을 간단히 한 문장으로 정리하고, 발표를 보고 가장 인상 깊었던 장단점을 하나씩 남긴다.

다른 아이들의 발표에 대해서 꼭 평점을 매기도록 한다. 평가자의 눈으로 보면 또 다르게 보이기 때문이다. 그냥 듣고만 있지 않고 무엇이라도 한 가지 역할을 꼭 하도록 한다. 평가한 기록은 마지막에 손을 들어서 확인하거나 전체 소감과 느낌을 남길 때 참고한다. 발표에서는 발표자만큼이나 듣는 사람의 자세와 역할도 똑같이 중요하다.

보통 교실에서는 공책에 표를 만들어 평가하고 기록한다.

4. 영상 제작과 녹음

학급에서 직접 영상을 찍을 때가 있다. 주로 아이들이 발표하는 장면을 찍어둘 때다. 연설문 발표, 주장 글 발표, 공식적인 인사말 등이 국어 교과에 나왔다. 그냥 학급에서 발표로 끝날 수 있지만, 시청각실에서 마이크를 준비하고 영상을 찍으면 느낌과 분위기가 다르다.

긴장감과 준비 과정이 더 철저해진다. 영상을 학급 누리집에 올려서 자기 모습을 보고 고칠 수도 있고, 두 번째 도전에서는 더욱 발전된 모습으로 친구들 앞에 설 수도 있다.

미술, 실과와 같은 교과에서는 자기 작품으로 영상을 만들기도 한다. 또한, 발표를 녹음해서 저장해두기도 한다. 영상과 소리를 담을 수 있는 기기들을 이제는 생활 속에서 쉽게 만난다. 오락과 인터넷 서핑으로만 많이 쓰이고 있는 스마트폰을 이럴 때 가치 있게 쓰면 좋겠다.

영상 기록 제작하기

아이들의 연설 장면을 녹화해서 영상으로 만들었다. 먼저 연설문을 교실에서 써야 했다. 연설문 쓰는 방법을 교실에서 공부하고 직접 시청각실에서 발표할 것이라고 알려주었다. 연설 시간을 2분으로 정했다. 2분이 안 되면 다시 해야 한다. 아이들은 2분을 맞추려고 직접 시간을 재며 연습을 한다. 시청각실 연단 위에 미리 의자와 탁상, 마이크를 설치해서 발표하는 아

영상매체 활용은 아이들을 진지하게 참여시
키는 분위기를 만든다.

이들이 연단에 올라 의자에 앉아서 연설할 수 있는 조건을 갖추었다. 마이크를 잡고 앞에서 말하면, 작은 목소리도 맨 뒤쪽 아이가 잘 들릴 정도가 되어야 녹화할 때 소리도 잘 담긴다. 딱 2분에 맞춰서 연습하면 대부분 10초 정도 시간이 남게 된다. 말을 하다 보면 자꾸 빨라지기 때문이다. 천천히 한 문장이 끝날 때마다 한 번 숨 쉬고 문단이 바뀔 때는 두세 번 호흡하도록 아이들을 지도한다. 그렇게 가르쳐 주어도 아이들 연설이 빨라서 계속 시간이 남게 되면, 그때는 연설 시간을 맞추기 위해서 내용을 늘려야 한다.

연설문을 미리 준비해서 읽는다. 그렇지만 눈이 종이보다 카메라를 향하는 시간이 길어야 한다. 그래서 미리 연설문 내용을 어느 정도 머릿속에 담고 있어야 한다. 살짝 아래를 조금 보고 방송 아나운서처럼 말하도록 한다. 자꾸 종이만 보고 읽는다면 다시 촬영해야 한다.

대부분 한 번에 통과하지 못한다. 말하는 속도, 호흡, 시선에 주의해서 여러 번 연습해야 한다. 그러면 연설문 내용도 자연스럽게 여러 번 보고 읽으면서 오래 기억하게 된다.

'주장하는 글 발표'도 영상으로 찍었다. 교실에서 촬영했기 때문에 카메라를 발표자 가까이에 세웠다. 시청각실과는 달리 발표자를 위한 마이크를 두지 않아서 반 아이들이 조용해져야 했다. 헤드셋을 머리에 쓰지 않고 마이크만 손에 들고 하려면 불편하다. 헤드셋을 머리에 쓰면 발표 느낌이 들지 않는다. 그래서 마이크 없이 카메라를 보고 크게 말하도록 한다. 말하는 사람도 큰 소리를 내야 하지만 앉아서 듣는 사람도 조용해야 한다. 카메라 뒤쪽에 아이들 목소리도 녹음될 수 있다. 시간을 정하지 않고 발표자가 원하는 대로 녹화한다.

녹화한 영상을 학급 누리집에 올려서 다시 자기가 말하는 장면을 보게 한다. 스스로 어떤 부분이 어색한지 찾아서 고치게 하고 두 번째 녹화를 한다. 발표에서 최소 시간을 강조하는 것보다는 최대 시간을 넘지 않도록 잡아주는 것이 좋다. 4분을 넘지 않도록 한다. 너무 길면 지루해지기 쉽다.

국어 수업 첫 녹화는 '공식적인 말하기'를 공부하는 시간이었다. 아이들은 각자 자신을 시장, 학생회장, 대통령, 사장이라 여기고 단상에 올라 1분 정도 직접 연설을 해본다. 녹화 영상은 학급 누리집에 올린다. 요즘은 SNS에도 올려서 학부모도 볼 수 있게 되었다. 그래서 아이들이 학급 활동과 수업에 더 집중하고 진지하게 참여한다. 처음에는 이런 과정에 시간과 노력이 많이 들지만, 꾸준히 이어지면 속도도 빨라진다. 모두가 빠짐없이 챙겨 나가면 아이들이 방과 후나 집에서도 끝까지 챙겨서 준비하게 된다.

동영상, UCC 만들기

영상으로 기록해서 아이들이 발표하는 수업도 있다. 제대로 완성된 영상을 찍기 위해 몇 차에 걸쳐 시도를 한다. 그러면서 집중하고 고치고 도전하는 노력이 이어진다. 지금까지는 교사가 영상을 찍는 역할을 해왔지만 아이들이 직접 영상을 만들기도 한다. 요즘 국어 교과서에는 영상 매체를 다루어 활용하는 비율이 높아지고 있다. 국어뿐 아니라 미술, 음악 교과에서도 멀티미디어를 활용하는 관련 단원이 나오고 있다.

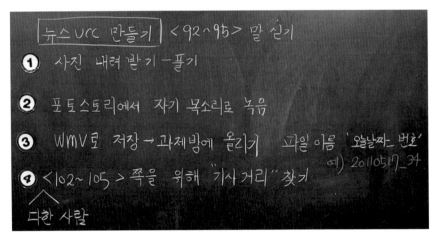

뉴스 UCC 만들기 순서

요즘은 멀티미디어를 활용하는 단원이 늘어나고 있다.

국어 시간 뉴스의 짜임과 특징을 알아보고 직접 뉴스를 만들어 보는 시간도 있었다. 누군가 만든 영상만 보고 과정과 형식을 머릿속 지식으로 담을 수 있겠지만, 직접 영상을 만들어보는 과정이 뉴스의 짜임과 특징을 아는 데 효과적이고 더 생생한 느낌을 준다.

영상 만들기 프로그램 'Windows용 영상앨범 3'이 유용하게 쓰인다. 사진만 있으면 그 사진에 목소리(해설)를 넣고, 간단한 영상 전환과 배경음악을 넣을 수 있다. 간편하고 무엇보다 적은 용량으로 결과물이 만들어진다. 헤드셋과 필요한 사진만 있으면 된다.

교과서 본보기 영상 가운데 뉴스의 짜임과 특성에 맞는 장면을 갈무리해서 사진으로 만들었다. 그 사진을 학급 누리집에 올려서 공유하고 아이들은 해설 부분을 직접 자기 목소리로 바꾸어본다. 대사 하나하나가 뉴스 구성 요소이다. 해설에 초점을 맞추었지만 자연스럽게 프로그램 사용법도 익히게 되었다.

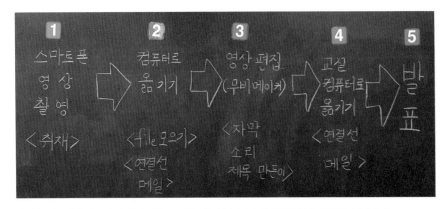

영상을 만들어서 발표할 때까지 기본이 되는 기능을 모두가 익히도록 모둠 활동을 시작한다.

'Windows용 영상앨범 3'은 사진 파일을 이용해서 동영상을 만드는 프로그램이다. 직접 촬영한 동영상 편집을 위해서는 윈도(Windows) 자체에 포함된 프로그램인 무비메이커를 쓴다. 영상 녹화 과정보다는 저장 파일을 컴퓨터로 옮기고 편집 완성하며 파일을 다시 학급 컴퓨터로 담는 과정에서 많은 문제가 발생한다. 용량 문제로 학급 누리집에 올리지 못해서 대용량 메일로 보내기도 한다. 때로는 저장할 때 프로젝트 형식과 wmv 형식 저장을 이해하지 못해서 프로젝트 파일만 가져오기도 한다. 기초적인 교육이 필요하다. 이런 활동을 할 때는 컴퓨터를 잘 다룰 수 있는 아이를 중심으로 모둠을 재구성하면 좋겠다.

스마트폰이 요즘은 다 있어서 영상 녹화는 비교적 수월하다. 뉴스의 구성 요소별, 짜임새에 맞게 미리 구상 활동지에 맞춰 찍도록 한다. 간단한 소품은 즉석으로 만든다. 모둠 아이들이 모두 한번은 나와서 아나운서, 전문가, 관련 업체, 소비자와 같은 역할을 골고루 맡아야 한다.

발표 영상을 보면 목소리가 작거나 기계 잡음, 화면 회전으로 영상이 불안정해 보이는 것도 있다. 파일을 옮기는 과정에서 실수나 잘못으로 준비하지 못한 모둠도 생긴다. 그러면 그다음 날 발표하도록 시간을 연장해준다. 여러 가지 사고와 예측하기 어려운 까닭으로 자꾸 다음 날로 미뤄지더라도 발표를 끝까지 진행해간다.

영상 작품은 꼭 발표를 거쳐서 보충하거나 모자란 부분을 찾아 고칠 기회를 갖는다.

무비메이커는 동영상을 편집하는 것이라서 'Windows용 영상앨범 3'보다 까다롭다. 그래서 영상 편집이 까다로워 뉴스 동영상을 만들기 힘든 모둠은 뉴스 발표하는 장면을 사진으로 찍어서 'Windows용 영상앨범 3' 프로그램 영상을 만들도록 한다. 대신 목소리(해설)는 모둠 아이들 골고루 들어가야 한다. 'Windows용 영상앨범 3' 프로그램은 다른 수업 시간에도 쓰일 수 있다. 특히 사진을 찍어서 사진마다 설명을 붙여서 동영상 파일을 만들어 표현할 수 있는 활동에서 자주 쓰인다.

'이야기 만들기'에서도 이런 방법을 사용한다. 국어 수업에서 배운 '이야기 만들기'를 미술 수업 시간과 함께 구성했다. 국어 수업에서 다룬 그 이야기를 밑바탕으로 해서 찰흙이나 지점토, 고무 찰흙으로 등장인물과 배경을 만들고, 극의 형식으로 연출해서 한 장면씩 사진으로 촬영한 다음 자기 목소리를 입혀서 영상을 만든다. 만화와 비슷하다. 만화에 나오는 글 대신 대사를 직접 음성으로 넣으면 된다.

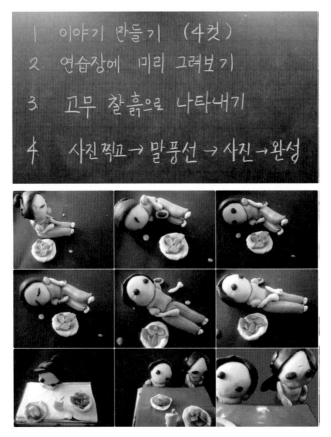

모둠 영상 작업 뒤에는 개인별 영상 작업 기회를 준다.

실과 수업, '음식 만들기' 시간에도 사진을 활용한 영상을 만들 수 있다. 음식 준비물과 음식이 되기까지 과정을 사진으로 찍어서 실습을 마친 뒤 그 과정에 따른 설명과 이야기를 엮어 나간다. 아이들은 중요 장면마다 사진을 찍어가면서 음식 만드는 과정에 더 열중한다.

음식 만들기 과정을 사진으로 기록하고, 실습 뒤 그 과정을 실감나는 목소리를 넣어서 완성한다.

음악 시간에도 UCC 작업이 가능하다. 비록 영상이 아닌 사진이지만 뮤직비디오와 비슷하게 적용할 수 있다. 음악 시간에 배운 노래를 익히고 그 가사에 따라 동작을 만든다. 모둠별로 한 가락씩 맡아서 어울리는 장면을 연출하며 사진을 찍어 둔다. 음악 파일을 구해서 무비메이커로 사진과 어울리게 편집하면 재미있는 UCC가 된다. 가사도 자연스럽게 외우게 되고, 그 뜻과 의미도 깊이 있게 새기게 된다. 학급 누리집이나 소셜네트워크에 올려 공유하고 학급 문집과 더불어 디지털 학급 앨범에도 담을 수 있다.

음악 시간 배운 노래 가사를 중심으로 뮤직 비디오를 만들 수 있다.

녹음 기록 만들기

국어 수업에서 '말하기 기록'은 녹음으로 활용한다. 영상도 자주 찍지만,

손이 많이 가는 편이다. 녹음은 개인별 발표 때 스마트폰만 잡고 있으면 된다. 발표를 끝내고 녹음 파일을 학급 누리집에 올려 두기만 하면 된다. 녹음한다는 마음에 발표자나 발표를 듣는 아이들도 약간의 긴장감과 집중력, 조용한 분위기가 만들어진다. 녹음 자료는 다음 해 수업 자료로도 쓰인다.

이 수업에서는 작년 아이들 녹음 자료를 준비했다. 생생한 또래 아이들 목소리가 학습동기를 불러일으킨다. 목소리 파일을 디지털 문집이나 앨범에도 담고, 사회 관계망 서비스에 올려 다 함께 들을 수 있게 한다. 그날그날 학습 결과물을 공유하면서 학습에 대한 참여율과 집중력도 높여간다.

국어 발표 시간에 녹음기로 자기 목소리를 녹음한다. 학급 누리집에 올려서 모두가 듣도록 한다.

음악 시간 악기 연주도 녹음하기에 좋다. 컴퓨터용 마이크를 많이 써왔는데 요즘은 스마트폰으로 녹음해서 직접 자기 스스로 듣고 고쳐보는 것도 재미있다. 둘씩 짝을 지어서 연주해보는 것도 좋다. 짝끼리 하면 박자 맞추기에 더 신중해진다. 호흡을 같이 하면서 한 박자를 놓치더라도 친구 연주 소리를 듣고 따라붙을 수 있다. 맥이 끊이지 않는다는 말이다. 짝 또는 모둠끼리 연주가 필요한 단원에서는 이렇게 녹음해서 서로 확인하면서 노래를 익혀 보자.

5. 사진 촬영과 활용

이제는 학급 활동 기록을 사진으로 찍는 것이 일반화되었다. 디지털카메라에서 스마트폰 사진으로 찍어서 기록하고 공유한다. 아이들 이름을 기억할 때나 발표 자료, 작품 모으기에도 손쉽게 쓰이고 있다.

미술 작품을 사진으로

미술 수업 시간에 나오는 아이들 작품은 사진으로 찍어둔다. 미술 수업에 나오는 아이들 작품에는 주로 평면 작품과 입체 작품이 있다. 입체 작품은 사진으로 찍어두지 않으면, 며칠 지나 부서지거나 없어지기 쉽다. 그래서 더욱 사진으로 찍어둘 만한 가치가 있다. 미술 작품을 사진으로 찍어서 학급 누리집에 작품 주제별 또는 아이들 이름별로 올려서 모아둔다. 여기에 아이들 각자 자기 작품에 대한 설명을 댓글로 남기게 한다. 또한 이후 수업에서 감상 시간을 가질 때 아이들이 친구들 작품에 대한 소감도 남기게 한다.

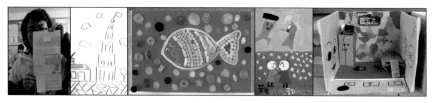

미술 시간에는 완성한 작품은 모두 사진으로 찍어둔다.

이런 작품이 학기말에 다 모여 포트폴리오가 된다. 자기 작품에 자기 목소리로 설명을 넣어서 UCC 작품집으로도 만들 수 있다. 또한, 학급 문집 삽화로 쓴다. 사진 모음은 두고두고 여러 학습 활동에 다시 쓸 수 있다.

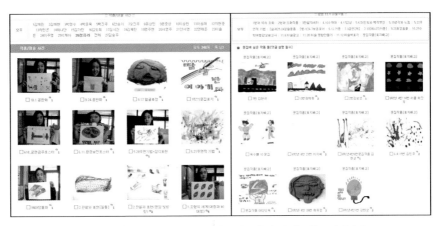

학급 누리집 한 게시판에 아이들 이름별로 카테고리를 만들어 한 해 자료를 모아나간다.

미술 수업 '자연과 함께'라는 단원을 공부하는 시간에 자기가 만들고 싶은 새를 만들어 나무 위나 자기 몸에 올려서 조화로운 장면을 연출해야 할 때가 있었다. 이럴 때는 사진이 제격이다. 행위 예술이나 퍼포먼스와 같이 동작이 정지된 장면을 사진으로 찍어둔다. 몸짓이나 자기 마음을 표현하기에도 자기 몸동작을 찍어서 인쇄한 다음 다시 그것을 그림으로 그리기도 했다.

설치미술이나 행위예술과 같은 작품 활동에는 사진으로 찍어두면 좋다.

자기 감정을 몸으로 나타내는 표현도 사진으로 찍고 인쇄해서 다시 자기 모습을 그림으로 그린다.

체육 시간

체육 시간에는 그렇게 사진이 많이 쓰이지 않지만 주로 주제 표현에 자주 쓰인다. 특히나 공중에 떠 있는 상태에서 동작을 잡을 때 사진 효과가

체육 시간 순간의 정지 화면인 공중 자세로 찍었다.

표현활동 시간에 모둠끼리 춤, 동작으로 느낌을 나타낸 모습을 찍었다.

좋다. 개인별 모둠별 공중 자세를 만들어서 찍고 누리집에서 공개하면서 결과를 공유하면 훨씬 아이들이 학습에 집중력과 성취욕도 높아진다.

　주제 표현, 신체 표현활동도 정지 장면을 잘 잡아 보여주면, 다음 활동에도 다양한 변화를 줄 수 있다. 다른 모둠의 동작도 참고하게 된다. 해마다 같은 학년을 하면 교과 학습을 되풀이하기 때문에 이런 자료를 미리 보여주면 아이들이 주제에 맞는 움직임과 표현을 구상할 때 좋은 본보기 자료가 된다.

6. 모둠 발표

　여기에서 모둠 발표는 개인이 아닌 둘 이상이 함께 발표한다는 의미다. 각자 역할을 나누어서 준비하고 모둠을 즉석에서 구성하기도 한다. 혼자보다 더 신경을 쓰게 된다. 모르는 것이 있으면 서로 가르쳐주어야 한다. 나만 안다고 해결될 일이 아니다. 친구를 이해시키기 위한 가르침이 긴장과 더불어 집중도를 높인다. 그렇다고 해서 문제를 다 해결한다는 것은 아니다. 오류가 좀 있어도 상대 말을 듣고 이해시키는 노력에서 소통하는 방법도 자연스럽게 익히게 된다. 틀린 부분, 잘못된 부분은 교사가 나중에 알려주면 된다. 평소 교사가 가르치는 방법이 아이들 발표에도 드러나게 된다. 평소 교사 수업 방법의 효과가 아이들 행동에서 검증되는 모습을 볼 수도 있다. 어떤 방법이 얼마나 아이들에게 영향을 끼쳤는지 가늠할 수 있다. 아이들에게 배우는 기회도 된다.

　모둠은 상황에 따라 둘씩 짝을 이루어 구성하거나 넷으로 이루어지기도 한다. 둘씩 짝을 이룬 모둠에서는 함께 문제 풀기 같은 활동을 한다. 또한 '또래 수업'을 하기도 한다. 교사의 팀티칭과 같이 두 친구가 함께 수업을 진행한다. 앉은 아이들에게 주요 내용을 설명하고 나서 문제를 내어서 풀게 하기도 한다. 그러면 또래 수업을 맡은 둘이서 점검하고 설명도 해준다. 틀리면 다시 다른 친구를 시키면 된다. 교사 같이 점검과 설명을 해야 해서 앞에 나와 있으면 긴장을 풀지 않고 있게 된다. 아이들마다 미리 또래 수업 기간을 예고해두면 평소 교사의 수업 모습을 눈여겨보게 된다. '또래 수업'은 하루에 한두 쌍 정도 하도록 한다. 또래 수업을 하더라도 잘못 설명되기나 오류를 잘못 가르칠 수도 있다. 그래서 교사나 점검해 주어야 할 시간도 필요하다.

짝끼리 함께 발표하고, 서로 도와주며 문제를 해결해간다.

넷이 모인 모둠이 일반적이고 가장 많이 구성되는 형태이다. 발표 도구로 전체 칠판, 모둠 칠판도 평소 자주 쓰이지만, 전지 크기 종이도 가끔 필요하다. 칠판에 붙여서 발표하고 발표 뒤에는 교실 뒤에 다시 붙여 놓는다. 발표 내용이 일회성이 아닌 며칠 동안 봐야 할 필요가 있을 때 좋다. 다른 모둠 정보를 서로 참고하고 알림을 위한 칠판 교구로 고칠 점, 소감, 아이디어, 평점을 덧붙일 수도 있다.

프레젠테이션 발표는 발표하고 나서는 누리집에 저장해둔다. 여러 가지 멀티미디어 효과를 볼 수 있지만, 교실에서 다시 보려면 다시 찾아서 봐야 하는 노력이 필요하다. 프레젠테이션 발표는 준비 과정에 시간이 걸린다. 1차 발표로 바로 끝나지 않아서 아침 시간이나 오후 시간 짬을 내어서 꼭 전체가 보는 앞에서 짧게라도 발표하도록 시간을 내야 한다. 인터넷 검색, 조사, 인터뷰, 사진 찍기와 같은 활동이 필요하고 남의 자료를 그대로 베껴서 복사해오는 습관은 조심해야 한다.

아이들이 직접 동영상을 만들어 발표를 하기도 한다. 동네 사람들 직업

모둠 발표에서 꼭 개인별로 자기 역할이나 한 마디 소감은 다 남기도록 한다.

에 따른 인터뷰를 발표하기도 했다. 영상을 다루는 기술이 필요해서 모둠을 구성할 때는 어느 정도 기능이 되는 아이들을 재구성하기도 하지만, 미리 모둠에서 한두 아이들에게 따로 만드는 과정을 알려준다. 우리 반 모두에게 영상을 간단히 편집하는 프로그램과 설명서를 주었다. 그러면 편집을 손쉽게 할 수 있는 아이가 모둠에서 한둘 정도가 나오게 된다. 그 아이들이 다른 아이를 또 가르치고 알려주는 역할을 한다.

7. 평가와 토론

평가는 주로 수시로 이루어진다. 평가라는 말 때문에 교사가 다 할 것 같지만, 아이들끼리 평가할 수 있는 기회를 자주 준다. 아이들끼리 평가하면 학습에 집중하고, 고치고 다듬는 마음가짐과 분위기를 꾸준히 지켜나갈 수 있다.

또래 짝 평가

'또래 수업'을 할 때 짝끼리 나와서 수업할 수 있는 시간을 15분 정도 준다. 먼저 수업한 모둠을 다음 모둠이나 불특정 아이 또는 전체 아이들에게 이상한 부분이 없는지 물어보는 것만으로도 평가된다. 수업하는 발표자보다는 듣고 있는 아이들 역할이어서 새겨듣게 된다. 아이들이 찾은 잘못된 점, 고칠 점, 장점, 본받을 점 등으로 아이들 수준을 알 수 있나. 또한, 이런 정보가 교재 연구와 수업 진행을 위한 자료로서 가치도 높다. 해마다 특정 교과 특정한 단원에서 아이들이 막힌다면 그런 부분을 쉽게 풀어서 가르칠 수 있도록 연구하고 공부할 거리가 되어서 교사의 전문성을 높이는 데 좋

짝이 옆에서 틀린 부분, 모르는 부분에 대해 물어보면 알려주고 함께 고민해준다.

은 밑거름이 될 것이다.

전체 평가

모둠 발표가 있을 때 전체를 대상으로 손가락 표시로 평가한다. 주로 면접, 주제발표, 인터뷰와 같은 며칠 시간이 걸리는 프로젝트 학습이 된다. 5점 만점에 3점 이상을 넘지 않으면 넘을 때까지 2차, 3차 발표로 이어진다. 이때 모둠 발표를 마치고 고쳐야 할 점 등에 대하여 말을 해준다. 이런 문제점을 모아서 정리해서 칠판이나 복사물이나 누리집에 올려두면 2차 발표 준비에 도움된다.

보고있는 아이들은 늘 평가를 한다. 모둠 뽑기(평가) 플래시로 발표 순서와 평가까지 해가면서 기록해나간다.

알림을 위한 교구 활용

알림을 위한 교구는 평가라기보다는 의견이나 소감, 아이디어를 덧붙여주는 역할을 한다. 다른 모둠 아이들 의견을 다 훑어보기 때문에 나름의 평가 관점이 들어간다. 각 모둠에서 자기 주제를 정하면 다른 모둠 아이들은 여러 가지 생각을 모아 서로 도움을 주고받을 수 있다. 일주일 가까이 걸리는 프로젝트 학습이라면 교실 뒤 게시판 전체를 활용하여 수시로 덧붙이면서 진행 과정을 공유한다. 발표도 하지만 이런 과정의 공유가 진행 속도와 내용을 나눌 수 있어서 진지한 학습 분위기가 만들어진다.

다른 모둠이 정한 주제에 붙임쪽지로 의견을 남겨준다.

평가표 활용

발표가 있을 때는 나머지 아이들은 듣기만 하지 않는다. 꼭 평가표를 만들어서 듣도록 한다. 그냥 듣기만 히면 자기 모둠 발표에만 신경이 쓰여 들어도 들리지 않게 된다. 평가 관점을 지니고 잘 관찰해보면 다른 모둠 실수를 똑같이 반복하거나 똑같은 고민이 드러난다. 보통 1차 발표로 끝나지 않기 때문에 2차, 3차에서 고쳐야 할 부분이 다른 평가에서 드러나게 된다.

평가표는 학습목표를 기준으로 만든다.

문제 쪽지 만들기

스스로 질문 만들고 답하기가 있다. 학급에서 영화나 관련 영상을 보고 교사가 질문을 자주 던진다. 이런 질문을 아이들이 스스로 해보는 것이다. 자료를 보기 전에 미리 질문을 만들고 거기에 스스로 답안을 작성한다. 서너 가지 질문과 답을 쓸 수 있는 쪽지를 건넨다. 좋은 질문을 만드는 것도 중요하겠지만, 이 질문을 만들고 답하기는 수업에 집중할 수 있는 장치인 셈이다. 아이들이 낸 문제와 답은 전체 아이들에게 공개해서 다시 고칠 기회도 준다. 똑같이 보아도 서로 다른 관점과 깊이가 드러난다.

중간, 학기 말 또는 단원 평가를 하고 아이들 공책에 시험 공부한 결과 자기 평가를 쓴다. 과목별로 어떤 방법으로 공부했으며, 그 방법이 이번 시험에 어떤 효과가 있었는지 반성해 보는 글이다. 장단점, 노력할 점을 써서 친구들끼리 보게 한다. 자기 공부 방법을 이야기할 기회가 많이 없다. 시험이 끝나고 자기가 해왔던 공부 방법, 그것에 대한 반성, 고쳐야 할 부분, 효과를 본 방법 등을 친구들과 공유하게 한다. 공책에 쓰고 학급 누리집에도

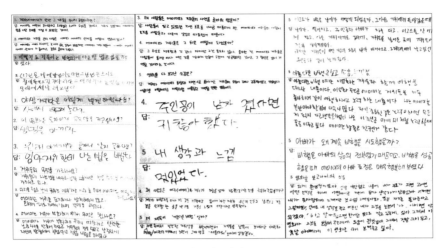

영화를 보고 스스로 문제를 만들어 스스로 답을 해보았다.

올려서 언제든지 참고하게 한다. 다음 시험을 준비할 때 어떤 마음가짐을 지니고, 어떤 방법을 써야 하는지 함께 정보를 나눈다.

시험에 대한 자기만의 평가를 서로 볼 수 있도록 공개한다.

국어 시간에 기행문, 논설문, 시, 주장 글과 같은 주제별 글쓰기가 나온다. 글을 분석하고 얼거리를 짜고 글을 한 편 쓰는 흐름으로 이어진다. 이런 글쓰기는 바로 아이들끼리 평가하도록 공개하기보다는 1차로 교사의 손을 먼저 거치도록 한다. 시간이 좀 걸려도 아이들 쓴 글을 1차로 교정을 해준다. 아이들은 공책에 먼저 쓰고 학급 누리집에 자기 글을 올려두면 그 것을 모아서 인쇄해서 교정한다. 크게 처음, 가운데, 끝으로 전체 문단을 보고 빠진 부분이 없는지 본다. 그다음은 아이들에게 각자 자기 이야기인 지 확인한다. 다른 곳에서 따와서 그대로 베껴 쓰는 일이 많아서 되도록 자 기 경험, 자기 말이 많아야 한다. 자기 경험을 중심에 두고 필요하면 한두 문장 인용하도록 한다. 또한, 한두 줄 '했다'는 말만 되풀이하는 부분은 자 세히 쓰도록 표시해준다.

시 쓰기, 기행문 쓰기와 같은 쓰기 활동에서 교사가 1차로 교정한 내용을 모두가 볼 수 있도록 한다.

문단 부분과 자세히 쓸 부분, 마지막으로 잘된 부분을 형광펜으로 표시 해서 칠판에 붙여서 전체 공개를 한다. 자기 글뿐 아니라 다른 사람들의 잘 된 점과 고쳐야 할 부분을 참고해서 다시 고쳐야 하기 때문이다. 글쓰기나 모둠 발표를 위한 활동은 대부분 한 번으로 끝나지 않는다. 꼭 고치는 과정 이 있어서 두세 번 기회가 생긴다. 고치는 과정에서 전체를 보는 눈도 생기 고 어떻게 고쳐야 하는지도 배우고 익힌다. 친구들이 많이 틀리는 부분이 나 잘된 부분도 참고해서 빼야 할 부분, 넣어야 할 부분도 챙겨보게 된다.

8장
내용 심화를 위한 활동

　학습 활동을 수업 시간으로만 끝낼 수 없다. 학교는 단위 시간으로 나뉜 학습이 아니라 꾸준히 이어지는 공부 문화를 익히는 곳이기도 하다. 교과 시간에 기행문, 시, 미술 감상을 배우며, 수학여행이나 현장학습, 시집 읽기, 화보 감상, 박물관 탐방 같은 활동도 이어진다.

　현장학습과 같은 활동은 자주 이뤄질 수 없지만, 책 읽기는 학교에서 언제든지 가능하다. 교과 시간에 배운 것을 직접 확인하고 적용해보려고 한다면, 학급운영 차원의 시간을 짜는 것이 필요하겠다.

　학급 누리집과 'SNS'(social networking service. '사회관계망 서비스'를 뜻하는데, 줄여서 SNS라고 주로 쓴다.) 활용도 요즘은 돋보이는 활동이다. 학습 결과물을 기록 저장하고 공유하는 도구로써 많이 활용된다. 정보 검색이나 한순간 흥밋거리 찾기에 머

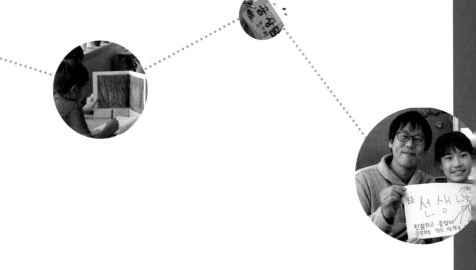

물지 않고 학급에서 자체 생산한 정보와 자료를 공유할 수 있는 도구다. 그 결과를 잘 정리하여 나중에는 학급 문집 자료로 쓰이기도 한다. 그밖에 방학 과제 정리, 학급 문집, 꿈 상담은 교사가 아이들 삶과 이어져 챙겨보고 살펴보는 활동이다. 학습 내용이 생활 속에 녹아들도록 재구성하고 통합해서 적용하는 과정은 학습동기를 높이고 배움을 즐겁게 만든다.

아이들이 성장하는 만큼 교사도 함께 성장한다. 수업하면서 성장하는 기쁨은 교사의 자기 효능감도 높인다. 끊임없이 연구하고 공부하는 삶이 교사의 인생이기도 하다.

아이들과 함께 수업하면서 수업 준비를 위한 자료, 수업 과정의 기록, 결과물 처리를 어떻게 할 것인가에 고민을 많이 할 것이다. 해마다 반복하는 교육과정에서 교사에게 무엇이 남을까? 교사의 성장에 대한 고민도 해마다 새롭게 해본다.

1. 지식의 배경을 넓히는 독서

국어

학교에는 교육부뿐만 아니라 중앙정부 기관에서 나온 각종 홍보 자료와 교육 자료가 있다. 독도, 안전, 보건, 역사, 법, 저작법과 같은 여러 자료가 있지만, 따로 시간을 내서 읽어내기에는 버겁다. 관련 수업 시간에 그 내용이 나오면 그때 자세히 볼 수 있는 자료로 삼는다.

국어 수업 주제에 맞는 내용이면 그림책을 실물화상기로 보여줄 수도 있다. 평소 그림책으로 자주 활용하면, 교과서로 공부할 때 관련 내용이 떠오를 것이다.

정부 기관에서 온 교육 자료도 적절할 때 활용한다.

시 수업을 할 때는 아이들이 읽고 싶은 시집을 골라서 읽는 시간을 갖는다. 아이들 각자 직접 도서관에 가서 가져오거나 아이 몇 명을 대표로 보내서 같은 반 아이들 수만큼 빌려와서, 시 수업이 들어 있는 주에 아침마다 읽기도 한다. 나는 아이들이 쓴 시집을 사서 모아두고 있다. 그래서 반 아이들에게 다른 아이들이 쓴 글을 먼저 읽게 하고, 시간이 되면 도서관에 가서 다른 시를 골라서 읽게 한다.

정보 지식이 담긴 책들도 국어 시간에 자주 쓰인다. 도감과 같은 책은 사실과 비유법을 찾을 때 필요 부분을 복사해서 활용한다. 교과서 공부를 먼저하고 적용하는 단계로 신문이나 이런 책에서 글을 뽑아서 활용한다.

신문을 활용한 수업(NIE 수업)도 가끔 한다. 고학년이면 학습 주제와 관련된 기사를 뽑아서 오기도 한다. 요즘은 인터넷 발달로 검색으로 찾는 것이 편리하고 대부분 그렇게 활용된다. 신문 기사는 교사가 먼저 관련된 자료를 뽑아서 준비한다. 아이들은 필요한 정보를 찾아 기사에 줄을 긋거나 찬반 의견을 쓰거나 증거 자료를 붙이거나 통계 및 그래프 자료를 오려서 활용한다. 그 뒤 아이들에게 직접 기사를 찾아볼 기회를 준다.

이런 수업이 자주 일어나지 않기 때문에 일주일에 한 번 정도 신문 기사 읽기를 아침 활동으로 계획하기도 한다. 관점과 근거 찾기, 통계 자료와 전문가 의견 찾기, 사회적 현상의 사례 등을 찾아서 수업 자료로 쓴다.

그림책은 자주 국어 시간에 다루는 학습 자료다. 짧은 시간에 여러 편의 글을 읽을 수 있다. 주장, 갈등, 사회문제, 희곡, 이야기와 같은 다양한 주제로 수업 시간에 바로 다루기도 하고 수업 뒤 적용 단계의 감상이 이루어지기도 한다. 그림책은 비교적 짧은 분량이지만 이야기 흐름(기승전결)이 한 권에 다 담겨 있다. 모두가 책 한 권을 온전히 다 읽고 전체 흐름을 두루 살펴서 이야기할 때 효과가 좋다. 한두 권 정도는 직접 교사가 읽어주기도 한다. 두 가지 다른 관점이나 상황을 견주거나 아이들이 직접 여러 권을 읽고 관점이나 갈등 요소 찾기와 같은 활동이 이어지기도 한다. 수업 시간에

그림책은 국어 시간에 자주 활용된다.

책을 다 읽어내기도 하지만 일주일 동안 기간을 두고 천천히 풀어가야 할 때도 있다.

주제별 도서 목록을 사서 교사에게 미리 부탁하면 직접 읽어보고 내용을 찾아서 주실 것이다. 교사 스스로 공부해서 여러 가지 그림책을 알고 있으면 좋겠지만, 그렇지 않으면 사서교사의 힘을 빌려 갖춘다.

국어 수업에서는 사전이 꽤 자주 쓰인다. 사회 수업에서도 마찬가지인데, 국어나 사회 수업이 있는 날 아침 시간에 어려운 낱말을 미리 알려주거나 스스로 찾게 한다. 예습하는 셈이다. 요즘은 사전을 쓰는 모습이 보기가 드물다. 스마트폰에서 사전 기능으로 다 찾아볼 수 있기 때문에 더 손이 가질 않는 것 같다. 스마트폰으로 할 수 있어도 직접 사전으로 낱말을 찾았으면 한다. 스마트폰으로 검색하면 편리하지만 한번 스마트폰을 잡으면 '사전 찾기'라는 본래 주제에서 초점이 벗어날 가능성이 있으며 실제로 그런 일이 자주 발생한다. 또한 자음과 모음 차례로 낱말을 찾는 원리를 깨칠 기회가 묻혀 버릴 수도 있다. 편리함이 오히려 생각의 과정을 막기도 한다.

결국 스마트폰이나 인터넷 검색이 생활문화가 되더라도 이런 과정의 불편은 겪으면서 익힐 필요가 있다. 적절한 조화를 위해서라도 처음에는 직접 찾는 노력이 필요하다. 찾아보는 과정의 경험이 오히려 인터넷 검색의 소중함과 정보 기기의 가치 있는 활용으로 이어지지 않을까.

사회

사회 교과와 관련된 책에는 경제, 법률, 역사와 같은 주제가 뒤따른다. 그러나 경제, 역사, 지리와 관련된 책을 아이들이 그렇게 자주 선택하지는 않는다. 지리, 환경, 지도, 경제에 따른 학습 주제는 지루하기 쉬워서 도서관에서도 쉽게 아이들 손에 잡히지 않는다. 통계 자료, 그림, 지도 등이 많아 글보다는 이미지가 나타내는 의미를 읽어보고 설명하는 학습활동이 자주 이어진다. 요즘은 교과서 학습에 관련된 책이 많이 나와 있다. 지리, 환경, 경제 영역은 다른 교과에서도 본문 내용에 자주 보인다. 이런 책들을 단위 시간에 다 읽지는 못한다. 필요한 부분을 수업 시간에 활용해서 수업 전후에 아이들이 읽을 수 있도록 도서관에서 책을 빌려와서 교실에 전시해 둔다.

세계 여러 나라의 자연환경과 인문환경을 공부하면서 도서관에 있는 관련 책을 다 뽑아 보았다. 자연환경은 지리와 기후, 산, 강, 자연, 천연 자원과 같은 내용이 많다. 그래서 지도와 통계 자료가 많다. 지도를 읽어내는 방법이 필요하다. 인문환경은 주로 사람들이 만든 문화이니까 사진 자료가 많다. 나라마다 다른 생활 습관, 풍습이 주로 이어지기 때문에 여행 경험이 있는 아이들과 함께 이야기로 풀어 가면 재미있게 이끌 수 있다.

사회 시간은 차시별 수업으로 끝맺기가 버거울 것이다. 사회는 문화를 다루는 부분이 많이 담겨 있다. 간단한 지식이나 상식을 배우는 데 그치지 않고 그 사례와 적용되는 상황을 찾아 알아가는 시간에 호기심과 관심, 문화 정보가 배경지식으로 탄탄하게 쌓인다. 직접 겪어보는 것이 가장 좋겠지만 시간이 걸린다. 살아가면서 우리가 겪어야할 일이기도 하다. 그래서 관련된 책 읽기가 더 없이 소중하다. 관련된 주제에 맞게 책 읽기가 지적인 즐거움으로 이어져 책 읽는 동기를 더 넓히는 데 도움이 되었으면 한다.

더 읽어보고 참고할 책이 있는 수업에는 도서관에서 관련 책을 빌려둔다. 내가 가진 책도 함께 가져와서 교실에 전시한다. 시간이 날 때마다 자주 읽어 보도록 학급 분위기와 환경을 만든다.

꼭 읽어야 할 책이 있다면 똑같은 책을 아이들 수만큼 준비한다. 그런데 도서관에 이렇게 반 아이 수만큼 준비된 책이 드물다. 그래서 해마다 학교 책 추천 요청이 있을 때 교재 연구를 해서 모두 함께 읽을 필요가 있는 책은 같은 학년 선생님들과 협의해서 한 해 한 가지씩이라도 늘려나가도록 한다.

같은 학년을 여러 번 하면 같은 수업이 반복되기보다는 이런 능력이 조금씩 더해진다. 수업에 필요한 자료도 모아지고 디욱 내용에 더 다가가는 연구와 실천으로 교사의 성장을 돕니다. 학습동기는 아이들 뿐아니라 교사에게도 큰 성장의 밑거름이다.

미술

미술 시간에 다루는 책은 본보기 작품을 보이는 데 쓰인다. 특히 그림 표현 효과, 다양한 기법들이 녹아 있는 그림책이 많이 활용된다. 수업 시간

미술 시간에 그림책은 다양한 기법의 본보기 자료로 쓰인다.

직접 보여주거나 실물화상기로 비춰서 보여주기도 한다. 미술 작품 구상 단계에서 아이디어를 내도록 자극을 주기도 한다.

그밖에 화보도 도움이 된다. 우리나라 미술과 다른 나라 미술, 입체 작품, 설치 미술과 같은 것은 화보나 사진첩 형태가 된다. 그런데 학교 도서관에는 반 아이들 모두가 한 권씩 골라볼 정도의 화보가 드물다. 이런 부분도 고려해서 학교에서 책을 주문할 때 참고했으면 한다. 수업연구를 하거나 수업 자료를 준비하면서 학교 도서관도 함께 성장하는 의미 있는 기회가 되었으면 한다.

아이들의 상상력을 자극하는 책이 이야기 중심이거나 그림 중심도 있다. 수업 시간에 녹여낼 수 있는 책 목록을 수업과 학급운영을 거치면서 갖추어 해마다 늘려보자. 평소 교사들의 공부 모임에서 자주 그림책을 읽고 다루면서 풍부한 배경지식이 쌓이면 좋은 아이디어가 떠오르기도 한다. 공부하는 교사의 삶과 문화가 그 바탕이 된다.

학급운영(학급살이)

특정 교과의 수업 시간에 쓰이지 않지만, '모두가 읽으면 좋겠다.'는 생각이 드는 책이 있다. 감성, 자기 주도 학습, 상상력, 신념, 용기와 같은 주제는 수업 내용과 상관없이 자주 읽었으면 하는 바람이다. 사실 따지고 보면 이런 부분도 교육과정에 다 포함되어 있다. 배울 시기를 당기거나 늦추어서 조절할 뿐이다. 우리 반에는 모두가 돌아가면서 꼭 읽도록 하는 책이 있다. '자기 계발서'와 비슷한데 공부하는 방법, 학습동기를 불러일으키는 내용이다. 아이들 눈높이와 호흡을 느끼면서 해마다 한두 권씩 늘려가면서 자기 반만의 학급문고가 완성될 것이다. 이런 책들은 교사도 다 읽어서 알기 때문에 책을 매개체로 아이들과 서로 이야기할 수 있는 주제와 기회를 얻을 수 있다. 한 학기에 한두 번 정도 돌아가면서 읽는 책을 정한다. 한 사

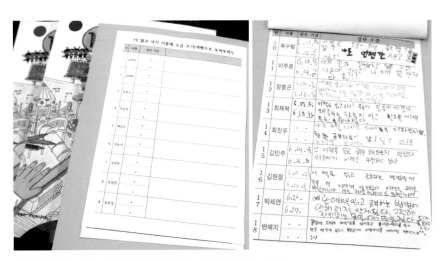

돌려 읽은 책을 다 읽고 나면 맨 뒤에 한두 줄 소감을 써도록 해 둔다.

현재 배우고 있는 관련 단원에 어울리는 책을 아이들 수 만큼 빌려서 며칠 동안 전시해 돌아가면서 읽게 한다.

람에 이틀의 시간을 주고 다 읽을 수 있도록 했다. 책 맨 뒤에는 읽는 날짜와 간단한 소감, 평점을 매길 수 있는 표를 붙을 붙여 주었다. 검사라기보다는 친구들 의견을 공유하게 해서 책을 읽고 싶게 하는 작은 장치인 셈이다.

돌려 읽는 책 목록은 그 학년 학급운영 하면서 관련된 책들, 기본으로 알아야 하는 책들 가운데 골라서 교실 한 쪽에 전시한다. 책은 집에 빌려가지 않고 학교에서 읽게 한다. 우리 반에서는 이렇게 전시된 책과 함께 그 아래에 바로 현재 읽고 있는 학생의 얼굴 사진 이름표를 붙여두고 있다. 읽고 있는 사람과 상황을 확인할 수 있다. 다 읽으면 다음 사람 자리에 올려둔다. 빨리 읽는 사람은 비게 되고, 늦으면 쌓이게 된다. 책 내용이나 사람에 따라 속도를 가늠할 수 있다. 너무 늦다고 눈치를 주지 않지만 쌓여진 책을 보면 스스로 눈치를 보고 속도를 내기도 한다.

수학여행이 다가오면 수학여행 장소나 박물관에 대한 정보가 담겨 있는 책을 준비해둔다. 미리 관련 장소에 대한 정보를 찾아볼 수 있도록 한다. 사람들은 눈에 보이고 손에 잡혀야 관심을 지니며 본다. 행사와 교과 내용에 따라서 수시로 학급 환경을 변화시켜 맞춰간다. 그래서 학급 환경이 교과 내용에 따라서 자주 바뀌게 된다.

학기 초 아이들을 맞이할 때 책상 위에 공책과 책 한 권씩을 올려놓는다.

공책은 선물이다. 이 공책으로 첫 수업 시간에 공책 쓰는 법, 일기 쓰는 법을 익힌다. 책은 한 해 동안 돌려 읽는다. 같은 학년을 오래 하다 보면 그 학년에 어울리거나 교과에 관련된 책 목록도 차곡차곡 쌓이게 된다. 미리 그런 책을 모아두었다가 학기 초부터 조금씩 읽도록 하면 수업 시간에 또 다시 만나게 된다. 학급운영 차원의 활동이 수업에서 확인되고, 학습 자료와 방법도 해마다 늘어난다. 교사의 수업 성장과 연구 방법의 변화를 스스로 느끼며 전문성을 키워간다.

2. 공부 습관을 들이는 정리 활동

수업 시간, 단원 학습을 마칠 때쯤에는 앞 시간에 공부한 것이 가물가물
해진다. 그래서 단원 평가와 수행평가가 이루어지기도 한다. 단원을 종합
하여 심화 활동으로 재구성하기도 한다. 활동 중심, 통합 중심 학습 활동은
평소 교과 수업 시간에 이루어진다. 수업을 마무리할 때나 차시별로 중요
한 지식과 정보는 계속 간직한다는 의미에서 쪽지 만들기, 오답 공책, 문제
카드 만들어 활용하기도 한다.

문제 쪽지

질문 쪽지 만들기는 수업 마치기 5분 전쯤에 하면 좋다. 한두 문제만 쪽
지에 써서 만든다. 앞면에는 문제, 뒷면에는 답을 쓴다. 공부 카드를 만드
는 셈이다. 짝끼리 또는 앞뒤 아이끼리 서로 맞혀 보기를 한다. 이면 종이

쪽지에 간단하게 한두 문제만 만들어서 스스로 또는 다른 친구들과 바꾸어서 풀기도 한다.

를 모아두었다가 만든다. 학습목표를 보고 주제에 맞는 문제를 만든다.

간단한 쪽지로 만든 문제지만 학습목표를 생각하지 않고 만들면, 문제를 위한 문제, 못 맞추게 하는 데 초점을 두는 문제도 나온다. 어렵게 만드는 것이 목적이 아니다. 그날 학습목표가 사실 문제와 거의 같다. 보통 학습목표에 따라 두세 가지 정도 활동과 한두 가지 정리되는 지식이 있다. 그런 부분을 정리하는 차원에서 질문 쪽지를 만든다. 자기가 만든 문제는 자기가 푼다. 공책에 쓰기도 하지만 낱말 카드 형식으로 만들어 모으기도 한다. 자주 만들기 때문에 앞 시간에 만든 문제를 풀어보면 스스로 가늠할 수 있을 것이다. 질문(문제)을 만드는 방법도 함께 익혀진다. 나중에 많이 모이면 짝이나 모둠 아이들끼리 서로 바꾸어서 풀어보는 재미도 있다.

오답 공책

수학은 자기가 모르는 문제를 찾아 주기적으로 자주 풀어본다. 단원 마무리할 때 교과서 문제뿐 아니라 문제집이나 학습지, 복사물로도 많이 문제를 푼다. 이때 틀린 문제만 골라서 공책에 모아 오려서 붙이거나 기록한다. 공부 카드나 따로 오답 공책을 만들기도 한다. 답이 맞더라도 풀이 과정에서 식을 제대로 못 썼거나 우연히 맞힌 것도 오답 공책에 쓴다. 정확한 이해 없이 찍거나 짐작으로 푸는 문제를 넘기면 안 된다. 모르는 것을 솔직하게 모른다고 여기고 그런 문제를 기록해서 친구나 교사에게 물어보고 스스로 풀 때까지 주기적으로 반복해서 푸는 습관을 키워야 한다.

이렇게 틀린 문제를 모아보면 어떤 문제 유형이 많이 틀리는지 점검이

수학 시험을 풀고 나면 틀린 문제를 공책에 붙이도록 한다. 따로 오답 공책을 만들기도 한다.

된다. 아이들 스스로도 아는 것이 중요하지만 반 아이들 오답 공책을 보면서 어떤 부분에 가장 많이 막히는지, 무엇이 부족한 것인지 자주 진단할 수 있다. 모르는 것을 정확하게 짚어서 그 부분을 집중적으로 함께 가르치고 배울 수 있는 새로운 자료가 된다. 평소 작은 기록의 습관이 학습력을 높일 수 있다.

공부 카드

공부 카드는 모든 교과에서 만들어 활용할 수 있다. 차시 수업 마무리로 한두 장씩 간단하고 쉽게 만들 수 있다. 이런 카드만 꾸준히 모아도 학기 말에는 두툼한 한 권의 문제집이 된다. 공부 카드를 만들어서 활용하는 방법을 소개하겠다.

공부 카드를 만들기 위해서 교실에 있는 이면지를 활용한다. A4 종이를 네 등분하고 한 귀퉁이에 구멍을 뚫는다. 구멍에 고리를 끼운다. 플라스틱 고리도 있지만, 오래 쓴다면 쇠고리가 튼튼하다. 학급 준비물 비용으로 사 두면 좋겠다. 쪽지 앞면에는 문제를 적는데, 되도록 하나만 쓴다. 다만, 필요에 따라 세 개까지 가능하다. 뒷면에 답을 써서 앞면에 답이 보이지 않도록 한다. 문제 유형에는 OX 퀴즈, 빈칸 넣기, 줄 잇기, 말뜻 묻기, 서술형 주관식과 같은 여러 가지가 포함될 수 있다. 시간을 내서 아이들에게 문제 만들기 방법도 제대로 안내해준다.

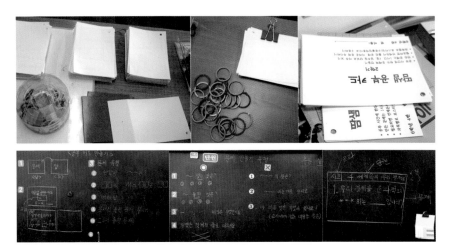

한 차시 마무리 지을 때마다 한두 문제씩 공부 카드를 만들어 모아 복습한다.

교과서 한 부분을 갈무리해서 문제 유형별로 문제를 만드는 방식을 알려주고 공부 카드를 만들었다. 두 사람이 하나씩 볼 수 있게 만들었다. 이렇게 처음 만든 문제는 앞으로 계속 공부 카드를 만들 때 본보기로 쓰인다. 학습지나 문제집을 보면 여러 유형의 문제가 나오는데, 그 가운데 대표 문제만 몇 가지 뽑아 만들면 해마다 재활용할 수 있다.

이제 아이들이 직접 문제를 만들면 된다. 수업을 마치기 5분 전에 공책이나 책을 보고 만들기도 하고, 자기가 푼 학습지, 문제집에서 뽑으면 된다. 과목별로 색깔 붙임 종이로 구분해서 정리하도록 한다.

단답식 공부 카드 만들기(문제 유형별 문제 만들기 안내 자료)

한 시간에 한 가지씩 꾸준히 만드는 습관 붙이기가 중요하겠다.

　　공부 카드를 만들어서 즉석에서 활용한다. 한 번으로 끝나는 것이 아니라 주기적 학습이 필요하다. 하루, 이틀, 사흘, 일주일, 한 달 뒤에도 같은 문제를 반복해서 보게 네 칸 도장도 만들었다. 각 카드에 찍어서 주기적인 확인이 가능하도록 했다. 자기가 만든 문제는 자기가 만들어서 쉽게 푼다. 그래서 자주 친구 카드와 바꾸어서 풀게 한다. 수업 시간이나 시험을 대비할 때도 잘 쓰인다.

짝끼리는 두 사람이 만나 서로 카드를 바꾸어서 푼다. 수업 시간에 만든 한두 장으로 서로 바꾸어 가면서 맞혀 본다. 보통 서너 번 만나고 나면 비슷한 문제가 반복된다. 이렇게 하면서 다른 사람들은 어떻게 문제를 내는지 알게 되고 반성도 하게 된다.

공부 카드는 서로 바꾸어서 푸는 재미도 솔솔하다.

단원이 끝날 때쯤이면 모두가 둘러앉아서 각자 카드 돌려보도록 한다. 연습장을 꺼내서 친구가 만든 문제 카드들 가운데 열 문제씩 뽑아서 풀고 점수를 매겨본다. 돌아가면서 다 보기 때문에 문제 수준과 평가도 된다. 이런 시간이 있어서 대충 만든 문제는 아이들끼리도 비판받는다. 수업 시간, 단원 마무리, 시험 대비 때 하면 자연스럽게 주기적인 반복이 된다. 모둠끼리 마주 보면서 한 사람이 문제를 내고 다른 사람이 답하는 방식도 재미있다. 말은 많아 시끄러워 보여도 집중력이 높다.

공부 카드는 늘 자기 책상 서랍이나 책가방 걸이에 걸어둔다. 언제든지 더 문제가 더 추가될 수 있고 카드를 자주 보기 때문이다. 한 학기를 마치고 개인별 카드를 따로 모아둔다. 다음 학기에는 카드를 새로 다시 만든다.

카드를 모아두면 친구와 카드를 서로 맞바꾸어 볼 수 있기 때문에 많은

모두가 돌아가면서 풀기, 모둠끼리 풀기, 아무나 만나서 풀기도 있다.

문제를 공유하게 된다. 그리고 아이들은 반에서 학습한 활동 결과물은 언제든지 친구에게 공개한다. 아이들은 교사 눈치보다는 친구들 눈치에 민감하다. 이렇게 정보를 공개하고 공유하면, 아이들은 서로 경쟁하는 것은 아니지만 제대로 해야겠다는 마음은 놓치지 않게 된다.

공부 카드 만들기는 많은 문제를 풀어 성적 올리기에 목적을 두는 것이 아니다. 지나친 경쟁이 되어서 친구 것을 빼앗거나 공유하지 않고 자기 것만 챙기는 분위기가 되어서는 안 된다. 어디까지나 공부하는, 알아가는, 배우는 즐거움의 한 가지 방법으로 여겼으면 한다. 요즘은 일제식, 단답식, 객관식 같은 시험이 사라지고 있다. 간단한 지식, 상식적으로 알았으면 하는 지식 공부 방법 정도로 여겼으면 한다. 활동 중심, 탐구 중심이라면 이런 공부 카드 활용은 낮아진다. 활동과 탐구 중심 수업까지 공부 카드로 만들어 지식 공부가 된다면 오히려 아이들에게 공부 부담을 주어 학습동기를 떨어뜨리게 된다. 이 점을 잘 생각해서 '배우는 즐거움'을 놓치지 않기를 바란다.

3. 인터넷 활용과 방학 과제

학급 누리집 활용

학급 누리집은 아이들 글과 여러 가지 자료를 모으기가 좋다. 검색기능과 댓글도 달 수 있어서 체계적인 자료 관리에 편리하다. 수업 시간에 나오는 글쓰기는 직접 쳐서 올린다. 손으로 쓰고 다시 글자판으로 치면서 글 내용을 고치고 맞춤법에 따라 교정하는 과정을 거친다. 한 게시판에 모인 글들은 한꺼번에 모아서 다시 구성하여 학습 자료로 쓴다. 학기 말에는 학급 문집에 싣기도 한다.

완성한 미술 작품도 사진으로 찍어서 올리고 아이들도 자기 작품에 대한 댓글을 남겨두면 감상 시간에 다시 활용할 수 있다. 이런 자료는 다음 해 아

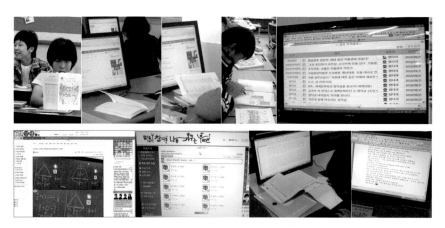

학급 안내 자료, 교실 칠판 판서, 과제물 등은 모두 학급 누리집 각종 게시판에 쌓인다.

이들에게도 좋은 본보기 자료로 활용한다. 요즘은 글, 그림, 소리, 동영상까지 다 올릴 수 있어서 수업 활동의 기록물 저장으로 가치 있게 쓰인다. 스마트폰이 나오면서 뜸해지기도 했지만, 여전히 자료 저장 기능에는 학급 누리집이 효과적이다.

우리 반에서 교사는 주로 칠판 판서 내용을 학습 자료 게시판에, 아이들은 학급 일지나 수업 결과물을 여러 게시판에 올린다. 교과서에 글을 쓰더라도 시간을 내서 직접 글자판으로 쳐서 올린다. 글자판으로 치면서 글 내용을 덧붙이거나 맞춤법 검사까지 하면서 교정하는 법도 익힐 수 있다.

SNS 활용

스마트폰이 대중화되면서 SNS를 활용하는 아이도 많아졌다. 각종 블로그와 네이버 밴드, 카카오톡 같은 프로그램을 하루도 빠짐없이 확인, 이용하고 있다. 이런 서비스는 모두 채팅과 같이 빠르게 공유하고 소통할 수 있다는 장점을 가지고 있지만, 한 번 지나간 정보는 다시 보기 어렵고 자료 저장 효과가 누리집보다 낮다는 단점도 함께 지닌다. 누리집은 자료 저장 능력이 뛰어나지만, 스마트폰으로 보기가 불편하다. 아이들이 활동하는 모습을 찍은 사진은 SNS로 공유하는 것이 쉽고 빠르다.

간단한 소식을 전하고 알릴 때 밴드와 같은 서비스를 활용한다. 학부모 모임과 우리 반 모임을 따로 만들어서 필요한 정보를 서로 주고받는다. 수학여행 갔을 때 밴드와 카톡 활용은 효과적이었다. 아이들도 준비물과 과제를 할 때 주의 사항, 질문거리를 바로 볼 수 있어서 우리 반은 밴드와 카톡을 개설해서 활용하고 있다. 간단한 소식과 안내는 밴드와 카톡으로 알리고 과제나 자료는 누리집으로 올린다. 각 매체의 특성과 장점을 이용해서 효과적으로 쓰도록 한다.

방학 과제

요즘은 방학 과제를 거의 내어주지 않는 추세다. 그래서 이 글을 쓰고 있는 시점과 현실이 맞지 않을 수 있겠다. 방학 과제를 내고 점검했던 활동을 소개한다.

방학 과제는 보통 자기가 하고 싶은 것을 골라서 정한다. 자기가 할 수 있는 만큼만 과제를 고르도록 하는데 너무 많은 것을 골라 다 못해오기도 한다. 학교에서 방학 계획서에 필수라고 적혀 있는 것도 많다. 필수 과제만 해도 넘친다.

선택 과제는 되도록 한 가지만 하도록 하고 있다. 방학 마치고 와서는 방

방학 과제는 너무 많이 내거나 하려고 하기보다 한 가지라도 끝까지 제대로 마무리 짓는 것이 중요하다.

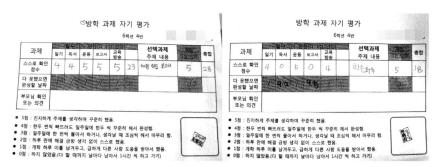

○방학 과제 자기 평가
6학년 4반

| 과제 | 필수과제 평점(각 3점 이하) | | | | | 선택과제 주제 내용 | 평점 5점 이하 | 총합 |
	일기	독서	운동	보고서	교육방송			
스스로 확인 점수	4	4	5	5	5	23	해함 학습 보고서	5	28
다 못했으면 완성할 날짜									
부모님 확인 또는 의견									

- 5점 : 진지하게 주제를 생각하며 꾸준히 했음.
- 4점 : 한두 번씩 빠트려도 일주일에 한두 씩 꾸준히 해서 완성함.
- 3점 : 일주일에 한 번씩 몰아서 하거나, 생각날 때 조심히 해서 마무리 함.
- 2점 : 하루 만에 해결 금방 생각 없이 스스로 했음.
- 1점 : 개학 하루 이틀 남겨두고, 급하게 다른 사람 도움을 받아서 했음.
- 0점 : 하지 않았음.(다 할 때까지 날마다 남아서 1시간 씩 하고 가기)

방학 과제 자기 평가
6학년 4반

| 과제 | 필수과제 평점(각 3점 이하) | | | | | 선택과제 주제 내용 | 평점 5점 이하 | 총합 |
	일기	독서	운동	보고서	교육방송			
스스로 확인 점수	4	0	5	0	4		한도화두	5	18
다 못했으면 완성할 날짜	9/2		9/5						
부모님 확인 또는 의견									

- 5점 : 진지하게 주제를 생각하며 꾸준히 했음.
- 4점 : 한두 번씩 빠트려도 일주일에 한두 씩 꾸준히 해서 완성함.
- 3점 : 일주일에 한 번씩 몰아서 하거나, 생각날 때 조심히 해서 마무리 함.
- 2점 : 하루 만에 해결 금방 생각 없이 스스로 했음.
- 1점 : 개학 하루 이틀 남겨두고, 급하게 다른 사람 도움을 받아서 했음.
- 0점 : 하지 않았음.(다 할 때까지 날마다 남아서 1시간 씩 하고 가기)

자기 스스로 과제에 대한 평가를 해보게 한다.

학 과제 자기 평가서로 먼저 스스로 매겨본다. 평점으로 스스로 매겨 보게 하고 다 하지 못한 과제를 완성해야 할 날짜도 적어둔다. 그래서 되도록 선택과제는 자기가 하고 싶은 것이나 학기 중에 한 번쯤 해 본 것을 중심으로 한다. 자기가 아는 방법으로 주제에 깊이 있게 접근하도록 한다.

아이들이 가져온 방학 과제를 교실에서 모두가 볼 수 있도록 전시를 한

방학 과제 전시는 모두가 둘러보도록 한다. 때로는 평가지를 주고 잘된 작품 몇 편을 뽑아 시상을 하기도 한다.

다. 교실 뒤나 골마루에 그냥 올려놓기만 하면 보지 않는다. 그래서 자기 평가서뿐 아니라 친구들 평가서도 함께 준비한다. 친구들 작품을 하나하나 훑어보고 평가를 해가면서 살핀다. 평가 방법은 때에 따라서 열심히 한 사람 다섯 명, 본받을 만한 작품, 정성스럽게 작품을 만든 친구 등을 선정하는 것이 될 수도 있으며, 그렇게 선정된 친구와 함께 작품을 만들 수도 있다. 한 시간 정도 다 꼼꼼하게 둘러보는 시간을 갖는다.

친구들 방학 과제를 살펴보고 자기 작품에 대한 반성, 다짐, 소감 등을 써본다.

친구들 것을 평가하고 자기 것과 비교해 보면서 차이점, 공통점, 본받을 점, 소감을 남긴다. 방학이 두 번이라 두 번의 과제 점검이 있다. 과제가 없을 때도 있었다. 그때는 방학 동안 있었던 일을 발표하기를 했다. 학급 아이들이 적을 때는 동그랗게 둘러앉아서 이야기를 나누었다. 과제가 있든 없든 방학이 지나고 나서 그동안 이야기를 함께 나누는 시간이 다음 학기 첫 수업이 된다. 땀샘 학급살이 누리집에서 한 해 방학 과제로 아이들이 낸 보고서를 볼 수 있다(http://chamdali.edumoa.com/main07.htm).

4. 학급 문집

학급에서 마지막 결과물이 학급 문집이 된다. 학급 문집에는 그동안 수업 시간에 공부한 것들과 꾸준히 누리집에 올리고 기록한 것들을 추려서 담는다.

학기 초부터 미리 학급 문집을 낸다는 계획을 세우지 않다가 학기 말에 갑자기 덤비면 문제가 발생한다. 개인별 한두 작품씩 공통된 주제로 할당을 시키게 되는데, 그런 글에서는 현장감과 삶이 잘 녹아 있지 않고, 읽는 재미도 없다. 일 년 농사 계획을 세우는 것처럼 교과 학습을 하면서 나온 결과물 가운데 이것은 학급 문집에 넣어야겠다는 것은 찜한다. 학급 누리집에 생생한 글과 그림, 작품 사진을 꾸준히 모아두면 여러모로 활용된다.

글 모으기

학급 문집 글에 담는 우리 반만의 글이 있다. 학급 일지, 별표 일기, 시화 만들기, 설문지는 꼭 들어간다. 학급 일지는 평소 당번이 그날그날 일지를 학급 누리집에 올려서 기록해간다. 또 일기 쓴 것 가운데 자세히 쓴 일기에 별표를 해준다. 이런 별표를 받은 일기를 누리집에 개인별로 올린다. 한 달에 한 번씩 다섯 편 정도는 꼭 올리도록 챙긴다. 시화 만들기는 국어 문학 단원과 미술 교과와 통합하여 수업한 결과물로 담는다. 도화지에 만들어서 학예회 작품으로도 쓰인다. 학급 문집을 펴내서 가져보지 못하던 아이들이 많아서 학급 문집을 읽어보는 시간도 별도로 마련한다. 그동안 내가 담임해왔던 반들에서 펴낸 학급 문집이 꽤 쌓여서 지금 반 아이들이 펴낸 연도별로 한 명씩 읽어볼 수 있을 정도다.[주] 천천히 우리 반 선배들의 삶을 들여다볼 수 있다. 그래서 어떤 글들이 담기고 실렸는지 알아보고 글을 쓸 때 참고하게 된다.

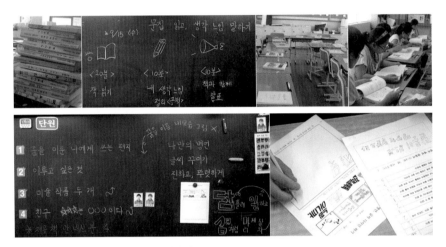

학급 문집은 자기 학급만의 문화가 녹아있다.

2학기 말이면 주로 국어 시간에 문집 글쓰기와 작품 활동이 통합으로 이루어진다. 20년 뒤 꿈을 이룬 자기에게 쓰는 편지와 친구에게 말 남기기로 미래를 설계하고 추억을 남기는 시간을 갖는다. 자기만의 명언도 미술 글자 디자인처럼 만든다. 12월 방학 전에 이런 수업을 미리 준비한다. 방학에

주. 땀샘 학급살이 누리집 학급 문집 http://chamdali.edumea.com/main02.htm 참조

들어가고 2월이 되면 학기 말 정리 업무로 시간에 쫓겨서 내용을 고쳐볼 시간과 기회를 얻기 힘들다.

　시 쓰기가 학기 초와 학기 말에 교과서 단원에 나온다. 단원에 맞춰 시 쓰기를 하지만 한 달에 한 번, 분기에 한 번씩은 시를 쓰면서 시를 읽고 쓰는 시간을 자주 가졌다. 이렇게 썼던 시들 가운데 고르거나 다시 시를 써서 시화로 만든다. 그동안 우리 반 문집에 실린 시화 가운데 본받을 작품을 복사해서 보게 했다. 시화뿐 아니라 여러 가지 본보기 자료를 복사해서 많이 보게 한다.

아이들 손 글씨를 남기려고 시화 만들기를 해마다 하고 있다.

　손글씨로 먼저 쓴다. 글을 고치는 과정이 있기 때문에 한 번으로 끝나지 않는다. 아이들 손 글을 살리기 위해서 시 쓰기는 손 글 그대로 싣는다. 시가 아닌 글들은 자기 이름과 자기 얼굴 정도는 자기 손으로 직접 쓰고 그린 것을 담도록 스캔해서 준비한다.

기억에 남는 일이라도 자세히 써야 생생하게 오래 남는다.

문집에 담는 글은 글쓰기 지도 과정을 거친다. 현재 기억으로는 생생하지만, 시간이 지나면서 이런 기억도 옅어진다. 그래서 그때 사건을 언제 어디서 어떻게 일어났고 어떤 대화를 주고받았는지 자세히 쓰지 않으면 사라진다. 일기 가운데 별표 일기만 따로 모은 것도 생생하게 썼기 때문이다. 글 양보다 글 내용에 집중해서 쓰고 고치고 다듬는 활동이 중요하다.

시화 만들기

우리 반 문집에 꼭 싣는 시화 만들기가 있다. 해마다 하니까 그 과정을 도화지에 크게 인쇄해서 만들어 두었다. 국어 시간 시를 여러 번 고치고 다듬어 완성한 다음에 미술 시간을 이용하여 시화를 만든다.

사회 만들기 과정을 해마다 해서 그 과정을 컬러 인쇄로 만들었다.

손으로 글을 쓸 때 밑에 받쳐 쓸 격자판을 만든다. 코팅해두는데 그 위로 종이를 대고 칸에 맞춰 쓰면 글자가 반듯하다. 격자 네모에 꽉 차게 쓰면 글자 크기가 일정하고 한눈에 들어온다. 연필로 먼저 쓰고 다음에 볼펜이나 사인펜으로 진하게 덮어쓴다. 복사하기 때문에 글자가 진해야 한다. 연필 자국은 지우개로 지운다.

시를 완성하고 나서는 내용에 어울리는 그림을 그린다. 미리 과제로 어울리는 그림을 준비시킨다. 즉석에서 만들기도 하지만 하루쯤 깊이 생각하고 자료를 찾아볼 기회가 필요하다. 글 쓸 때와 마찬가지로 연필로 글의 흐름을 방해하지 않도록 그리고, 완성되면 진하게 그리거나 색칠하기도 한다. 학교에 따라서는 학예회 작품으로 낼 때도 있었다. 이럴 때는 도화지에 바로 한다. 만든 작품을 칠판에 붙여서 사진을 찍어 두었다가 문집에 담는다.

글자를 먼저 쓴 다음 인쇄한 곳에 그림을 바로 그리기도 한다.

문집 표지

최종 학급 문집 표지 만들기를 한다. 표지를 공모해서 싣기도 한다. 우리 반 문집 표지를 두표로 뽑기도 했나. 뽑힌 삭품이 마뱅하지 않으면 모두 작은 그림으로 모아서 한 표지로 만든다. 한 작품만 표지를 삼고 나머지 작품은 간지에 차례대로 담아주거나, 따로 인쇄해서 표지 다음 장에 직접 붙여서 각자 다른 자기만의 표지가 되기도 했다. 한 사람의 작품도 빠뜨리지 않도록 배려한다.

아이들이 그린 작품들은 한두 작품만 뽑기보다는 되도록 모두 빠짐없이 담도록 한다.

문집을 펴내고 나서

문집은 2월이 되면 만들어져 나온다. 되도록 졸업하기 며칠 전에 나오도록 한다. 문집이 나온 것으로 끝이 아니다. 문집 안에 서로 마지막 인사말을 써주는 칸이 준비되어 있다. 또 첫 쪽에 자기가 직접 인사말 쓰는 곳과 학부모가 쓰는 곳도 있다. 이곳은 인쇄하지 않고 비워두었기 때문에 직접 만들어서 써야 한다. 그래서 문집은 다 같아도 다 다른 내용이 된다.

우리 반 마지막 수업에 내년 우리 반에 오는 후배들에게 남기는 낱말 쓰기가 있다. 꼭 이런 말을 남기고 알려주고 싶은 낱말을 크게 써서 기념사진으로 남긴다. 그 사진을 현상해서 문집에 하나씩 붙여 주었다. 문집 뒤표지에 아이들 이름도 하나하나 교사 손글씨로 적어준다.

문집으로 이런 활동을 해나가면 사흘 정도도 모자란다. 마지막으로 아이들이 문집 기념사진으로 찍는다. 학급 누리집에 마지막 사진이 된다. SNS(밴드와 카톡)에도 올려서 문집 잔치 분위기를 만든다.

문집이 나오고나서 서로에게 글을 남겨줄 때는 직접 손글로 써준다.

아이 한 사람씩 기념 촬영도 한다. 이 사진을 현상해서 졸업 선물로 주기도 했다.

5. 아이들 꿈과 상담

아이들과 개인 상담을 시작했다. 예전 초임 때 그랬던 것처럼 다시 하려고 하니까 설렌다. 경력이 쌓일수록 오후 시간 내기가 쉽지 않았다. 마음속으로 계획하고 있었지만 단둘이 이야기하는 시간을 내는 것도 큰마음을 먹어야 한다. 급식 시간에 밥 먹으면서 마주 앉아 이야기하는 것도 해보았지만, 그것도 밥 남기지 않기 지도와 겹치면서 밥을 맛있게 먹고 남기지 않는 것만으로도 만족했다.

'상담'이란 이름을 붙였지만, 그냥 이야기를 주고받는 것이다. 요즘은 아이들이 학원에 가야 한다거나 학원에 가기 전에 자기들끼리 놀아야 한다고 시간을 마련하기가 어렵다. 미안하기도 하다. 10분 정도는 이야기할 수 있지 않을까 싶다. '상담'이란 말속에 상담을 해 준다는 의미가 숨은 셈이어서, '상담'이란 단어 앞에 '꿈'을 넣었다. '꿈 상담'이다.

꿈 상담 일지를 만들었다. 아홉 개 칸 쪽지를 아이에게 전날이나 그날 아침에 전해주면서 이야기하고 싶은 주제 낱말을 써달라고 부탁하면 된다. 처음에는 아이들이 어떤 주제를 이야기해야 할지 몰라서 본보기 낱말 카드를 준비했다. 상담할수록 카드 낱말이 늘어났다. 공부, 중독, 학원, 꿈, 친구, 희망, 도전, 동생, 부모님, 교사, 고민, 장점, 단점……

아홉 개 낱말 가운데 한가운데 낱말에는 자기 꿈을 쓰게 한다. 이렇게 낱말이 완성되면 이 쪽지를 중심으로 이야기를 풀어간다. 보통 교사가 먼저 질문을 던지지만, 아이가 먼저 교사에게 질문한다. 서로 한 가지씩 질문을 주고받는다. 서로 같은 수의 질문을 주고받는다. 처음 할 때는 무슨 질문을

함께 나눌 주요 낱말이 생각이 나지 않아서 상담낱말 카드를 만들었다. 새로운 주제가 나올 때마다 추가해 나간다.

해야 할지 몰라서 머뭇거리는 시간이 더 걸렸다. 어느 정도 긴장이 풀리면서 생각과 입이 열리기 시작했다.

 '공부'라는 낱말이 나왔으면 아이가 공부라는 주제에 한 가지 질문을 교사에게 던진다.

"선생님은 어릴 때 공부 잘했어요, 재미있었던 공부가 뭐예요, 싫었던 공부가 뭐예요?"

이런 질문에 답하고 다음에는 교사가 질문을 던진다.

서로 질문을 주고받으면서 알아가는 과정이다. 첫 질문은 꿈에 대해서다. 그래서 꿈을 먼저 정하고 다음 낱말을 준비한다. 전날이나 아침에 쪽지를 건네주어도 꼭 상담 시간이 되어서야 낱말을 준비하는 아이가 대부분이다. 그래서 먼저 꿈이 무엇인가를 먼저 쓰고 다른 낱말을 준비할 때 그 꿈을 A4 용지에 크게 쓰고 그림도 그려 준다. 그런 다음 기념 촬영부터 한다. 이 사진을 나중에 인쇄하거나 현상해서 학급 문집에 붙여준다.

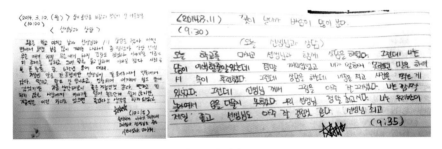

꿈 상담을 한 날에는 그날 일기 주제로 잡아 쓰도록 한다.

상담 시간은 30분 정도 걸린다. 서로 한 가지씩 주고받는 질문 형식이라 부담감이 없고, 아이들이 어떤 질문을 꺼내는지 살피면서 성향과 성격을 알아볼 수 있다.

6. 가르치는 능력을 키우기 위해

무엇을 어떻게 잘 가르칠 것인가보다는 아이들이 무엇을 힘들어하고 어떤 부분에서 혼란스러워하는지를 알았다는 것이 좋은 정보가 되었다. 그런 정보가 교사에게 연구와 공부 거리로 주어지고, 이런 정보를 같은 교사끼리 공유해서 발전시켜 나간다.

교사 공부는 교사 모임이 효율적이다. 교사 모임에서 서로의 정보와 생각, 경험, 계획을 공유하면서, 교사 모임은 교사 성장의 진한 밑거름이 된다. 교사뿐만 아닐 것이다. 학부모 모임도 좋겠다. 아이들이 모둠 학습을 하듯이 어른들도 모둠을 꾸려서 공부하는 문화를 만들었으면 한다. 아이들은 어른들이 말하고 일러주는 것보다 이렇게 몸과 행동으로 보이는 모습에서 큰 감동과 깨우침을 받는다. 배움은 이러한 감동과 깨우침의 연속, 되풀이되면서 하나의 문화로 만들어지고 받아들여진다고 믿는다.

수업 시간에 일어나는 장면, 대화, 결과물이 모두 기록할 가치가 있다. 아이들 반응은 아이들의 이해 정도와 눈높이를 가늠하게 하는 좋은 정보가 된다. 틀린 답이나 반응, 실수 자료, 잘못 이해한 경험을 자료로 남겨서 두 번 실수하지 않도록 공부하고 연구한다.

수업 기록과 자료 남기기

수업 일기를 써왔다. 수업 기록을 담아서 수업한 기억을 되새길 수 있었다. 반성하는 자료와 기회도 되었다. 막힌 부분, 아이들이 어려워한 부분, 준비를 잘했지만 별 반응이 없었던 것, 생각하지도 못한 부분에서 아이들 호응도 얻었다. 이런 경험을 그냥 스치고 지나가기에는 너무 아까웠다. 그래서 일기로 기록하고 남겨둘 가치가 크다는 것을 알았다.

그래서 사진, 동영상으로 찍어두고 일기처럼 썼다. 아이들과 주고받은 대화, 반응, 개념에 대한 아이들 생각 등을 남겼다. 아이들을 이해하기 위한 도구이면서 수업연구의 방편이기도 했다.

① 수업 장면

수업 장면은 수업 일기를 쓸 때 잘 활용된다. 아이들 동작이나 발표 장면, 참여하는 과정의 사진이 수업 과정을 생생하게 되살리게 한다.

아이들이 참여한 쪽지나 수학 시간에 도형의 단면을 알리기 위해 모형을 만들어 잘라본 모습 등을 사진으로 남기지 않으면 일회성으로 끝나버리기 쉽다. 친구들 앞에서 발표나 아이들 개인별 발표 장면도 찍어서 그날그날 발표한 아이들 사진을 공유해서 참여도를 높인다.

② 아이들이 창작한 작품

수업을 펼치면서 아무래도 가장 많은 자료는 아이들 작품이다. 작품이 만들어지기까지의 과정은 나중에 프레젠테이션으로 만들어서 다음 해 또는 같은 학년 자료로 공유할 수 있다.

아이들 작품도 얼굴이 나오게 찍어서 작품은 따로 분리해서 남기기도 한다. 여러 가지 아이들 참여 작품 결과물을 사진을 찍어 단원 자료로써 재생산된다.

③ 교실 환경

해마다 학급 환경 자료가 반복해서 만들어진다. 앞뒤 게시판도 바뀌지만, 자기 학급만의 개성 있는 환경도 있다. 수업 도구나 모둠 일지도 좋은 기록물이다. 손으로 쓴 글들은 따로 사진으로 찍어서 누리집에 올려서 공유하기도 한다. 교실의 각종 게시물을 사진으로 찍어두면 좋은 추억거리가 된다.

④ 칠판 판서

수업 시간 가장 많이 쓰이는 칠판도 좋은 기록물이다. 처음과 중간, 마지막으로 학습 결과가 담긴 모습을 찍어서 누리집에 올려두면 복습을 할 수 있는 효과가 있다. 교사 자신에게도 수업 과정을 생생하게 기억해서 일기로 풀어낼 수 있다.

수업 일기

이 책을 쓸 수 있었던 것은 수업 일기 때문이다. 글쓰기 교사 모임에서 해마다 한 해 자기가 실천할 계획을 말한다. 한때 수업 일기를 하루에 한 번은 쓰겠다고 약속을 했었다. 이 약속을 지키려고 꾸준히 수업 일기를 이어갔다. 처음에는 하루에 한 편이 쉽지 않았다. 학교 업무와 여러 가지 약속 때문에 빠질 수도 있었지만, 꼭 쓰고 퇴근을 한다는 다짐으로 약속을 지켰다. 그래서 누리집, 이메일, SNS에 올려서 공유하고 있다. 이렇게 올리면, 나 자신도 꼭 지키게 되어 있다. 요즘에는 하루에 수업한 과목별로 수업 일기를 쓴다. 장면마다 사진과 동영상을 찍어두고 설명하듯이 쓰니까 훨씬 빠르게 쓸 수 있다.

　그날 수업을 그날 오후에 바로 쓰기 때문에 생생하게 기억할 수 있다. 사진으로 찍어서 남긴다는 마음에 수업 준비도 좀 더 철저하게 된다. 칠판에 붙일 것, 발표 방법과 내용, 모둠 활동거리, 활동지를 준비하는 시간이 더 길다.

　수업을 되돌아보면 아쉬운 부분이 나온다. 빠뜨린 곳, 시간이 촉박해 제대로 못 한 부분, 더 보충했으면 하는 부분을 찾게 된다. 이런 정보를 같은 학년 교사들과 공유해서 다른 반 수업 때 참고하게 한다. 그래서 우리 반 수업이 다른 반보다 비교적 빠르다. 준비 자료와 결과물은 같은 학년끼리 함께 공유해서 다음 해 우리 반 아이들에게는 더 나은 방법이 되게 한다.

　지금까지 써온 수업 일기는 땀샘학급살이 누리집 통신문(http://chamdali.edumoa.com/bbs/zbroad.php?id=M1_sd_06)와 땀샘학급살이 블로그에서 볼 수 있다.

① 함께 쓰기

　수업 일기를 처음에는 혼자 공책에 썼다. 그러다가 아이들에게도 공개하면서 아이들과 함께 쓴 적이 있다. 오늘 공부한 과목 가운데 한 과목을 잡

처음 만나는 날, 내 일기를 공개하고 아이들도 첫날 처음 쓰는 글은 일기 글이 된다.

아서 보고 들은 것을 자세히 쓴다. 수업 장면마다 자기 머릿속으로 떠오른 생각도 쓴다. 수업 내용을 자세히 풀어서 쓰는 아이들 일기는 자주 보지 못했다. 그래서 내가 먼저 쓰고 공개해 둔다. 시험 기간에 쓰는 일기는 이렇게 수업 일기 형식으로 써도 좋겠다.

② 사진 찍어 두기

수업 일기를 쓰려면 아무래도 수업 장면 사진을 많이 찍는다. 칠판 모습이 바뀔 때마다 찍는다. 수학 같은 경우에는 풀이 과정이 드러나게 다음으로 넘어가기 전에 꼭 찍어 둔다. 나중에 그 과정을 나란히 실으면 풀이 과정이 된다. 아이들이 막히거나 어려워하는 부분을 기록해두었다가 다음 해 아이들에게 더 쉽게 이해시킬 방법을 연구한다.

③ 공유, 본보기, 눈높이

수업 기록인 수업 일기를 쓰면서 날마다 교재 연구를 반복하는 효과를 누린다. 수업을 기록하면서 수업 흐름과 과정, 모둠 참여 방법도 다양하게 변화시킨다. 아이들 관찰도 더 세심하게 하면서 막히는 부분에 대한 원인 분석과 아이들 이해가 함께 이루어진다. 늘 똑같은 방법을 반복하기보다는 조금씩 변화를 주고 교과 성격에 맞는 다양한 방법을 도전한다. 수업 시간에 주고받은 대화, 발문, 대답도 정리해보면 교사 발문, 아이들 눈높이와 수준도 가늠할 수 있다. 교사의 발문 내용 오류 때문에 아이들이 답을 제대로 못 하기도 한다.

수업 내용과 장면 기록은 아이들과 교사들에게도 함께 공유하는 데 큰 목적이 있다. 수업해보면서 고칠 점 등이 나오면 같은 학년 교사끼리 이야기 나누면서 수업을 개선해 나간다. 그러면서 아이들에게 더 효과적인 방

법을 찾아간다. 아이들도 자기 작품이나 다른 아이들 작품을 자주 보면서 스스로 자기 작품을 고치는 힘도 키워간다.

먼저 학습한 결과물은 늘 칠판에 붙이거나 공개한다. 그러면 속도가 늦은 아이나 어떻게 해야 하는지 감이 늦은 아이들에게 본보기 자료가 된다. 수업 시작할 때 보이는 본보기 자료와 이에 반응해서 나온 또래 아이들 자료에는 또 다른 점이 드러난다. 비교적 처음 보이는 자료에는 잘된 작품 위주로 한다. 이런 본보기를 보고 아이들 작품에 좀 더 쉽게 접근할 수 있다. 물론 빨리 결과물이 나왔다고 그게 다 제대로 했다고 할 수는 없다. 일단 1차로 먼저 한 아이들 작품을 보는 것만으로도 어느 정도 본보기 자료로 가치가 있다. 나중에 다시 해야 할 상황이라도 중간에 친구들 것을 볼 기회를 자주 갖도록 한다.

학급에서 나오는 모든 자료를 기록되고 공유한다. 공유하면서 스스로 더 나은 방향을 고칠 수 있도록 힘과 아이디어를 준다.

교과서 나오는 본보기 작품은 어른들 작품이 많다. 그림과 글도 마찬가지다. 그 자료를 본받으려다 보니 너무 따라 맞추려는 경향도 보인다. 되도록 아이들 눈높이 맞는 또래 아이들 글, 그림, 작품을 자주 보게 한다.

학급에서 나오는 결과물을 사진으로 찍고, 영상으로 남기는 까닭은 다음

해 또래 아이들의 눈높이에 맞는 좋은 본보기 자료로 재생산되기 때문이다. 학급 누리집에 과목별 아이들에게 건넨 자료, 수업 일기, 학습 결과 자료를 체계 있게 모아둔다. 다음 해 비슷한 수업을 해야 할 때는 또래 아이들 자료를 재구성해서 아이들에게 보여주고 공유한다. 그러면 훨씬 아이들이 쉽게 다가오고 편하게 느끼며 몰입한다.

교사 모임을 통한 수업연구

교사 모임을 새내기 시절부터 이어왔다. 뜻이 맞는 교사 몇몇이 일주일마다 한 번씩 모여서 같은 책을 보고 공부하고 실천하는 모임이었다. 이런 공부 모임의 힘이 지금까지 내 성장에 큰 밑거름이 되었다. 지금도 선생님들에게 꼭 한 마디만 남긴다면 교사 공부 모임을 추천한다.

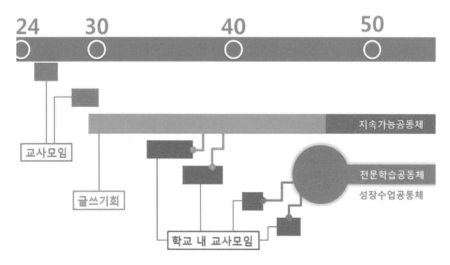

내 나이의 변화에 따른 교사 모임의 변화. 내 성장에 큰 밑거름이 되었다.

학급운영 모임, 교과 공부 모임 등이 많이 있었다. 그런 모임이 한두 해 하다가 없어지기도 했다. 몇 모임에서는 몇 개월 모였다가 없어지고 다시 모이다가 없어지기를 되풀이하는 과정을 여러 번 겪었다. 현재까지 꾸준히 이어지는 모임은 창원 글쓰기교육연구회 하나뿐이다. 이 연구회는 일주일에 한 번씩 꾸준히 모이고 있다. 셋만 모여도 함께 공부 모임은 이어진다.

공부 모임이 잘 안되는 까닭은 많다. 대부분 학교 행사, 회식 때문이나 친목단체 모임 때문에 빠지기도 한다. 교사 모임을 학교 행사, 회식, 친목단체에 걸리지 않는 범위 내에서 남은 시간에 하겠다는 마음 때문일 것이다. 그러다 보니 시간이 없어서 참여를 못한다. 참여한다고 해놓고 몇 번 빠지면 미안해서 못 오게 되기도 한다. 모임의 중요도, 우선순위를 스스로 정해야 한다. 자기 삶의 한 부분이라고 생각하고 와야 하고 회식과 친목 단체 참여도 물릴 수 있는 가치를 지녀야 꾸준히 이어갈 수 있을 것이다.

우리 글쓰기 모임에서는 모임 시간을 먼저 두세 시간 정도 잡는다. 첫 시간은 각자 살아온 일주일 동안의 이야기를 나눈다. 일주일의 삶을 공유하는 것이다. 이 이야기만으로 두 시간을 넘기기도 한다. 글쓰기 식구들은 이런 이야기를 끝까지 들어준다. 학급이나 학교에서 어려운 점, 힘들었던 점 등을 말하면 질문도 하고 자기 경험들도 나누어준다. 그러다 보니 상담과 같은 느낌이 들기도 한다. 그런 다음 함께 읽는 책을 정해서 다 같이 돌아가면서 읽고 이야기 나눈다. 세 번째는 실천한 수업 자료나 글 쓴 것을 발표한다.

교사 공부 모임에서 가장 잘 안 되는 부분이 실천 발표다. 실천 사례나 자기 글로 발표하고 서로 봐주기를 하는데, 글쓰기 모임에서 가장 힘든 것이 글쓰기다. 억지로 강제로 할 수는 없다. 계획은 세우지만, 한 학기 한번은 꼭 발

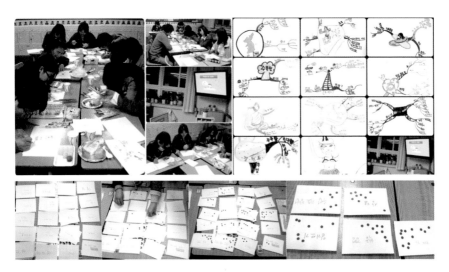

교사는 배움을 먹고 산다. 배우는 즐거움이 삶의 한 부분이 되어야 하지 않을까?

표하도록 기다려준다. 모임이 꾸준히 이어질 수 있는 것은 이런 활동이 끊이지 않고 실천하는 데 있다. 모임에서 두 사람만 꾸준히 실천해도 모임은 꾸준히 이어진다. 모여서 공부할 가치가 있어야 꼭 찾고 싶은 모임이 된다.

모임이 활성화되면 다른 모임 선생님들과 교류하여 함께 공부하기도 한다. 예전에 도서관 모임과 글쓰기 모임 선생님과 함께 마인드맵 익히기 공부를 함께했다. 아이들처럼 직접 그려보고, 마인드맵 원리와 오류, 교과에서 적용하는 법을 익혔다. 특정 분야에 재능이 있는 교사가 있다면 함께 모셔서 배운다. 각 지역에 교사들의 작은 공부 모임들이 많다면 이렇게 모임끼리 어울려 배우는 모습도 좋겠다.

요즘은 학교를 옮기면서 같은 학년끼리 공부 모임을 꾸린다. 함께 모여서 배우고 싶은 후배들 부탁도 있어서 같은 학년끼리 모인다. 같은 교과와 시간대에서 수업하기 때문에 같은 학년 모임이 효과적이다.

　교사들이 모여서 배우고 싶은 것을 추려 내보면 해마다 비슷하게 나온다. 학급운영, 수업 지도 방법, 상담, 일기 쓰기가 빠지지 않고 나온다. 일주일에 하루 정도는 퇴근 시간 후에 모여서 공부를 한다.

　요즘은 수업디자인 공부를 한다. 각자 돌아가면서 자기가 하고 싶은 수업을 준비해온다. 선생님 수만큼 교재만 준비하면 된다. 특정 단원, 특정 차시 수업을 지정해서 어떻게 수업하면 좋은지 자기 경험이나 계획을 말하면 된다. 같은 학년에 새내기 교사부터 20년 경력의 교사도 있다. 경험이 없으면 계획을 구상해서 수업 이야기를 나눈다. 수업 계획을 함께하는 것이다. 그러면서 어떤 방법으로 아이들을 움직이게 하고, 과연 계획대로 아이들이 이해할 것인가 고민해본다.

　예전 학교에서 수업 공개 같은 연수에서는 수업 결과를 가지고 많이 논의했다. 분석하다 보면 좋은 점보다 좋지 않은 점, 잘못된 점 등이 짚어지게 되어서 수업 공개를 더 꺼리는 문화가 만들어지기도 했다. 수업디자인은 일단 부담이 적다. 함께 계획하고 실천 결과는 수업 교사가 스스로 판단해서 말해주면 된다. 학년 모임이 이렇게 꾸려져 한두 달 열심히 했지만, 이 모임도 학교 행사 준비와 업무로 2학기 때는 멈추게 되었다. 젊은 교사가 많을수록 학교 일 때문에 모임이 힘들어진다. 그래서 모임 공부를 한창 할 시기를 놓쳐 버려서 교사의 성장이 더디거나 멈춰버리지는 않는지 고민하게 된다.

　학교 밖 모임에서 학교 안 모임으로 활성화되어야 한다. 교사는 배움을 먹고 사는 사람이다. 가르침이라고도 말할 수 있지만 배움이 더 어울린다. 잘 배우려는 마음, 느낌, 감정이 가르침이 아닐까. 아이들도 성장하는 만큼 교사도 성장하는 즐거움이 있어야 학교와 교실이 행복하다.

삶과 교육을 바꾸는
맘에드림 출판사 교육 도서

나는 혁신학교에 간다

경태영 지음 / 값 14,000원

공교육을 바꾸겠다는 거대한 희망을 품고 시작된 '혁신학교'. 이 책은 일곱 개 혁신학교의 이야기를 담고 있다. 지금 우리 교육이 변화하는 생생한 현장의 모습과 아이들이 꿈을 키우고 행복하게 공부하는 희망의 터로 새롭게 자리매김하는 학교들을 이 책에서 만날 수 있다.

혁신학교란 무엇인가

김성천 지음 / 값 15,000원

교육공동체가 만들어내는 우리 시대 혁신학교 들여다보기. 혁신학교 전반에 관한 이야기를 다루고 있는 책으로, 공교육 안에서 혁신학교가 생기게 된 역사에서부터 혁신학교의 핵심 가치, 이론적 토대, 원리와 원칙, 성공적인 혁신학교의 모습을 보이고 있는 단위학교의 모습까지 담아냈다.

학부모가 알아야 할 혁신학교의 모든 것

김성천, 오재길 지음 / 값 15,000원

학부모들을 위한 혁신학교 지침서!
'혁신학교에서는 무엇을, 어떻게 가르치고 있는지, 교사·학생·학부모는 어떻게 만나서 대화하고 관계를 맺어 가는지, 어떤 교육 목표를 지향하고 있는지 등 이 책은 대한민국 학부모들의 궁금증에 친절하게 답을 한다.

덕양중학교 혁신학교 도전기

김삼진 외 지음 / 값 14,500원

이 책의 1부는 지난 4년 동안 덕양중학교가 시도한 혁신과 도전, 성장을 사실과 경험에 기반한 스토리텔링 방식의 성장기로 전개하고 있다. 그리고 2부는 지역사회와 협력하여 펼치고 있는 교육 프로그램, 배움의 공동체 수업 등을 현장 사례 중심의 교육적 에세이 형태로 담고 있다.

학교 바꾸기 그 후 12년

권새봄 외 지음 / 값 14,500원

MBC PD 수첩에 방영되어 화제가 되었던 남한산초등학교. 아이들이 모두 행복하고, 얼굴 표정이 밝은 아이들. 학교가는 것을 무엇보다 좋아하고, 방학을 싫어하는 아이들. 수업과 발표를 즐겼던 이 학교를 졸업한 아이들이 그 후 12년의 삶을 세상에 이야기한다.

교사는 수업으로 성장한다

박현숙 지음 / 값 12,000원

그동안 교사는 수업에서 아이들을 만나지 못해왔다. 관계와 만남이 없는 성장의 결손을 낳았다. 그리하여 우리 아이들과 교사들은 모두 참 아프고 외로웠다. 이 책에서는 교사, 학생, 학부모, 지역사회가 공동체로서 서로 관계를 맺을 때에만 배움은 즐거운 활동으로서 모두가 성장하는 삶의 일부가 될 수 있음을 보여준다.

교사와 학부모가 함께 읽는 주제 통합 수업

김정안 외 지음 / 값 15,000원

'서울형 혁신학교'로 지정된 7개 혁신학교들이 지난 1~2년 동안 운영한 주제 중심 통합 교육 과정과 수업 사례를 소개한 책이다. 이 학교들의 교육과정은 전국적으로 이루어지는 혁신학교들의 성과를 반영하였고, 자신의 지역사회의 실제 환경과 경험을 살려 실제 수업에 적용한 것이다.

혁신교육 미래를 말한다

서용선 외 지음 / 값 14,000원

혁신교육은 2009년 이후 공교육 되살리기의 새로운 희망이 되어왔다. 이러한 정책을 입안하고 추진하는 데 기여해왔던 6명의 교사 출신 연구자들이 혁신교육 발전에 필요한 정책 과제들을 모아 하나의 책으로 제시한다. 이 책은 교육철학, 교육과정, 교육행정과 학교 운영(거버넌스) 등에서 주요 이슈들을 정리하고 혁신교육의 성과와 과제가 무엇인가를 보여준다.

수업을 살리는 교육과정

서우철 외 지음 / 값 16,500원

최근 교육과정을 재구성하는 논의가 활발한 가운데, 이 책에서는 개별 교과목과 교과서의 형식에 얽매이지 않고 아이들의 발달을 고려하여 주제를 중심으로 교육과정을 재구성하여 통합적으로 운영하는 방법과 구체적인 실천 사례를 설명하고 있다. 이러한 과정은 같은 학년을 맡고 있는 교사들의 토론과 협력을 통해서 이루어진 것임을 이야기한다.

수업 딜레마

이규철 지음 / 값 14,000원

이 책을 관통하는 키워드는 '사람'이다. 저자의 노하우를 전수하는 것이 아니라, 수업 속에서 딜레마에 맞닥뜨려 고통 받고 있는 선생님들의 고민을 담고, 신념을 담고, 그것을 이겨내기 위한 한 분 한 분의 마음을 담고 있다. 이런 고민 속에 이 책을 집어 든 나를 귀하게 여기며 다시 한번 교사로 잘 살아보고 싶은 도전을 하게 한다.

좋은 엄마가 스마트폰을 이긴다

깨끗한미디어를위한교사운동 지음 / 값 13,500원

스마트폰에 대한 아이들의 집착은 대단하다. 스마트폰은 '재미있고 편리하다.' 그러나 스마트폰 때문에 아이들은 시간을 빼앗기고, 건강이 나빠지고, 대화가 사라지며, 공부와 휴식, 수면마저 방해를 받는다. 이 책은 이러한 사례들을 생생하게 소개하고 부모들에게 아이들의 스마트폰 사용에 어떻게 대응해야 하는지 대안을 제시한다.

엄선생의 학급운영 레시피

엄은남 지음 / 값 14,000원

34년 경력의 현직 교사가 쓴 학급운영의 생동감 넘치는 지침서. 초등학교에서 아이들은 문자와 숫자를 익히는 것보다 학교와 교실에서 낯설고 모험적인 사건을 겪으면서 더 많은 것을 배운다. 이 책은 초등학교에서 교과서 지식보다 더 중요한 역할을 하는 학교생활과 학급문화를 만드는 데 담임교사의 역할을 다룬다. 교사와 아이들이 서로 존중하고 신뢰하는 관계를 어떻게 만들어야 하는지 구체적인 경험과 사례로 설명해준다.

진짜 공부
김지수 외 지음 / 값 15,000원

혁신학교가 추구하는 '진짜 공부'와 '진짜 스펙'이 무엇인지 보여주는, 졸업생들의 생동감 넘치는 경험담. 12명의 졸업생들은 학교에서 탐방, 글쓰기, 독서, 발표, 토론, 연구, 동아리, 학생회 활동을 통해 자신들이 생각하지도 못한 진짜 공부를 경험했음을 보여준다. 이 책을 통해 수능시험이 아니라 정말로 청소년 스스로 하고 싶을 즐기면서 성장하는 것이 우리 사회에 필요한 것임을 새삼 느낄 수 있다.

수업 디자인
남경운, 서동석, 이경은 지음 / 값 15,000원

서울형 혁신학교의 대표적인 수업 혁신을 담은 이야기. 아이들이 서로 협력하면서 배우는 수업을 목표로 삼은 저자들은 범교과 수업모임을 통한 공동 수업설계를 대안으로 제시한다. 아이들은 교사의 설명을 통해 배우는 것이 아니라 서로 '옥신각신'하며 함께 문제에 도전할 때 수업에 몰입하고 배우게 된다. 이 책은 이러한 수업을 위해서 교사들이 교과를 넘어 어떻게 협력하고 수업을 연구해야 하는지 잘 보여준다.

아이들이 가진 생각의 힘
데보라 마이어 지음 / 정훈 옮김 / 값 15,000원

미국 공교육 개혁의 전설적 인물 데보라 마이어가 전하는 교육 개혁에 대한 경이롭고도 신선한 제언. 이 책은 학교 혁신의 생생한 기록을 통해 우리가 학교에서 무엇을 왜 가르치고 배워야 하는지에 대한 근원적인 성찰을 담고 있다. 아이들이 지성적으로 생각하는 마음의 습관을 배우는 것이 얼마나 중요하고 그것을 위해 학교가 무엇을 해야 하는지를 일깨워준다.

어! 교육과정 아하! 교육과정 재구성
박현숙 · 이경숙 지음 / 값 16,500원

교육과정 재구성을 고민하는 교사를 위한 현장 지침서. 이 책은 저자들이 학교 현장에서 교육과정 재구성이라는 화두를 고민하고, 실행한 사례들이 담겨져 있다. 책의 내용은 주제 통합 수업, 교과 통합 수업, 범교과 주제 학습, 교과 체험 학습, 프로젝트 수업 등 학교 현장에서 적용해 큰 성과를 본 것들을 세밀하게 소개하면서 교육과정 재구성작업의 노하우를 펼쳐보인다.

행복한 나는 혁신학교 학부모입니다
서울형혁신학교학부모네트워크 지음 / 값 16,000원

이 책은 학부모가 자신의 눈높이에서 일러 주는 아이들의 혁신학교 적응기일 뿐만 아니라, 학부모 역시 학교를 통해 자신의 삶을 고양 시켜가는 부모 성장기라는 점에서 대한민국의 모든 학부모들에게 건네는 희망 보고서이기도 하다. 혁신학교가 궁금한 모든 학부모들이 이 책을 통해 혁신학교 학부모로서의 체험을 미리 하는 데 부족함이 없을 것이다.

일반고 리모델링 혁신고가 정답이다
김인호, 오안근 지음 / 값 15,000원

교육 환경이 열악한 지역에 있던, 서울의 한 일반계 고등학교가 혁신학교로 4년간 도전과 변화를 겪으면서 쌓은 진로, 진학의 비결을 우리 사회 모든 학생, 학부모, 교사, 시민 등에게 낱낱이 소개해주는 책. 이 책은 무엇보다 '혁신학교는 대학 입시에 도움이 안 된다.'는 세간의 편견을 말끔히 떨어 없앤다. 이 책에서 저자들은 '결과' 중심 교육과정을 '과정' 중심으로 바꾸고, 교내 대회와 동아리 활동, 봉사 활동을 장려함으로써 대학 진학에 놀라운 결과가 어떻게 이루어질 수 있었는지를 보여주고 있다.

우리가 신뢰하는 학교, 어떻게 만들 것인가?
데보라 마이어 지음 / 서용선 옮김 / 값 15,000원

이 책의 저자인 데보라 마이어는 보수와 진보를 막론하고 미국 공교육 개혁 분야에서 가장 신뢰받는 실천가이자 이론가로 평가받는다. 학교 안에서 '신뢰의 붕괴'를 오늘날 공교육이 직면한 가장 큰 도전으로 인식한다. 이 책의 원제 〈In Schools We Trust〉에서 나타나듯, 저자는 신뢰할 수 있는 공교육의 조건이 무엇인지 자신의 경험 속에서 제안하고, 탐색하고, 성찰한다.

교사, 어떻게 살아야 하는가
김성천외 지음 / 값 15,000원

오랫동안 교육현장에서 교육과 연구를 병행해 온 저자 5인이 쓴 '신규 교사를 위한 이 시대의 교사론'. 이 책은 학교 구성원과의 관계맺기부터 학교 현장에서 맞닥뜨리게 되는 여러가지 문제들과 극복 방법, 교육 개혁에 어떻게 주체로 설 수 있는지, 어떤 과정을 통해 개인의 성장을 도모해야 하는지 등 신규 교사의 궁금점에 대해 두루 답하고 있다.

리셋, 교육과정 재구성
서울신은초등학교 교육과정 연구회 모임 지음 / 값 16,000원

서울형 혁신학교인 서울신은초등학교 교사들이 1학년부터 6학년까지 모든 학년의 교육과정을 재구성하고 실천한 경험을 모두 담았다. 이 책에 소개된 혁신학교 4년의 경험은 진정한 학습이란 몸과 마음을 통해 경험함으로써, 생각이나 감정을 다른 사람과 주고받음으로써, 과거 경험을 새로운 지식으로 다시 생각함으로써 실현된다는 점을 잘 보여주고 있다.

다섯 빛깔 교육이야기
이상님 지음 / 값 16,000원

이 책은 충북 혁신학교(행복씨앗학교)인 청주 동화초등학교의 동화작가 출신 선생님의 한해살이 이야기를 놀이 교육, 생태 환경 교육, 생활 교육, 수업 이야기, 공동체 교육 등 다섯 가지 이야기로 구분하고 모았다. 여기에는 이오덕 선생의 "아이들의 삶을 가꾸는 교육"을 고민하던 저자가 동화초등학교 아이들을 만나면서 초등학생의 특성에 맞도록 활동 중심으로 교육과정을 재구성하는 한편, 표현 위주의 교육을 위한 생활 글쓰기 교육 실천이 바탕을 이루고 있다.

만들자, 학교협동조합
박주희 · 주수원 지음 / 값 14,500원

이 책은 학교협동조합이 무엇인지, 어떤 유형의 학교협동조합이 가능한지, 전국적으로 현재 학교협동조합의 추진 상황은 어떠한지, 국내외 사례를 통해 소개하고 안내하는 한편, 학교협동조합을 운영하는 원리와 구체적인 교육방법을 상세하게 풀어놓고 있다. 저자들이 책에서 풀어놓은 실천적 지침들을 따라가다 보면 학교협동조합은 더 이상 상상이 아니라 학교 구성원의 필요와 의지, 실천으로 극복할 수 있는 실현 가능한 미래라는 점을 알 게 된다.

독자 여러분의 소중한 원고를 기다립니다

맘에드림 출판사는 독자 여러분의 소중한 원고를 기다리고 있습니다. 원고가 있으신 분은 nurio1@naver.com으로 원고의 간단한 소개와 연락처를 보내주시면 빠른 시간에 검토하여 연락을 드리겠습니다.

띰샘 최진수의
초등 수업 백과

발행일 2015년 5월 29일 초판 1쇄 발행
지은이 최진수
발행인 방득일
편 집 신윤철, 신중식
디자인 강수경
마케팅 김지훈

발행처 맘에드림
주 소 서울시 중구 퇴계로46길 26 (묵정동) 2층
전 화 02-2269-0425
팩 스 02-2269-0426
e-mail nurio1@naver.com

ISBN 978-89-97206-30-8 03370